"싸워야 할지 말아야 할지를 아는 자가 이긴다."

知可以與戰 不可以與戰者勝

마흔에 읽는
손자병법

국립중앙도서관 출판시도서목록(CIP)

마흔에 읽는 손자병법 / 지은이: 강상구. -- 서울 : 흐름출판, 2011
  p. ;   cm

ISBN 978-89-6596-012-6 03320 : ₩14000

손자 병법[孫子兵法]

152.27-KDC5
181.11-DDC21   CIP2011002708

내 인생의 전환점

마흔에 읽는 손자병법

초판 1쇄 발행   2011년 7월 20일
초판 79쇄 발행   2014년 5월 15일

지은이   강상구
펴낸이   유정연

기획편집   김세원 김소영 최창욱 장지연
전자책   이정
디자인   신묘정 이애리
마케팅   이유섭 최현준
제작   임정호
경영지원   박승남

펴낸곳   흐름출판
출판등록   제313-2003-199호(2003년 5월 28일)
주소   서울시 마포구 서교동 464-41번지 미진빌딩 3층(121-842)
전화   (02)325-4944   팩스 (02)325-4945
이메일   book@hbooks.co.kr
홈페이지   http://www.nwmedia.co.kr   블로그 blog.naver.com/nextwave7
인쇄·제본   (주)상지사 P&B
후가공   이지앤비(특허 제10-1081185호)
용지   월드페이퍼(주)

ISBN 978-89-6596-012-6 03320

살아가는 힘이 되는 책 흐름출판은 막히지 않고 두루 소통하는 삶의 이치를 책 속에 담겠습니다.

마흔에 내 인생의 전환점 읽는
손자병법

강상구 지음

흐름출판

손자병법, 비겁의 철학

《손자병법孫子兵法》을 처음 읽은 건 20대를 마치고 30대를 준비할 때였다. 패기만만하고, 세상이 다 내 것처럼 보이던 그때, 내게《손자병법》은 '싸움의 기술'이었고 '승리의 비법'이었다.

'싸움은 속임수다(兵者詭道 병자궤도)', '싸우지 않고 이기는 게 진정 이기는 것이다(不戰而屈人之兵 善之善者也 부전이굴인지병 선지선자야)' 같은 단편적인 문장들이 마치 마법사의 주문처럼 나를 매료시켰다. 마음만은 세상을 향한 싸움의 준비를 마친 듯했다. 주장은 거침이 없었고, 일처리는 저돌적이었다. 많은 사람들에게 상처를 줬고, 그 응어리를 풀어주려고 또 다른 노력을 기울여야 했다.

《손자병법》을 다시 꺼낸 건 나이 마흔을 맞이하면서였다. 나이가 들면서 세상은 예전보다 훨씬 커졌고 나는 부쩍 작아져 있었다. 사회에서의 지위는 높아졌지만 말은 조심스러워졌다. 어릴 적 그토록 쉽게 거부

했던 또는 당당하게 논쟁을 벌였던 상사의 지시에 더 이상 토달지 않게 됐고, 후배들에게는 지시보다는 부탁을 하게 됐다. 마침 입사 이래 처음으로 내근을 경험하면서 충분한 시간을 갖고 천천히 읽어나간《손자병법》의 느낌은 10여 년 전과는 사뭇 달랐다. 톡톡 튀는 경구가 아니라 책 전체를 관통하는 철학이 비로소 보였다.

'손자병법'을 영어로 번역하면 '전쟁의 기술Art of War'이지만 정작 손자는 싸움을 최후의 수단으로 상정했다. 승부는 싸우기 전에 결정 나기 때문에 '잘 살펴봐야(不可不察也 불가불찰야)' 하고, 혹시 싸우게 되더라도 먼저 '적의 의지를 꺾고(伐謨 벌모)' '고립시켜보고(伐交 벌교)' 그래도 안 될 경우에만 '직접 부딪히라(伐兵 벌병)'고 한다.

그러면서 '이길 수 없다면 지켜야 하고(不可勝者 守也 불가승자 수야)' '이길 수 있을 때만 공격을 감행하라(可勝者 攻也 가승자 공야)'고 한다. '진짜 싸움 잘하는 사람은 쉽게 이길 만한 싸움에서 이기는 사람(善戰者 勝於易勝者也 선전자 승어이승자야)'이라고 했다. 심지어 '승리는 이미 패배한 자를 상대로 거두는 것(勝已敗者也 승이패자야)'이라고도 했다. 한마디로 '강자 앞에서 약하고 약자 앞에서 강해지라'는 가르침이다. 마흔 살에 다시 본《손자병법》은 싸움의 기술이 아니었다. 오히려 '비겁의 철학'이었다.

손자병법에서 가장 유명한 말인 '지피지기 백전백승知彼知己 百戰百勝'의 원문은 '지피지기 백전불태知彼知己 百戰不殆'다. '적을 알고 나를 알면 백번을 싸워 백번을 이긴다'가 아니라 '백번을 싸워도 위태롭지 않다'다. '이긴다'는 쉽고 매력적인 말 대신에 '위태롭지 않다'는 어렵고 재미없는 용어를 손자가 쓴 데는 그만 한 이유가 있다.

우선 손자는 적을 알고 나를 아는 것만으로는 '백전백승'을 이루는 데 불충분하다고 본다. 백전백승에는 단지 적을 알고 나를 아는 것 말고도 '주변 상황까지 감안한다'는 조건이 더 붙는다.

손자가 백승百勝이 아닌 불태不殆를 쓴 두 번째이자 더 중요한 이유는 '싸워서 이기기'보다 '지지 않기'를 더 중시했기 때문이다. 세상에는 나보다 센 사람들투성이다. 누구 하나 만만한 사람 찾기가 쉽지 않다. 어쩌면 그들과 싸워 이기기보다는 지지 않고 살아남기가 더 급한 과제일 수 있다. 남의 밥그릇 빼앗기를 논하기 전에 내 밥그릇 빼앗기지 않을 궁리를 해야 하는 게 우리네 인생살이가 아니던가. 수많은 나라들이 난립한 춘추전국이라는 무한경쟁 시대를 살았던 손자가 간파한 진리다. 그런 의미에서 손자병법은 싸움의 기술이 아니라 '생존의 기술'에 더 가까울지도 모른다.

《손자병법》은 종이라는 것 자체가 존재하지 않는 시대에 나뭇조각에 쓴 글이라 극단적으로 짧은 문장을 구사한다. 또 나뭇조각을 이어붙인 끈이 세월이 가면서 끊어지기도 하다 보니, 후세에 와서는 원래의 순서가 어땠는지 헷갈리는 지경까지 됐다. 그래서《손자병법》은 문맥을 쫓아가며 읽는다는 게 말처럼 쉽지 않다. 그래서《손자병법》을 다룬 책은 대개 저자가 임의로 재편집한다. 독자 입장에서는 손자의 생각을 맛볼 수 있고, 현대적 재편집 덕택에 어쩌면 손자가 쓴 것보다 더 체계적으로 정리된 내용을 볼 수도 있다. 하지만 문맥을 모른 채 한 문구만을 부각시키면 대개 오해를 낳기 십상이다. 이 책의 순서는《손자병법》원문과 동일하게 구성했다. 있는 그대로의 고전을 맛보는 건 그 자체로도 소중하고, 재미있고, 의미 있는 경험이라고 생각한 탓이다.

손자의 글이 워낙 불친절하다 보니 《손자병법》을 해설하면서 빠지지 않는 게 바로 '예화'다. 지면상의 제약으로 손자 자신은 빼먹었지만 저자가 예화를 새로이 덧붙이면 독자의 이해를 도울 수 있다. 아쉬운 건 대부분 중국 고사나 유럽의 일화를 든다는 점이다. 중국에서 《손자병법》을 수천 년 동안 해설해오면서 쌓인 노하우, 그리고 서구에서 클라우제비츠Clausewitz의 '전쟁론'을 풀이하면서 쌓인 노하우를 수용한 결과인 듯하다.

왜 한국 역사를 예화로 삼지 않을까? 우리 역사에서도 수많은 전쟁과 싸움이 있었고, 수없이 이기고 또한 수없이 졌는데, 그 흔적들을 왜 병법으로 해석하지 않을까? 누군가 말했다. "역사가 되풀이되는 이유는 역사를 공부하면서 교훈을 배우지 않고 연도만 외우기 때문"이라고. 우리도 역사에서 고작 연도나 외우고 있는 건 아닐까? 역사에서 교훈을 얻자면 승리의 이유와 패배의 이유를 이론적으로 한번 따져보는 작업도 의미 있지 않을까?

이 책은 손자병법을 한국 역사에 등장하는 예화들로 설명한다. 예화는 대부분 《삼국사기三國史記》에서 가져왔다. 사대주의事大主義에 젖어 있다는 비판을 받기도 하지만, 그 비판자들 가운데 몇 명이나 《삼국사기》를 제대로 읽어봤을까. 주필산駐蹕山 싸움은 안시성安市城을 구하기 위해 연개소문淵蓋蘇文이 파견한 고구려군을 당태종 이세민이 격파한 사건으로 기록돼 있다.

그러나 김부식은 중국의 역사서에 따라 이 기록을 실으면서도 신뢰성에 의문을 제기한다. 저자 평에서 "《신당서新唐書》, 《구당서舊唐書》,

《자치통감資治通鑑》이 나라의 체면을 위해 말하기를 기피한 것이 아닌 가"라고 분명히 짚고 넘어간다. 인정하든 인정하지 않든《삼국사기》는 우리 손에 남아 있는 가장 귀중한 고대사의 보고다.《삼국사기》의 극복은《삼국사기》를 알고 난 다음에 할 이야기다. 바로 그《삼국사기》의 가장 극적이고 재미있는 장면이 모두 전쟁사다. 이 책 한 권으로《삼국사기》의 가장 재미있는 대목은 모두 맛볼 수 있을 것이다.

　살아온 날들이 많아지면서 선善과 악惡의 경계가 모호해지는 순간이 잦아진다. 흑黑과 백白으로 편을 가르기보다는 회색의 가치를 재발견하게 된다. 인생의 목적은 절대적인 그 '무엇'이 아니라 '삶' 그 자체라는 걸 깨닫게 되기 때문이다. 때로는 너절하고 모양 빠지고, 그래서 비겁해지지만, 산다는 게 그런 것이라는 걸 알아가는 게 또한 산다는 것이다.

　이 책은 어쩌면 내 젊은날을 반성하는 전향서로 읽힐지 모른다. 또는 마흔줄에 들어선 소시민이 세상을 향해 보내는 항복 선언문으로 읽힐지도 모른다. 참 창피한 자기 고백이다. 그러나 현실을 부인해서는 현실을 극복할 수 없다. 현실을 인정하고 꼬리를 내릴 때는 인정사정없이 숙일 줄 아는 것 역시 용기勇氣라는 게 손자의 가르침이다. 비겁자들이 자주 말하듯, '강한 자가 살아남는 게 아니라 살아남는 자가 강한 자'다.

고민 많은 2011년 어느 날
강상구

3 | 謀攻모공
싸우지 않고 이기는 게 진정한 승리다

4 | 軍形군형
이기는 싸움만 한다

11 | 九地구지
본심을 들키면 진다

始

計

: 시계

전쟁이란
무엇인가

전쟁은, 장난이 아니다. 목숨이 왔다 갔다 하는 문제다. 나라가 망하느냐 마느냐의 문제다. 피가 튀는 전쟁터에 멋이나 낭만 따위는 없다. 죽느냐 사느냐의 승부만 있을 뿐.

그래서 전쟁은, 규칙이 없다. 반칙이 칭찬받는 세계가 전쟁터다. 정정당당함은 스포츠의 현장에서나 찾을 일이다. 최선을 다한 것만으로 가치가 있고, 그래서 패배마저 아름다운 건 스포츠에서나 기대할 일이다. 영화 속 악당들은 패색이 짙어지는 순간, 눈에 모래를 던져 '비겁하게' 공격한다. 우리의 영웅들은 위기에 빠지고 관객들은 분노하지만, 결국 영웅은 악을 응징한다. 그러나 이 또한 영화 속 이야기다. 역사는 비겁한 인간들이 만들어왔다.

그래서 전쟁은, 신중해야 한다. 심심하다고 적을 건드릴 일도, 홧김에 나설 일도 아니다. 전쟁터는 객기를 부릴 곳도, 힘자랑하는 판도 아니다. 여차하면 죽거나 혹은 죽느니만 못한 신세가 된다.

그래서 전쟁은, 이겨놓고 시작해야 한다. 이길 자신이 없으면 시작하지 말아야 한다. 이기는 싸움만 해야 한다. 질 줄 알면서 죽을 줄 알면서 하는 싸움은 멋있어 보일지는 모르지만, 그뿐이다. 전쟁은 이기려고 하는 것이다. 살기 위해서, 잘 살기 위해서 하는 것이 전쟁이다.

전쟁은
잘 살펴보고 시작해야 한다

손자가 말하기를, 전쟁은 국가 중대사로, 생사가 갈리고 존망이 걸려 있어 잘 살펴보고 시작해야 한다(兵者 國之大事 死生之地 存亡之道 不可不察也 병자 국지대사 사생지지 존망지도 불가불찰야).

전쟁이란 무엇인가?《전쟁론》으로 유명한 클라우제비츠는 '나의 의지를 관철하기 위해 적에게 굴복을 강요하는 폭력행위'라는 명쾌한 정의를 내렸다. 이에 반해 손자는 전쟁은 함부로 시작할 일이 아니라, '잘 살펴보고 시작해야 한다'고 했다. 그 이유는 돈이 들기 때문이다.

《삼국사기》에서는 612년 수나라의 고구려 출정 모습을 이렇게 묘사하고 있다.

"매일 40리의 간격을 두고 부대를 하나씩 보내니 40일 만에야 출발이 다 끝났다. 군사들의 대열이 앞뒤가 서로 연결되고 북과 나팔 소리가 마주 들렸으며 깃발은 960리에 뻗쳤다."

전투 병력만 113만, 보급부대 등을 합하면 300만에 이르는 대군에, 황제인 수양제隋煬帝를 호위하는 친위부대의 행렬만 80리(31.42킬로미터)에 달했다.

손자 〈작전〉 편을 살펴보자.

"군사를 일으킬 때는 전차 1,000대에 수송차량 1,000대, 완전무장한 병사 10만 명, 천 리 길을 옮길 식량이 필요하다. 그러자면 안팎의 비용에 외교사절 접대비, 장비 보수비, 병사 급료까지 하루에 천금이 든다. 그 다음에야 10만의 군사를 동원할 수 있다(日費千金 然後十萬之師擧矣 일비천금 연후십만지사거의)."

'천금'은 단순히 많은 돈을 뜻하지만, 이 액수로 10만의 군사를 일으킨다면 전투 병력만 113만을 동원한 수나라는 13만금의 돈이 들었을 것이다. 그러면 어떤 일이 생길까? 손자는 〈용간〉 편에서 이렇게 말했다.

"10만의 군사를 일으켜 천 리 길을 출정하자면 하루에 천금이 든다. 나라 안팎이 정신없어지고 길바닥에 나앉아 생업을 포기하는 국민이 70만이다."

10만의 군사를 일으켜서 70만이 생업을 포기해야 한다면, 113만을 일으키면 700만이 길바닥에 나앉아야 한다. 국가가 유지될 턱이 없다. 결국 수나라는 고구려와의 전쟁에서 진 뒤 멸망하고 말았다. 그래서 손자는 "전쟁을 일으키는 해로움을 모르면 전쟁으로 인한 이익도 잘 알 수 없다(不盡知用兵之害者 則不能盡知用兵之利也 부진지용병지해자 즉불능진지용병지리야)"라고 했다.

전쟁은 실패하면 나라가 망하는 국가 대사大事지만, 그렇다고 안 할 수는 없다. 중국의 7대 병법서 가운데 하나로 꼽히는 《사마법司馬法》에는 이렇게 쓰고 있다.

"나라가 크더라도 전쟁을 좋아하면 반드시 망하고, 천하가 태평하더라도 전쟁을 잊으면 반드시 위기를 맞는다(國雖大 好戰必亡 天下雖平 忘戰必危

국수대 호전필망 천하수평 망전필위)."

잘못하면 망하고 그렇다고 잊고 살 수도 없는 전쟁이라면, 과연 무엇을 어떻게 잘 살펴서 하라는 말일까?

전쟁의 조건과
장수의 자질이 관건이다

5가지(伍事)를 7가지(七計) 기준으로 비교해 우열을 가린다. 그 5가지란, 도의(道), 기상(天), 지리(地) 장수(將), 법제(法)다. 도의란, 명령에 위아래가 한뜻이 되어 같이 죽고 같이 살기를 두려워하지 않는 것이다. 기상은 날씨와 기후와 천문을 아우른다. 지리는 땅이 먼지 가까운지, 험한지 평탄한지, 넓은지 좁은지, 죽을 자리인지 살 자리인지를 따지는 것이다. 장수는 지략(智)과 신의(信)와 사랑(仁)과 용기(勇)와 엄격함(嚴)을 갖춰야 한다(將者, 智信仁勇嚴也 장자지신인용엄야). 법제는 군사 제도와 정부 조직, 보급 체계를 뜻한다. 이 5가지는 장수로서는 반드시 알아야 하는 것이며, 잘 알면 이기고 모르면 진다.

이 5가지를 비교해 우열을 나누자면 7가지 기준을 적용한다. 임금은 어느 쪽이 훌륭한가. 장수는 누가 유능한가. 기상과 지리는 어느 쪽에 유리한가. 법령은 어느 쪽이 잘 지켜지나. 진영은 어느 쪽이 더 잘 단결됐나. 병사들은 어느 쪽이 더 잘 훈련됐나. 상벌은 어느 쪽이 분명한가. 이것만 보면 승부의 결과를 알게 된다. 장수들이 이런 사항을 배워 적용하면 반드시 이긴다. 장수 자격이 있다. 그러나 장수라는 자가 이를 제대로 배우지 않고 써먹겠다고만 덤비면 반드시 진다. 장수 자격도 없다. 유불리有不利*를 따져보면 대세가 형성된다. 나머지는 볼 것도 없다. 대세가 모든 상황을 좌우하는 탓이다.

전쟁의 조건(道天地將法도천지장법)

일본의 손정의孫正義 소프트뱅크 회장은 《손자병법》의 골자를 뽑아 스스로 '제곱병법'이라 하여 단 25글자로 정리했는데, 그중 5글자가 전쟁의 조건을 뜻하는 도道, 천天, 지地, 장將, 법法이다. 즉, 도의와 기상, 지리, 장수, 법제다.

도의(道)는 조직 내의 단결을 뜻한다. 손자가 공자보다 후대의 인물이었다면 '충성'이라는 개념을 대입했을지 모른다. 혹은 '명분'도 대체 가능하다. 단, 충성이든 명분이든, 그건 어디까지나 수단일 뿐 목적은 단결이다. 싸우고 싶지 않은 자도 싸우게 만드는 힘, 전우의 어려움을 보고 내 몸을 돌보지 않고 달려나가게 하는 힘, 죽으라면 죽는 시늉이라도 하게 만드는 힘이 도의다.

대외정책에서 을지문덕乙支文德은 강경파였고 고건무高建武는 유화파였지만, 일단 적이 눈앞에 나타나면 노선 다툼을 접고 함께 갑옷을 입었다. 영양왕嬰陽王은 을지문덕에게는 육군을, 고건무에게는 수군을 맡겨 혹시 있을지도 모르는 갈등의 소지마저 없었다. 반면 수양제 양광楊

廣은 야전사령관 우문술宇文述이 전략가인 우중문于仲文에게 모든 작전을 자문 받도록 했다. 하나의 군대에 장수는 둘인 터라 지휘 계통에 혼란이 올 수밖에 없었다. 거짓 항복한 을지문덕을 놓친 뒤 본진 귀환을 주장한 우문술에게 고구려군 추격을 고집한 우중문은 이렇게 한탄했다.

"옛날 명장들이 공을 이룬 것은 군사 일이 한 사람에 의해 결정됐기 때문인데, 지금 우리는 각기 다른 마음을 갖고 있으니 어떻게 적을 이길 수 있겠는가(人各有心何以勝敵인각유심하이승적)."

도의가 무너진 군대의 단면이다. 맹자는 "천시는 지리만 못하고, 지리는 인화만 못하다(天時不如地利 地利不如人和천시불여지리 지리불여인화)"라고 했다. 도의, 즉 단결이 가장 앞에 온 이유다.

기상(天)과 지리(地)는 외부 여건이다. 내 마음대로 어떻게 할 수 없다. 《삼국지三國地》에서 제갈량諸葛亮이 사마의司馬懿의 군대를 산골짜기에 몰아넣고 화공火攻**으로 전멸시키려는 찰나, 하늘에서 비가 쏟아지는 바람에 일을 그르치는 장면이 나온다. 그때 제갈량은 유명한 탄식을 남겼다.

"일을 꾸미는 것은 사람이지만 일을 성공시키는 것은 하늘의 뜻이구나(謀事在人 成事在天모사재인 성사재천)."

과연 그렇기만 할까? 신채호申采浩는 《조선상고사朝鮮上古史》에서 이런 이야기를 전한다. 평양성 턱밑까지 갔다가 소득 없이 철수하는 수나라 군대가 살수에 이르렀는데 배가 하나도 없었다. 어디가 얕은 곳인지

● 유리有利와 불리不利를 아울러 이르는 말.
●● 전쟁 때에 불로 적을 공격함.

몰라 머뭇거리는데, 어디선가 고구려 승려 몇 사람이 "물이 오금에도 차지 않는다"라며 바지춤을 걷어올리고는 성큼성큼 강을 건넜다.

수나라 군사들이 이 광경을 보고 다투어 강물에 뛰어들었는데, 고구려 군대가 상류의 모래주머니를 터뜨리는 바람에 수나라 군사들은 강 중간쯤에서 거센 물살에 떠내려갔다. 나머지 군사들은 뒤에서 추격해온 고구려 병사들에게 죽임을 당했다. 수나라 군사들은 위아래도 없이 오로지 살아야겠다는 마음으로 하루 낮 하루 밤 사이에 450리를 달려 압록강을 건넜는데, 살아남은 자가 30만 명 중 2,700명에 불과했다. 이처럼 기상과 지리 같은 외부 조건은 스스로 만들어낼 수는 없지만 활용할 수는 있다.

우리 속담에 "가루 팔러 가니 바람 불고, 소금 팔러 가니 이슬비 온다"라고 했다. 바람을 탓할 일도 비를 탓할 일도 아니다. 날씨는 생각지도 않고 가루며 소금이며 팔겠다고 나선 자신을 탓해야 하는 문제다. 손자의 관점에서 보면 제갈량이 말한 '하늘의 뜻'조차도 싸움에 앞서 미리 검토했어야 했다. 제갈량 자신도 적벽대전 때 한겨울에 동남풍을 부르지 않았던가. 외부 조건을 만들어낼 수 없다면, 최소한 기다릴 수는 있다. 강태공은 평생 낚시만 하며 자신의 뜻을 펼칠 날을 기다렸다.

장수(將)는 싸움에서 가장 중요한 요소다. 모든 승전의 영광과 패전의 책임이 장수의 몫이다. 한심한 임금이 도움은커녕 방해만 해도, 휘하의 병사들이 훈련이라고는 받아본 적 없는 오합지졸烏合之卒*이라 해도, 장수는 패전의 책임을 면할 수 없다. 때로는 설득하고, 때로는 위협하고, 때로는 속이고, 때로는 때려서라도 장수가 이끌고 나가야 한다. 장수가 가장 빛날 때는 질투심 많은 임금을 모시고 허약한 병사들을 이끌고 벌인 전쟁에서 승리하는 순간이다.

법제(法)는 모든 제도와 규칙의 총체다. 정부 조직부터 훈련 일정, 보고 체계, 사소한 업무처리 방식까지 모두 법이다. 그리고 이 법은 '지켜져야 한다'. 필요성이나 효율성은 그 다음이다. 지켜지지 않는 법이라면 100만 가지 쓰임새가 다 소용없고, 지켜지지 않는 규칙이라면 효율은커녕 번거로울 뿐이다.

수나라 우문술은 정예병들을 이끌고 요동성을 우회해 평양성 직공에 나설 때 100일 분량의 식량을 병사들에게 한꺼번에 나눠 주었다. 갑옷을 입고 긴 창과 짧은 창, 각종 전투 장비, 숙영宿營** 장비까지 모두 병사 각자가 짊어지고 가야 했는데, 1명당 짐이 3섬 이상의 무게였다고 한다. 한 끼에 쌀 200그램을 먹는다고 하면 하루치가 600그램, 열흘치가 6킬로그램, 100일이면 무려 60킬로그램이다. 길을 떠나려거든 눈썹도 떼어놓고 가라고 했거늘, 쌀만 해도 어른 한 명 무게이니 다른 짐까지 짊어지고 걸어야 하는 병사로서는 여간 고역이 아니었다.

우문술은 도중에 곡식을 내버리는 자는 모두 죽인다고 했지만, 병사들은 한 번 숙영할 때마다 식량을 땅에 파묻었다. 대열에서 낙오되지 않으려면 짐을 덜어야 했기 때문이다. 그래서 압록강을 건너기 전에 군량은 이미 바닥났다. 애당초에 지켜질 수 없는 법이란 이렇게 한심하다.

● 까마귀가 모인 것 같은 무리라는 뜻으로, 질서 없이 어중이떠중이가 모인 군중 또는 제각기 보잘것없는 수많은 사람.
●● 군대가 훈련이나 전쟁을 수행하기 위해 병영 밖에서 머물러 지내는 일.

장수의 자질(智信仁勇嚴지신인용엄)

싸움에서 가장 중요한 요소는 '장수'다. 이런 까닭에 손자는 장수가 갖춰야 할 자질부터 설명한다. 위로는 임금부터 아래로는 말단 졸병까지 장수 마음대로 움직이는 데 필요한 자질을 5글자로 설명한다. 지략(智)과 신의(信)와 사랑(仁)과 용기(勇)와 엄격함(嚴)이 그것이다. 손정의의 제곱병법에도 이 5글자는 빠지지 않는다.

지략(智)은 지식을 전제한다. 알아야 면장도 하고 장수도 한다. 핵무기를 물어보는데 원자력을 말하는 거냐고 반문하면 두고두고 웃음거리가 된다. 하지만 아는 데만 머물러서는 안 된다. 우회로를 지름길로 만드는 역발상이 필요하다. 이는 지식의 뒤집어보기로 가능하다. 그러나 이 역발상이 노출되면 정직하게 공격한 만도 못하다. 가장 중요한 건 자신의 의도를 숨기는 것이다.

유몽인柳夢寅의《어우야담於于野譚》에 이순신李舜臣이 셋째 아들 이면李葂의 살해범을 붙잡은 일화가 실려 있다. 이순신은 포로로 잡힌 왜병 가운데 아들을 죽인 자가 섞여 있다는 사실을 알고 심문에 나섰다. 다짜고짜 "누가 내 아들을 죽였느냐"라고 묻는 대신, "충청도에서 얼룩말을 탄 자와 싸운 적이 있을 것이다. 그 말을 어찌 했느냐. 그 말을 찾으려 한다"라고 했다. 이에 한 왜병이 "그 말은 우리 장수에게 헌납했소"라고 했으니, 이는 곧 '당신 아들을 죽인 범인은 바로 나요'라는 자백이나 마찬가지였다. 지략이란, '한 번 더 생각하기'의 다른 이름이다.

신의(信)는 약속을 지키는 일이다. 상을 주기로 했으면 상을 주고, 벌을 주기로 했으면 벌을 줘야 한다. 신상필벌信賞必罰이다. 이 상과 벌을 주는 데도 방법이 있다. 강태공姜太公은《육도六韜》에서 "형벌은 높은 사람에게, 상은 낮은 사람에게(殺貴大 賞貴小살귀대 상귀소)" 쓰라고 가르쳤다. 제갈공명은 "먼저 가까운 자를 다스리고, 나중에 먼 자를 다스린다(先理近 後理遠선리근 후리원)"라고 했다. 법을 어기고 처벌에 직면한 자들이 늘 하는 말이 있다. "왜 나만 갖고 그래." 맞는 말이다. 장관들부터가 인사청문회를 했다 하면 위법 사실이 수두룩하게 쏟아져 나오는데, 그들이 '엄정한 법 집행'을 강조하면 웃음부터 나온다.

고구려 멸망 이후 당과 신라가 전쟁에 돌입했을 때, 석문 들판에서 신라군이 대패했다. 그때 비장으로 참전한 김유신金庾信의 둘째 아들 원술元述은 도망쳐 살아 돌아왔다. 문무왕이 패전 처리 방안을 묻자, 김유신은 이미 진 싸움은 진 싸움이고 지금부터라도 잘 지키도록 다독여야 한다고 했다. "당나라 사람들의 술책이란 헤아릴 수 없으니 장수와 병사들은 제각기 요충지를 지키게 해야 합니다." 신라군이 못 싸운 게 아니라 당이 잘 싸운 것이므로 책임을 묻지 말자는 뜻이다. 여기에 김유신은 한마디 덧붙였다. "그러나 원술은 왕명을 수행하지 않았을 뿐만 아니라, 집안의 가르침까지 어겼으니 목을 베어야 합니다." 다 같이 패전한 다른 사람들은 모두 용서하자면서도 유독 자기 아들만 처벌해야 한다고 주장했다. 신상필벌의 원칙이란 이런 것이다.

사랑(仁)은 신의의 상대 개념이다. 신상필벌로 대변되는 합리적인 조직 관리 방법이 아닌 인간적인 조직 관리를 강조하는 개념이다. 손자는 〈지형〉 편에서 "병사들을 어린아이처럼 돌봐주면 함께 깊은 계곡물에 뛰어들 수 있고, 자식처럼 아껴주면 병사들은 같이 죽을 수도 있다"라고 했다. 《오자吳子》에도 비슷한 말이 나온다.

"병사들과 동고동락하면 어디로 출동하든 당할 자가 없으니, 이를 아버지와 아들 같은 군대라고 한다.”

오기吳起는 부하의 엉덩이에 난 종기를 입으로 빤 것으로 유명한 장수다. 다른 사람은 몰라도 오자는 이런 말할 자격이 있다. 남의 엉덩이에 난 종기까지 빨아줄 자신이 없다면《육도》가 제안하는 이 정도 수준은 어떨까.

“장수는 추운 겨울에도 혼자만 따뜻한 외투를 입지 않고, 무더운 여름에도 혼자만 부채를 들지 않으며, 비가 와도 혼자만 우산을 받쳐 들지 않는다. 행군 중 진펄을 만나면 말에 타고 있다가도 내려서 병사들과 함께 걷는다.”

《삼략三略》은 이런 충고를 덧붙인다.

“우물이 마련되지 않았으면 장수는 목마르다는 말을 하지 않으며, 막사가 설치되지 않았으면 장수는 피곤하다는 말을 하지 않고, 식사 준비가 되지 않았으면 장수는 배고프다는 말도 하지 않는 법이다.”

속담에 “내 배 부르면 종더러 밥 짓지 말라 한다”라고 했다. 제 배부르다고 밥 안 지으면 배고픈 종들이 죄 없이 밥 굶어야 하는 사정을 전혀 모르는 양반님네들이 많았던 모양이다. 부하들의 고충을 알아채지 못하고서는 그들을 이해할 수 없다. 부하들을 이해하지 못하고서는 그들을 부릴 수 없다. 또한 ‘옛날 훌륭한 장수는 적과 대치 중에 술 한 통이 들어오자, 그것을 강물에 쏟아붓고는 병사들과 함께 그 강물을 마셨다’라는 이야기가 전한다. 강물에 술 한 통 쏟았다고 술맛이 날 리가 없다. 병사들은 술을 마신 게 아니라 장수의 마음을 마신 것이고, 장수는 술을 준 게 아니라 마음을 준 것이다.

《삼국사기》에는 백제 부흥군을 이끈 흑치상지黑齒常之의 일화가 전한다. 군대에서 말馬은 귀한 몸이었다. 말 한 마리를 유지하려면 일반 병사 4명만큼의 비용이 들었다. 사람은 굶어도 말은 먹여야 했다. 그런데 병사가 말에게 매질을 했다면? 목숨을 부지하기 힘든 사안이었다. 이때 흑치상지는 "어찌 말 때문에 사람을 벌주느냐"라며 처벌을 말렸다. 병사로서는 눈물이 뚝뚝 떨어지도록 고마운 순간이다. 그 병사는 오기에게 종기 빨린 병사 못지않은 충성을 다하지 않았을까.

용기(勇)는 용맹勇猛을 포함하지만, 용맹만을 뜻하지는 않는다. 오기는 "단순히 용맹하기만 해서는 적과 싸우려고만 들지 싸워서 실속이 없다"라고 했다. 용기는 대담함이다. 적을 눈앞에 두고도 위축되지 않고, 있는 그대로의 적과 내 실상을 직시하는 능력이 용기다. 있는 그대로 직시했을 때 내가 지는 싸움이라면 과감하게 다음 기회를 기약하는 것도 용기다. 그러나 내가 이기는 싸움이라면 수단과 방법을 가리지 않고 맞붙어 싸우는 것 또한 용기다.

고려 말 최영崔瑩은 용맹의 대명사였다. 내륙 깊숙이 침입한 왜구를 홍산에서 무찌를 때는 입술에 적의 화살이 박힌 채로 싸움을 진두지휘했다는 전설 같은 이야기가 전한다.《삼국지》에서 눈에 화살을 맞은 하후돈夏候惇이 그 화살에 뽑혀 나온 눈알을 씹어 먹었다는 이야기처럼 황당무계하지는 않지만 꽤나 비현실적이다. 이 용맹한 장수는 정치격변을 거치면서 이성계에게 정권을 내준 패장敗將으로 기록된다. '전쟁은 정치의 수단'이라는 유명한 정의를 따른다면, 최영은 전투에서 용맹했을 뿐 전쟁에 능한 장수는 아니었던 모양이다.

엄격함(嚴)은 명령이 잘 지켜진다는 뜻이다. 그러자면 잘 지켜질 수 있는 명령이어야 한다. 지켜질 수 없는 명령을 내리고 제대로 실행되기를 바라는 건 미련하다. 그래서 제갈량은 "먼저 법령을 다스리고 나중에 형벌로 다스린다(先理令 後理罰 선리령 후리벌)"라고 했다. 그러자면 《삼략》에서 전하듯이 "장수는 신중하게 명령을 내리고 일단 내린 명령은 취소하는 일이 없어야 한다(將無還令 장무환령)".

봉건시대에 유언비어 유포는 사형에 해당하는 중죄였다. 그런데 정약용丁若鏞은 《목민심서牧民心書》에서 유언비어에 대해 일률적으로 대응할 일이 아니라고 했다. 때로는 정치적인 의도로 퍼져나가기도 하지만, 대개 궁핍한 살림살이가 만들어내는 경우가 많다고 한다. 이런 자연발생적인 유언비어는 들어도 못 들은 척 조용히 넘어가고, 오히려 살림살이를 도와주는 게 유언비어를 잠재우는 길이라고 역설했다. 그러면서 속담 하나를 인용했다.

"유언비어는 보리 뿌리가 거두어간다."

보리가 익고 농사일이 바빠지면 백성들도 서로 왕래할 겨를이 없어 헛소문이 저절로 잠잠해진다는 뜻이다. "고기 한 점이 귀신 천 머리를 쫓는다"라는 말도 있다. 배가 고프고 몸이 허약해지면 헛것이 보이는 법이다. 배불리 먹고 건강한데 귀신을 봤다고 호들갑 떨 이유가 없다. 원인을 제거하면 될 일이다.

손자가 지략과 신의, 사랑, 용기, 엄격함을 장수의 자질로 정리한 것과 달리, 오자는 관리(理), 준비(備), 과단(果), 경계(戒), 간략(約)을 들었다. 1만 명을 1명처럼 다루는 게 관리이고, 언제라도 싸울 태세를 갖추고 시는 게 준비, 일단 싸움을 시작하면 좌우 살피지 않고 몰아치는 게 과단, 싸움에 이겼다 해도 다시 싸울 태세를 잃지 않는 게 경계 그리고 평소 법령을 간결하게 하는 게 간략이다.

전쟁은
속임수다

전쟁은 속임수다(兵者 詭道也 병자 궤도야). 그래서 잘하면서도 못하는 척하고, 공격하면서도 안 하는 척하고, 가까우면 먼 척 멀면 가까운 척한다. 미끼로 적군을 유인하고(利而誘之 이이유지), 혼란시켜놓고 공격한다(亂而取之 난이취지). 적이 튼튼하면 수비만 하고(實而備之 실이비지), 적이 더 강할 때는 싸움을 피한다(强而避之 강이피지). 대신 약을 올려 화를 내게 하거나(怒而撓之 노이요지), 비굴하게 굴어서 교만하게 만드는(卑而驕之 비이교지) 게 방법이다. 적이 쉬면 괴롭히고(佚而勞之 일이로지), 내부 단합이 잘되면 이간시킬(親而離之 친이리지) 일이다. 그리고 공격은 예상하지 못한 시점에, 그것도 방비가 없는 곳에 하는 법이다(出其不意 攻其不備 출기불의 공기불비). 이게 승리의 비법인데, 막상 싸우기 전에는 미리 말해봤자 소용없다.

스포츠와 전쟁의 차이점은? 스포츠는 최선을 다하는 것만으로도 박수를 받지만, 전쟁은 이기는 것만이 지상 목표다. 스포츠에서 규칙을 어기면 승리는 의미가 없다. 하지만 전쟁에서는 규칙이 없다. 규칙이 없는 게 유일한 규칙이며, 속임수쯤은 기본이다. 승리를 위해서라면 반칙도 환영받는 세계가 전쟁터다.

손자는 승부를 미리 알 수 있는 7가지 기준을 제시했다. '임금은 어느 쪽이 훌륭한가, 장수는 누가 유능한가, 기상과 지리는 어느 쪽에 유리한가, 법령은 어느 쪽이 잘 지켜지나, 어느 쪽 진영이 더 잘 단결돼 있나, 병사들은 어느 쪽이 더 잘 훈련돼 있나, 상벌은 어느 쪽이 분명한가.' 언뜻 보면 당연한 기준을 나열한 것 같지만, 흔히 승부의 관건이라고 할 수 있는 병력 수, 화력, 경제력 비교가 빠져 있다. 병력이나 장비, 경제력의 열세는 극복 가능하다고 보았기 때문이다.

극복 가능한 방법이 속임수다. 손자가 말하는 속임수란, 내 전력을 극대화하고 상대의 전력을 약화시키는 방법이다. 유인하기, 혼란시키기, 괴롭히기, 이간질하기, 약 올리기부터 기다리기까지 모두 포괄하는 개념이다. 말 그대로 '속이기'도 포함된다.

수나라가 요동성 함락을 포기하고 별동대 30만을 뽑아 평양성 직공을 시작했을 때, 고구려는 병력 수에서 절대적으로 불리했다. 이때 손자가 말하는 속임수가 모조리 등장한다. 우선 을지문덕은 거짓 항복을 자청하고 적진으로 들어가 직접 전력을 탐색한다. 그리고 이미 보급선이 끊긴 상황에서 엄청난 무게의 식량을 병사 개개인이 직접 운반한다는 적의 약점을 간파한다.

"적이 튼튼하면 수비만 하고 적이 더 강할 때는 싸움을 피한다(實而備之 强而避之실이비지 강이피지)"라고 했다. 일단 고구려군은 배가 고파 독이 바짝 오른 수나라 군대를 피해 후퇴했다. 그러자 우문술은 맹렬히 추격을 개시했고, 빨라진 행군 속도를 따라잡기 위해 병사들은 더 많은 식량을 버렸다. 식량이 완전히 바닥나자 수나라 군대는 더는 움직일 수 없었다. 이때 고구려 군대가 싸움을 걸었다. 하루에 7번의 전투가 벌어졌고, 수나라는 7번 모두 이겼다. 수나라로서는 싸우기만 하면 이길 수 있는 싸움을 멈출 수 없었고, 계속해서 주린 배를 안고 추격할 수밖에 없었다. 고구려로서는 적을 약 올리고, 교만하게 만들고, 쉬지 못하게 만드는 방법이었다.

수나라 장수 우중문이 자국 군대가 연전연승連戰連勝을 거두며 고구려군을 추격하는 게 아니라, 고구려군에 의해 극한의 피로에 내몰리고 있다는 사실을 깨달은 건 을지문덕의 시를 받고 나서였다.

"신통한 책략은 천문을 다 알았고(神策究天文 신책구천문) 기묘한 계획은 지리를 통달하누나(妙算窮地理 묘산궁지리). 싸움에 이겨 공로도 장하니(戰勝攻既高 전승공기고) 만족을 알고 그만둘지어다(知足願云止 지족원운지)."

굶주린 배를 움켜쥐고 행군해 평양성 턱밑까지 도달한 수나라 군대에게 유일한 희망은 대동강에서 기다리고 있는 내호아來護兒의 부대였다. 그러나 내호아는 평양의 외성을 비워놓고 수나라 군대의 약탈을 방치했다가 혼란을 틈타 기습한 고건무의 군대에 궤멸됐다. 미끼로 적군을 유인해 혼란시켜놓고 공격하는 고구려군의 수법에 당하고 말았다.

마지막 희망의 끈마저 놓쳐버린 우문술에게 을지문덕은 "만약 군사를 돌려 세운다면 왕을 모시고 황제가 계신 곳으로 가서 예방禮訪하겠다"라며 항복을 재차 약속했다. 더는 싸울 힘이 없던 수나라 군대는 항복 약속으로 체면치레하고 철수했다. 그러나 고구려는 살수에서 만사 포기하고 철수하는 수나라 군대에 마지막 일격을 가했다. 공격은 예상하지 못한 시점에, 그것도 방비가 없는 곳에 하는 법이다.

승부는
싸우기 전에 결정된다

결국 전쟁은 싸우기 전에 승률 계산을 잘해서 아군이 적보다 나은 요소가 많으면 이기고(夫未戰而廟算勝者 得算多也부미전이묘산승자 득산다야) 적보다 나은 요소가 적으면 지는 법이다. 적보다 나은 요소가 하나도 없다면 그 결과는 말할 것도 없다. 여기서 승패를 알 수 있다.

《손자병법》에서는 승률 계산을 '묘산廟算'으로 표현한다. 묘산은 전쟁 개시와 같은 국가 중요정책을 결정하는 방법으로, 경건하게 사당에 들어가서 점을 칠 때 사용하는 산가지를 하나씩 놓으면서 타당성을 따진다. 성공 요인이 하나 나오면 산가지를 하나 놓고, 실패 요인이 하나 제기되면 산가지를 하나씩 빼는 방식이다. 예컨대 누군가 "우리 임금은 적의 왕보다 훌륭합니다"라는 의견을 제기하면 산가지를 하나 추가하고, 누군가 "하지만 아군은 명령 계통이 분명하지 않습니다"라고 하면 산가지를 하나 빼는 식이다. 결과적으로 산가지가 많이 쌓이면 승률이 높은 것이다.

손자는 이런 승률 계산이 전쟁에 앞서 선행돼야 한다고 생각했다. 즉, 이길 만한 싸움만 하라는 가르침이다. 계란으로 바위치기 같은 싸움이 아니라, 바위로 계란을 치는 싸움을 해야 한다. 승률 100퍼센트의 신화, 이기는 싸움만 하면 못할 것도 없다.

막상 싸움이 벌어지면 수많은 상황이 벌어진다. 그 상황은 객관적인 전력의 우세와 달리 어긋나는 결과를 낳기도 한다. 계란보다 더 약한 물방울도 계속해서 한 곳에만 떨어지면 바위도 뚫는다. 집중의 힘이다. 채석장에서 바위를 쪼개는 건 바위보다 약한 나무다. 약점을 파고 들어간 결과다. 계란도 굴러가다가 멈춰 서는 모가 있는 법이다. 누구나 약점이 있고 언젠가는 그 약점을 노출하기 마련이다.

'난 바위니까 계란쯤은 아무렇게나 쳐도 깬다.' 이것이 수양제의 계산이었다. 그러나 천만의 말씀, 누워서 떡을 먹다가는 잘못하면 기도氣道가 막혀 죽을 수도 있다. 돌다리도 두드려보고 건넌다? 그것만으로는 부족하다. '구운 게도 도망갈까 봐 다리 먼저 떼어내고 먹는' 게 싸움하는 자세다. 싸움은 쉽게 생각하고 덤빌 일이 아니다.

그 이름도 거창한 《손자병법》은 어쩌면 비겁의 철학, 새가슴의 철학인지도 모른다.

싸움은, 제대로 살피지 않고 벌였다가는 큰 코 다친다.

兵者 不可不察也 병자 불가불찰야

싸움의 조건

도의(道), 기상(天), 지리(地), 장수(將), 법제(法)

장수의 자질

지략(智), 신의(信), 사랑(仁), 용기(勇), 엄격함(嚴)

싸움은 속임의 미학이다.

적이 튼튼하면 약하게 만드는 게 승리의 비결이다.

약점을 드러내는 순간 공격하면 백전백승이다.

지는 싸움 앞에선 꼬리 내릴 줄 알아야 한다.

作
戰

: 작전

전쟁,
오래 끌면
헛장사다

전쟁은 한 번에 짧게 끝내야 한다. "열 번 찍어 안 넘어가는 나무 없다"는 믿음은 전쟁터에서는 버려야 한다. 한 번 찍어서 안 넘어가면 과감하게 버려야 하는 나무가 전쟁이다. 전쟁을 열 번 벌이면 적이 아니라 아군이 먼저 무너진다.

전쟁은 시간과의 싸움이다. 사람, 무기, 식량 어느 것도 공짜가 없다. 하루를 쓰면 하루만큼, 이틀을 쓰면 이틀만큼 돈이 들어간다. 전쟁을 오래 끌어 전비戰備가 늘어나면 기껏 이겨봤자 헛장사다. 그래서 쉽사리 결론이 나지 않는 싸움은 손해를 본다고 해도 일찌감치 끝내는 게 낫다.

시간과의 싸움에서 이기려면 사전에 치밀하게 준비를 해야 한다. 그리고 전쟁이 시작되면 거침없이 몰아붙여 속전속결로 끝내야 한다. 전쟁터에서 작전을 짠답시고 갑론을박하면, 이미 진 싸움이다. 싸움터에서는 실행만이 정답이다. 고민은 싸움이 벌어지기 전에 할 일이다.

전쟁에는
하루에 천금이 든다

손자가 말하기를 군사를 일으킬 때는 전차 1,000대에 수송차량 1,000대, 완전무장한 병사 10만 명, 천 리 길을 옮길 식량이 필요하다. 그러자면 그 안팎의 비용에 외교사절 접대비, 장비 보수비, 병사 급료까지 하루에 천금이 든다. 그 다음에야 10만의 군사를 동원할 수 있다(日費千金 然後十萬之師擧矣 일비천금 연후십만지사거의).

전쟁이란 돈 문제다. 미국이 이라크 전쟁에 쓴 돈은 상상을 초월한다. 영국의 대표적인 신문인 〈인디펜던트Independent〉지는 2006년에 미국의 이라크 전쟁 비용이 하루에 2,000억 원씩 들어가고 있다고 보도했다. 이 돈은 갈수록 늘어 2007년에 미국의 외교전문지《포린 폴리시 Foreign Policy》는 하루에 3,500억 원, 1분에 2억 3,000만 원의 돈을 쓰고 있다고 분석했다.

정밀유도장치를 통해 지상의 장애물을 피해 목표물만 정확히 가격하는 것으로 유명한 토마호크Tomahawk 미사일은 전쟁 초기 적의 방공망을 무력화할 때 주로 사용한다. 그 무기를 한 발 쏠 때마다 12억 원씩 날아간다. 전쟁에서 모든 무기는 한 발로 끝나지 않는다. 2003년에 미군이 바그다드로 진격할 때는 무려 300발을 퍼부었고, 2011년 다국적군이 리비아를 폭격할 때는 하룻밤에 124발이나 쐈다. 그 비용은 가히 천문학적이다.

　돈을 많이 쓰면 이겨도 소용없고, 돈을 아끼자면 빨리 끝내거나 남의 것을 빼앗아서 써야 한다. 미군이 분쟁 지역마다 다국적군을 끌어들이는 이유도 명분 찾기와 함께 돈이라는 현실적인 목적이 존재한다.

차라리
졸속이 낫다

전쟁이란, 이기더라도 오래 걸리면 군사력이 약해진다(勝久則鈍兵 挫銳 승구즉둔병좌예). 성을 공격하면 힘이 빠진다. 군대가 오래 나가 있으면 국가 재정이 부족해진다(久暴師則國用不足구폭사즉국용부족). 그 틈을 타 다른 나라가 덤빈다. 이렇게 되면 아무리 지혜로운 사람이라도 뒷감당이 안 된다. 그래서 싸움이란 어설프더라도 서두르는 걸 추구해야지, 교묘한 작전이랍시고 오래 끌 생각을 하면 안 된다(故兵聞拙速 未睹巧之久也고병문졸속 미도교지구야). 전쟁을 오래 치르고 좋았던 사례는 없다(夫兵久而國利者 未之有也부병구이국리자 미지유야). 전쟁을 일으키는 해로움을 모르면, 전쟁으로 얻을 수 있는 이익도 알 수 없다(不盡知用兵之害者, 則不能盡知用兵之利也부진지용병지해자

즉불능진지용병지리야).

《손자병법》과 함께 병법서의 쌍벽을 이루는 《오자병법吳子兵法》에는 이런 말이 있다.

"천하가 싸움에 휩쓸렸을 때 5번 이긴 자는 화를 면치 못하고(五勝者禍오승자화), 4번 이긴 자는 그 폐단으로 약해지고(四勝者弊사승자폐), 3번 이긴 자는 패권을 잡고(三勝者覇삼승자패), 2번 이긴 자는 왕이 되며(二勝者王이승자왕), 단 한 번 이긴 자가 황제가 된다(一勝者帝일승자제)."

이 말은 많이 이기는 게 능사가 아니라, 한 번의 결전으로 끝내야 한다는 뜻이다. 싸움은 상대를 제압하기 위해서 하지만, 이기더라도 아군의 피해를 면하기는 어렵다. 전쟁을 벌일 때마다 이기더라도 매번 피해는 생기는 법이고, 그 피해가 누적되면 아군의 힘도 빠질 수밖에 없다.

군사력만 약해지면 다행이다. 전쟁에는 돈이 많이 든다. 미국이 1964년부터 10년 동안 베트남 전쟁에 쏟아부은 돈은 4,943억 달러다. 우리 돈으로 따지면 500조 원을 훌쩍 넘는다. 이 돈을 찍어내느라 1973년 미국은 더는 달러를 갖고 와도 금으로 바꿔주지 않겠다고 선언했다. 이때부터 달러 가치가 떨어져 미국은 세계 경제의 패권을 내려놓을 수밖에 없었다. 미국은 더 이상 번영의 상징이 될 수 없었다.

무려 8번에 걸쳐 고구려를 침공했지만 모두 실패한 수나라는 양제煬帝의 측근 양현감楊玄感의 반란으로 멸망했다. 나라에 돈이 없는데 백성들이라고 먹고살 수 있을까. 전쟁을 오래 끌면 지혜로운 사람이라도 뒷감당이 안 되는 법인데, 무려 8차례에 걸쳐 무리한 전쟁을 벌였으니 천하의 양제라도 사태를 수습하기에는 역부족이었다.

당태종 이세민은 고구려 안시성을 공격하면서 토산을 쌓느라 무려 60일이나 허비했다. 그동안 군량은 다 먹어 없애고, 계절은 겨울로 바뀌어 말이 뜯어먹을 풀도 없었다. 이세민에게 군대를 철수하는 것말고는 다른 선택이 없었다. 전쟁은 적과의 싸움 이전에 시간과의 싸움이다. 시간과의 싸움에서 졌다면 적과의 승부는 더 볼 것도 없다.

졸속拙速이라는 말은 '졸속 추진, 졸속 입법, 졸속 매각, 졸속 행정'이라는 말에서도 볼 수 있듯이 좋은 표현에 쓰이지 않는다. 그런데도 손자는 정교한 작전이랍시고 오래 끄는 것보다는 졸속, 즉 빈틈이 있더라도 서두르는 편이 낫다고 했다. 졸속은 칭찬받을 일이 아니지만, 전쟁을 오래 끄는 것보다는 졸속으로라도 일찍 끝내는 게 낫다는 뜻이다.

전쟁터는 상대가 한 수 두면, 장고 끝에 나도 한 수 두는 장기판이 아니다. 전쟁에서는 적이 한 수도 두지 못하는 가운데 첫 수에 곧장 궁으로 치고 들어가 왕을 붙잡아야 한다. 고민은 적의 수를 보고 하는 게 아니라, 게임을 시작하기 전에 해야 한다. 전투가 시작되면 시간 끌지 말고 거침없이 몰아붙여야 한다. 주저함이 없어야 한다. 결정한 일에는 토달 것 없다. 뒤돌아볼 것도 없다. 즉각 실행에 옮겨 순식간에 끝내야 한다.

적의 식량을
빼앗아라

군사를 쓸 줄 알면 (준비가 튼튼하기 때문에) 전쟁 중에 군사를 보충하지 않고, 식량을 세 번씩 실어 나르지 않는다. 장비는 자국에서 가져가지만 먹을 건 적지에서 충당한다. 그래야 먹을 게 넉넉하다. 파병으로 나라가 가난해지는 건 멀리 보낸 탓이다. 멀리 원정하면 백성이 가난해진다(國之貧於師者遠輸 遠輸則百姓貧 국지빈어사자원수 원수즉백성빈). 군수 물자는 비싸게 팔리고, 그러면 물가가 뛰어 백성들의 돈이 말라 세금을 내지 못해 몸으로 때우는 형편에 이른다. 전쟁터에서 힘이 빠지고 보급품도 다 떨어질 즈음이면, 안으로는 집이 비고 국민의 소득 70퍼센트가 없어진다. 수레나 말, 각종 무기나 농사짓는 소까지 국가 재산의 60퍼센트가 사라진다. 그래서 똑똑한 장수는 되도록 적지에서 식량을 조달한다(智將務食於敵 지장무식어적). 적의 식량 한 가마니를 빼앗으면 아군 식량 20가마니를 아낀다.

적을 죽인다는 건 분노의 문제지만(殺敵者怒也 살적자노야), 적의 보급품을 빼앗는 건 돈의 문제다. 전투에서 전차를 10대 이상 빼앗으면 먼저 노획한 병사에게 상을 주고, 전차의 깃발만 바꿔 달아 우리 전차와 섞어서 쓰면 된다. 병사는 좋게 대우해서 우리 편으로 키운다. 이것이 적을 이겨 아군을 보강하는 방법이다.

60만 대군을 운영하는 대한민국은 장병들의 우윳값으로 1년에 500억 원이 넘는 돈을 쓴다. 싸움터가 적지라면 운송비 때문에 우윳값도 만만 치 않다. 장병들이 각자 들고 가면 되지 않느냐고? 한 명당 우유를 몇 개나 들고 갈 수 있을까? 그 우유를 며칠이나 보관할 수 있을까?

손자는 최소한 먹을 것만이라도 가급적 적지에서 조달하라고 한다. 이것도 말처럼 쉽지는 않다. 60만 명이 하루에 한 통씩 한 달이면 1,800 만 통이다. 이 많은 양을 안정적으로 공급한다는 건 그리 쉽지 않다. 우 유라면 안 먹으면 그만이라지만, 우유가 아니고 밥이라면? 반드시 해 결해야 하는 문제다.

《고려사高麗史》에 "군정軍政*으로 말하면 첫째가 군량, 둘째가 요새, 셋째가 장비"라는 말이 있는데, 이 모두가 빼앗아 쓸 대상이다. 군량은 손자가 지적한 국내 경제와 직결되는 문제라는 점에서 적국에서 약탈 해서 써야 한다. 광개토왕은 비려 정벌에 나섰을 때 "소와 말, 양을 노 획했는데, 그 수를 셀 수 없었다"라며 적진 한가운데에서 사냥까지 했 다고 광개토대왕비는 적고 있다.

식량 약탈의 대상이 반드시 적국일 필요는 없다. 임진왜란 당시 명나 라 군대는 일본과 전쟁을 하기 위해 조선의 땅을 지나쳐야 했는데, 그 들은 자국 군대의 식량과 말들이 먹을 마초馬草를 조선 정부에 부담시 켰다. 그러고도 모자라 명나라 군사들은 백성들을 약탈하기까지 했다. 백성들 사이에서는 왜군보다 명군이 더하다는 원성이 자자했다.

무기를 비롯한 각종 장비도 빼앗아 쓸 수 있다. 조선 초기에 최윤덕崔 潤德이 4군 개척에 나섰을 때 사살하고 생포한 여진족의 수 그리고 약 탈한 가축의 수와 함께 "병기 1,200여 점을 노획했다"라고 임금에게 보고했다. 무기를 빼앗으면 적의 전력은 약화시키면서 아군의 전력은 강화할 수 있는데, 이 과정에 돈은 들지 않는다.

무기 기술도 탈취 대상이다. 고구려를 멸망시킨 뒤 신라도 삼키려고 했던 당 고종은 신라의 기술자 구진천仇珍川이라는 인물을 당으로 불러들였다. 구진천은 7세기 당시 세계에서 가장 긴 사정거리를 자랑하는 기계식 활인 노弩를 만드는 기술자였다. 고종이 구진천에게 노를 만들게 했는데, 성능이 신통찮았다. 당 고종은 "듣자하니 너희 나라에서는 노를 쏘면 1천 보를 나간다던데, 지금은 겨우 30보밖에 안 나가니 어찌 된 일이냐?"라며 따졌다. 구진천은 "나무가 신라의 것과 달라서 그렇다"라고 둘러댔다. 이에 고종은 직접 신라에서 나무까지 구해다주면서 다시 만들라고 했다. 그러나 이번에도 60보밖에 안 나갔고, 구진천은 또다시 발뺌했다. "아마도 목재가 바다를 건너오면서 습기가 차서 문제가 된 듯합니다." 기술을 가르쳐주지 않기 위해 일부러 잘못 만들었다는 심증은 있지만, 딱히 꼬투리를 잡을 수 없어 당 고종도 더는 노 제작 기술을 탐낼 수가 없었다.

조선에는 편전鞭箭이라는 비밀 병기가 있었다. 보통 화살은 길이가 1미터 정도 되기 때문에 날아가는 게 눈에 보인다. 그래서 웬만한 사람은 누구나 화살을 피할 수 있고, 무술의 고수는 날아오는 화살을 쳐낼 수도 있다. 하지만 편전은 '애기살'이라는 별칭에서 알 수 있듯이 길이가 화살의 3분의 1 정도로 작아서 날아가는 게 잘 보이지 않았다. 작고

● 군령軍令에 대비되는 군사 용어.

가벼워서 사정거리도 일반 화살보다 3배나 더 멀리 날아갔다. 적의 입장에서는 보이지 않는 암살자였던 셈이다. 그러나 편전은 길이가 짧아 활줄에 걸어 시위를 잡아당길 수가 없었기 때문에 '통아桶兒'라고 하는 화살받침대를 사용했는데, 이것이 핵심 기술이었다.

이 편전을 청나라 황제가 탐냈다. 숙종 때 사신을 따라간 조선 무인에게 청나라 황제는 편전을 쏠 줄 아느냐며 시범을 요구했다. 조선 무인들은 편전은 아무나 쏠 수 있는 것이 아니라며 꽁무니를 뺐다. 세종은 일찍이 편전의 기술 유출을 막기 위해 여진족을 정벌하는 함길도 총사령관에게 "병사들에게 편전을 연습시키되 야인들이 보지 못하게 하라. 또 이 기술을 왜 숨기고 비밀로 하는지조차 알지 못하게 하라"는 지시를 내렸다.

아예 군사를 빼앗아 쓰는 방법도 있다. 조선《태조실록太祖實錄》에 이지란李之蘭이라는 인물이 자주 등장하는데, 실상 이 인물은 퉁쿠룬투란티무르(佟古倫豆蘭帖不兒)라는 이름의 여진족이다. 고려 공민왕 때 여진족 정벌에 나선 이성계의 인품에 감동받아 부락민을 이끌고 항복한 뒤, 이성계의 동생을 자임해 생사고락을 함께했다. 나중에는 조선 개국의 일등공신이 됐으며, 조선 건국 이후에는 경상도 총사령관이 돼 왜구 토벌에 나서기도 했다. 여진족을 받아들여 왜구를 방어하는 전략, '손 안 대고 코풀기'란 이런 경우를 두고 하는 말이다.

전쟁은
오래 끌면 안 된다

결국 전쟁의 요체는 이기는 데 있고, 오래 끄는 데 있지 않다(兵貴勝 不貴久병귀승 불귀구). 전쟁을 아는 장수가 국민의 목숨을 쥔 국가 안위의 주인인 이유다(知兵之將 民之司命 國家安危之主也 지병지장 민지사명 국가안위지주야).

수비하는 입장에서도 전쟁을 오래 끌면 안 된다. "다섯 번을 이기면 나라 망한다"는 말은 농담이 아니다. 고구려는 청야전술淸野戰術로 중국의 침입을 막아냈지만, 그 전술이 멸망을 재촉했다. 청야전술은 적에게 식량을 남겨주지 않기 위해 집에 있는 양식은 물론 들판에 있는 덜 자란 곡식까지도 모조리 못쓰게 만드는 게 핵심이다. 대규모 원정군의 침입을 받았을 때, 이 전략은 대단히 유효하다. 아군이 식량을 쌓아놓고 지형이 유리한 산성에서 농성을 벌일 때, 적은 주린 배를 부여잡고 원정을 보낸 자기 임금을 욕할 테니 말이다. 문제는 이 싸움이 길어질 경우다.

당태종은 안시성에서 혼쭐이 난 뒤 수나라의 전철을 밟지 않기 위해 더는 대규모 공격을 감행하지 않았다. 대신 게릴라전으로 끊임없이 고구려 국경을 괴롭혔다. 적이 쳐들어올 때마다 주민들은 식량을 싸들고 산성으로 옮겨야 했고, 손수 농사지은 들판의 곡식을 망쳐야 했다. 1년 장사인 농사는 한번 망치면 다음 해를 기약할 수밖에 없는데, 그 다음 해에 적이 또 침공해오면 그해 농사도 망친다. 이렇게 여러 해를 지나다 보면 산성에 가지고 갈 곡식 자체가 없어진다. 주민 생활은 피폐해지고, 전쟁은 지긋지긋한 대상이 된다.

미국에서 베트남 전쟁과 이라크 전쟁에 대한 반대 여론이 높았던 것도 전쟁이 오래 계속됐기 때문이다. 전쟁이 시작되는 순간에는 아버지 부시 대통령도, 클린턴 대통령도, 아들 부시 대통령도 그동안 경험해보지 못한 높은 지지율을 누렸다. 하지만 전쟁이 길어지면서 높았던 지지율은 물거품처럼 사라지고 따가운 눈총만 받았다.

혁명은 개혁보다 쉽다고 한다. '개혁 피로증'이라는 말이 보여주듯 지지부진한 개혁은 저항 세력에 힘을 보태주고 결국 실패한다. 싸움이 옳든 그르든, 싸움에서 이기든 지든, 모름지기 싸움은 오래 끄는 게 아니다. 일단 싸움을 시작했다면, 머뭇거림은 죄악이다.

전쟁은 시간과의 싸움이다.

전쟁에는 하루에 천금이 든다.

日費千金 일비천금

이겨도 오래 끌면 헛장사다.

전쟁이란, 이기더라도 오래 걸리면 군사력이 약해진다.

勝久則鈍兵挫銳 승구즉둔병좌예

전쟁의 요체는 이기는 데 있지 오래 끄는 데 있지 않다.

兵貴勝 不貴久 병귀승 불귀구

싸움터에서 고민하지 마라.

교묘한 작전이라고 오래 끄느니(巧久교구)

어설프더라도 서두르는 게(拙速졸속) 낫다.

謀攻

: 모공

싸우지 않고
이기는 게
진정한 승리다

이겼다고 다 똑같은 건 아니다. 피투성이가 된 상처뿐인 영광이 있는가 하면, 털끝 하나 다치지 않은 완벽한 승리도 있다. 그런가 하면 싸우기도 전에 깨끗하게 항복을 받아 아무도 다치지 않는 경우도 있다.

서로 피터지게 싸우는 모습을 보여주는 것으로 사람들에게 즐거움을 안겨주는 검투사에게는 상처뿐인 영광이 가장 좋은 승리다. 하지만 전쟁은 즐거움을 주자고 하는 것도, 박수를 받자고 하는 것도 아니다. 전쟁은 적을 굴복시키고, 적이 가진 것을 빼앗는 게 목적이다. 어떻게 하면 나는 다치지 않으면서 적이 가진 것을 빼앗으며, 동시에 갖고 싶었던 것을 얼마나 온전하게 내 손에 넣느냐가 관심사다.

가장 좋은 승리는 좋게 타일러서 원하는 것을 얻는 것이다. 구경꾼 입장에서는 가장 싱거운 싸움이지만, 싸우는 당사자 입장에서는 가장 실속 있는 싸움이다. 싸움에는 목적이 있다. 목적을 이뤘다면 모양새가 어떻든 그 싸움은 이긴 싸움이다. 반면 실컷 싸워 이겼더라도 목적을 이루지 못했다면 헛고생이다.

어떤 일이든 좋게 해결되면 좋겠지만, 그게 뜻대로 안 되기 때문에 전쟁을 하는 것이다. 그래도 마지막까지 고민은 거듭된다. 과연 싸워야 하나 말아야 하나. 피를 봐야 하나 피해야 하나.

이 고민의 해법은 적과 나를 직시直視하는 것에서 시작한다. 겉으로 보이는 적과 나의 실력만 볼 게 아니라 속까지 들여다봐야 한다. 그러면 최소한 패하는 싸움은 하지 않는다.

싸우지 않고
이겨야 진짜 이긴다

손자가 말하기를, 병법은 적국을 온전히 보존하면서 이기는 것을 으뜸으로 치고 적국을 쳐부수는 건 그 다음이다. 적군을 온전히 보존하면서 이기는 것을 으뜸으로 치고, 적군을 전멸시키는 건 그 다음이다. 그래서 백 번 싸워 백 번 이기는 걸 최고라 하지 않는다(百戰百勝 非善之善者也 백전백승 비선지선자야). 싸우지 않고 굴복시키는 것을 최고라 한다(不戰而屈人之兵 善之善者也 부전이굴인지병 선지선자야).

싸움에는 목적이 있다. 침공했다면 적을 복속시키는 게 목적이다. 일단 싸움에서 이기면, 적군은 앞으로 세금을 내야 할 '백성'들이 된다. 이긴 싸움에서 용맹함을 드러낸답시고 이들을 몰살시키면 이기고 나서 챙기려고 했던 전리품, 싸움의 목적이 없어진다. 그래서 싸움은 적을 전멸시키기보다는 온전히 보존하면서 이기는 게 좋다. 아니, 아예 싸우지 않고 이기는 게 좋다.

침략을 받았다면 적을 몰아내는 게 싸움의 목적이다. 적을 몰살시켜 다시는 쳐들어올 엄두도 내지 못하게 해야겠지만, 아군의 피해도 어느 정도 감수해야 한다. 아니, 애초에 침공의 빌미를 주지 않는 게 근원적인 해법이다. 적이 쳐들어오지 못하게 한다면 적을 몰아내기 위해 싸울 필요도 없다.

고려 성종 12년에 소손녕蕭遜寧이 이끄는 거란군이 압록강을 넘어 쳐들어왔다. 이른바 거란의 1차 침입이다. 전쟁 초기에 국경 근처의 봉산성 싸움에 패하면서 땅을 떼어주자는 '할지론割地論'까지 나왔지만, 청천강의 안융진에서 발해 왕실의 자손 대도수大道秀가 승리를 거두면서 고려는 냉정을 되찾았다. 그리고 서희徐熙가 강화 협상 대표로 거란군 진영으로 향했다.

서희와 소손녕의 만남은 우선 기 싸움으로 시작됐다. 소손녕은 서희에게 큰 나라의 장수인 자신에게 뜰에서 절을 올리라고 요구했다. 일단 한번 찔러보는 건데, 여기서 움찔하는 모습을 보이면 협상은 그걸로 끝이다. 서희는 꿈쩍도 하지 않고 임금과 신하 간의 예법을 신하들끼리 하는 건 옳지 않다고 응대했다. 결국 마주 서서 서로 고개를 숙이는 것으로 절충점을 찾았다. 첫 대면은 서희의 판정승이었다.

본격적인 회담은 소손녕의 요구로 시작됐다. "고구려 땅은 거란의 소유인데 너희 고려가 왜 침범하느냐?"라고 따지자, 서희는 "고려야말로 고구려를 계승했기 때문에 나라 이름부터 고려다. 고구려 옛 땅으로 경계를 삼는다면 거란이 수도로 삼고 있는 요양도 우리 땅이다"라고 맞받아쳤다. 명분 싸움에서도 서희의 완승이었다.

소손녕은 결국 본심을 드러냈다. "고려는 거란과 국경을 마주하고 있으면서 왜 바다 건너 송을 섬기느냐?"라고 하자, 서희는 여진에 핑계를 돌렸다. "고려와 거란 사이에는 여진족이 있어 그들이 길을 막고 있다." 그리고 한마디 덧붙였다. "우리가 고구려의 옛 땅에 성을 쌓아 여진을 몰아내고 거란과 국경이 맞닿게 된다면 국교를 맺지 않을 이유가 없다." 이 말은 길만 열린다면 송과의 관계를 끊고 거란과 친교를 맺겠다는 뜻이다. 소손녕이 가장 듣고 싶은 말이기도 했다. 협상은 그것으로 타결됐다.

소손녕은 즉각 본국의 승인을 얻어 군대를 철수했다. 고려는 이듬해 압록강 주변인 귀주, 흥화진 등에 6개의 성을 쌓았다. 고려의 국경선을 압록강까지 끌어올린 이른바 강동 6주다. 서희의 담판으로 얻은 땅이지만, 거란의 이어지는 2차, 3차 침입을 격퇴하는 과정에서 가장 중요한 요새 역할을 하게 된다.

서희는 말을 잘해서 거란군을 물리친 게 아니다. 우선 유리한 입장에서 협상에 나섰다. 대도수大道秀가 안융진 전투에서 거란군의 기세를 꺾은 상황에서 시작된 강화 협상의 주도권은 처음부터 서희에게 있었다.

더 중요한 건 거란군의 의도를 꿰뚫어봤다는 점이다. 거란의 주 관심사는 송이었다. 거란은 당시 연운 16주라는 베이징 주변의 땅을 차지하기 위해 국력을 기울이던 때였다. 고려를 침공한 이유는 적극적인 영토 야욕이 아니라, 후방을 안정시킨다는 목적에 있었다. 실제로 소손녕은 거란군 편제상 도통都統*이 아니었다. 도통이 아니면 적국 깊숙이 진격할 수도, 마음대로 성곽을 공격하는 공성전攻城戰을 벌일 수도 없었다. 서희는 봉산성에서의 전투를 승리로 장식하고도 진격을 멈추고 항복을 요구하는 거란군의 행태에서 의도를 간파한 것이다. 어차피 싸울 의도가 없는 적을 물리치는 데 군사를 동원할 필요가 없었다. 더욱이 땅

● 거란군 편제에서 자율적인 군사작전권을 위임받은 총사령관.

을 떼어줄 필요도 없었다. 서희는 그들이 원하는 것을 주는 척 달래기만 하면 된다는 걸 처음부터 알았다.

병법서 《36계》에는 아궁이에서 장작을 빼낸다는 뜻의 부저추신釜底抽薪이라는 전략이 등장한다. 장작이 없는데 아궁이의 솥이 끓을 리 없다. 싸우지 않고 승리하는 비법은 적의 의도, 싸움의 목적을 읽어내는 능력에 있다.

싸울 엄두도
못 내게 하라

적의 계획을 분쇄하는 게 제대로 된 싸움이고(上兵伐謀 상병벌모), 적의 동맹을 깨는 건 그 다음(其次伐交 기차벌교), 적의 군대를 쳐부수는 건 또 그 다음이다(其次伐兵 기차벌병).

영화 〈친구〉에 "밟을 때는 쳐다만 봐도 오줌을 지릴 정도로 확실하게 밟아줘야 한데이. 그래야 다시는 개길 생각도 몬한데이"라는 대사가 나온다. 싸움에서 가장 중요한 건 '개길 생각도 못하게' 하는 것이다. 이것은 벌모伐謀로 적의 계획을 분쇄하는 게 첫 단계다. 깻잎머리 소녀는 면도날을 씹어 뱉는다. 학교의 '짱', 아니 어두운 세계의 '형님', 아니 정치권의 '어른'들은 똘마니들을 우르르 몰고 다닌다. 감히 덤빌 엄두도 못 내게 하기 위한 연막이다.

학교에서 나름 무소불위無所不爲*의 권력을 누리는 짱 앞에 의협심 강한 전학생이 나타나면 새로운 상황이 펼쳐진다. 전학생은 반항심 가득한 눈빛으로 똘마니들을 몰고 다니는 짱의 모습에 전혀 주눅이 들지 않는다. 짱은 도전적으로 보이는 전학생에게 본때를 보여주기 위해 무언가 행동을 취한다. 우선 전학생을 왕따로 만든다. 전학생이 다른 학생들과 힘을 모아 반기를 들지만 않으면 된다. 이게 벌교伐交다. 동맹이 없으면 힘이 모자라기 때문에 감히 덤빌 생각을 하지 않는다.

문제의 전학생이 대단히 용의주도하거나 사교력이 뛰어나서, 아니면 짱이 방심한 틈을 타 자기 나름의 동맹을 구축할 수도 있다. 하나의 세력이 만들어지면 짱의 자리를 둘러싼 한판 대결이 불가피해진다. 이게 벌병伐兵이다. 짱은 이길 수도 있고 질 수도 있다. 일단 싸움이 나면 이기더라도 최소한 단추 하나는 떨어질 것이고, 재수 없으면 코피 정도는 각오해야 한다.

이순신은 단 3번 출전해 남해의 제해권制海權을 완전히 장악했다. 첫번째와 두 번째 출전에서는 무인지경無人之境**을 누비며 무방비 상태에 있던 일본군을 상대로 승리를 거뒀지만, 세 번째 출전은 사정이 달랐다. 특히 한산대첩의 맞상대였던 일본의 와키사카 야스하루(脇坂安治)는 육군에 편입돼 있다가 이순신을 잡기 위해 주특기인 수군으로 돌아온 장수였다. 하지만 와키사카도 "대장선이라 빨라서 살았다"라는 말

● 하지 못하는 일이 없음.
●● 아무것도 거칠 것이 없는 판.

만 남기고 도망치기에 바빴을 만큼 철저하게 패했다. 한산대첩 이후 도요토미 히데요시(豊臣秀吉)는 왜군에 "조선 수군과 싸우지 말라"는 지시를 내렸다. 이순신은 단 3번의 출전으로 적으로 하여금 감히 싸울 엄두를 내지 못하게 벌모를 달성한 것이었다.

수양제가 대규모 고구려 침략을 일으키기 5년 전, 양국 간 전운이 감도는 상황에서 수양제가 돌궐을 방문했다가 동돌궐의 왕 계민가한(啓民可汗)의 막사에서 고구려 사신과 마주쳤다. 수양제는 고구려 정벌에 앞서 배후를 안정시키는 차원에서 돌궐을 찾은 참이었다. 반면 고구려는 수나라와 전쟁이 벌어지면, 수나라의 배후를 공격해달라고 돌궐에 부탁하러 온 길이었다. 수양제는 고구려 사신에게 협박했다.

"너는 돌아가서 고구려 왕이 당장 수나라에 인사하지 않으면 내년에 내가 쳐들어가겠노라 전하라."

연개소문은 안시성 싸움에 앞서 오족루(吳足淚)를 돌궐족의 여러 부족에게 보내 당의 배후를 노렸다. 그 흔적의 일부가 사마르칸트Samarkand, 현재의 우즈베키스탄에 남아 있다. 머나먼 중앙아시아의 벽화에 등장하는 고구려 사신의 모습은 당과의 전면전에 앞서 외교를 다지는 고구려의 노력을 보여준다. 연개소문은 몽골고원의 유목국가인 설연타(薛延陀)의 진주가한(眞駐可汗)을 동맹에 끌어들이는 데 성공했다. 전쟁에 앞서 이뤄진 벌교의 단면들이다.

덤빌 생각도 못하게 하는 벌모나 동맹을 끊어 힘을 빼는 벌교가 고수들의 방법이라면, 직접 몸을 부딪히며 싸우는 벌병은 하수들이나 하는 짓이다. 이보다 더 미련한 짓도 있다. 적이 이미 유리한 고지를 점했는데 무리하게 공격을 감행하는 것이다.

함부로 주먹을
날리지 마라

성을 공격하는 건 가급적 피해야 하는 마지막 수단이지만(其下攻城 기하공성), 어쩔 수 없을 때는 공격하기도 한다. 하지만 성을 공격하자면 장비를 준비하는 기간만도 족히 석 달은 걸린다. 거기에 전투용 토산을 쌓으면 또 석 달이 걸린다. 장수 된 자가 분을 참지 못하고 군사들에게 성벽을 기어 올라가게 해 병력의 3분의 1을 잃기라도 한다면, 그러고도 성을 함락시키지 못한다면, 이건 공격이 아니라 차라리 재난이다.

머리로 싸우지 않고 몸을 써서 싸우는 것도 바보짓이지만, 온몸을 두른 철갑에 맨주먹을 날리는 건 더 멍청한 짓이다. 하물며 높은 성벽 안에 숨은 적을 공격하자면 기본적으로 시간이 많이 걸린다. 전쟁은 하루에 천금이 들어간다고 했다. 석 달이면 무려 9만금이 들어간다. 전쟁에 이렇게 돈이 많이 들어간다면 헛고생이다. 전쟁에 지기라도 하면 나라가 거덜나는 건 순식간이다.

고구려 침략에 나선 당태종은 요하를 건너자마자 스스로 부교浮橋*를 걷어내며 전의를 불태웠다. 요동성을 공격할 때는 이세민이 직접 흙을 나르며 해자垓子를 메워 요동성을 함락시켰다. 백암성은 성주 손대

● 배다리. 일정한 간격으로 배나 뗏목을 띄워놓고 그 위에 널조각을 깔아 만든 다리.

음孫代音의 항복으로 당나라군의 손에 들어갔다. 당나라군이 압록강을 건너기 위해 천산산맥을 넘자면 남은 건 안시성뿐인데, 당나라군 내부에서는 안시성이 워낙 견고해 함락시키기 어려우니 안시성을 우회해 평양을 직접 공격하는 편이 낫다는 의견들이 많았다. 하지만 배후에 고구려군을 남겨두고 진격하면 군량 보급에 차질이 생길 것이고, 고구려의 청야전술에 속수무책으로 당할 우려가 있었다.

당태종은 결단을 내려 안시성을 공격하기 시작했다. 당나라의 장군 이세적李世勣은 성을 함락시키면 안시성 안에 있는 남자들을 모조리 땅에 파묻어버리겠다고 공언했는데, 이 사실은 안시성 사람들의 전의를 더욱 불태웠다.

싸움의 실마리를 찾지 못하자, 당태종은 이도종李道宗에게 토산土山 건설을 명령했다. 50만 명이 동원돼 밤낮없이 60일이나 흙을 퍼다 쌓은 토산의 꼭대기는 성벽보다 높아서 성 안을 내려다보면서 싸울 수 있었다. '유리한 고지를 확보했다'라는 관용어에서 알 수 있듯 싸움에서 높은 곳을 확보하는 건 매우 중요하다. 《손자병법》에도 "군은 높은 곳을 좋아하고 낮은 곳을 싫어한다"라고 했다. 하지만 급하게 쌓은 게 문제였다. 갑자기 비가 내리자 물을 머금은 토산은 흙의 무게를 이기지 못하고 허물어졌다. 산사태가 나는 바람에 안시성 성벽도 한쪽이 무너졌는데, 고구려는 그 틈으로 치고 나가 토산을 탈취했다. 천신만고 끝에 쌓은 토산이 오히려 고구려군에게 유리한 '고지'가 됐다.

《손자병법》에 "언덕을 오르며 적과 싸우지 말라"라는 가르침이 있다. 고지를 빼앗긴 상황에서 당나라군은 더는 싸울 방법이 없었다. 게다가 손자는 교묘하더라도 오래 걸리기보다는 차라리 졸속이 낫다고 했다. 전쟁은 시간과의 싸움이다. 토산을 쌓느라 60일이나 허비하는 바람에 군량은 군량대로 써버리고 계절은 이미 겨울에 이르러 말이 먹을 풀도 없었다. 당태종도 더는 어찌해볼 도리가 없었다. 하는 수없이 군대에 철수 명령을 내렸다.

온전한 천하를
다퉈야 한다

그래서 전쟁을 잘하면 싸우지 않고 적군을 굴복시킨다(善用兵者 屈人之兵 而非戰也 선용병자 굴인지병 이비전야). 공격하지 않고 성을 함락시킨다(拔人之城 而非攻也 발인지성 이비공야). 오래 걸리지 않고 적을 무너뜨린다(毁人之國 而非久也 훼인지국 이비구야). 반드시 온전한 그대로의 천하를 다퉈야 한다. 그래야 군사력의 손실 없이 이익이 고스란히 남는다(必以全爭於天下 故兵不頓而利可全 필이전쟁어천하 고병부돈이리가전). 이게 공격을 꾀하는 법이다.

싸움에는 돈이 든다. 싸울수록 내 주머니 속 돈도, 나와 싸우는 적의 돈도 나간다. 싸움에서 이기면 적의 지갑은 내 것이 된다. 그렇다면 내 돈을 아끼는 것은 물론 적의 돈도 축나지 않게 해야 한다. 돈을 빼앗아 이익을 얻겠다는 건 하수들이나 하는 계산이다. 고수는 적의 지갑 속

돈이 아니라 마음을 빼앗는다.

고려 태조 왕건王建은 즉위 직후부터 신라 왕실과 우호관계를 맺었다. 신라 경명왕景明王이 죽고 경애왕景哀王이 즉위했을 때는 조문 사절을 보내기도 했다. 견훤甄萱의 후백제군이 침략해오면 신라는 가장 먼저 왕건에게 구원병을 요청했고, 왕건은 꼬박꼬박 구원병을 보내줬다.

왕건이 왕위에 오른 지 7년째 되던 해에 신라의 고울부高鬱府 장군인 능문能文이 귀순 의사를 밝혔다. 고울부는 지금의 경북 영천으로, 경주의 문턱과도 같은 곳이었다. 왕건은 능문의 귀순을 거절했다. 뜻은 고맙지만 신라 왕실을 위해 애써 달라는 게 거절의 변이었는데, 신라 왕실의 체면을 세워주기 위해서다. 눈물 나게 감격한 신라의 왕은 후백제를 공격하는 고려군에 적은 군사나마 힘을 보탰다.

위기감을 느낀 후백제의 견훤은 경주를 직접 공격하는 무리수를 감행한다. 그리고 내친김에 경애왕을 죽이고 경순왕을 왕위에 올렸다. 경애왕의 왕비는 강제로 능욕을 당했다. 견훤은 보름 동안 경주를 실컷 약탈하고 나서야 귀환길에 올랐다. 왕건은 신라를 구원하기 위해 기병 5,000명을 이끌고 직접 나섰다. 그러나 전투에서는 견훤이 한 수 위였다. 왕건은 공산성 아래에서 견훤의 계략에 빠져 싸움에 크게 지고, 자신은 부하 장수 신숭겸申崇謙과 옷을 바꿔 입고 탈출해 겨우 목숨을 건졌다. 전투에 이긴 사람은 견훤이요, 진 사람은 왕건이다.

그로부터 4년 뒤, 신라는 고려에 항복했다. 무슨 일이 벌어진 걸까? 《삼국사기》에 등장하는 이 시기 견훤의 기록은 둘 중 하나다. 어디어디를 공격해서 빼앗았다, 어디어디를 공격했으나 빼앗지는 못했다. 같은 시기 왕건에 대한 기록도 어느 지방의 누구누구가 항복해왔다, 견훤의 공격을 받아 어디에서 싸움을 벌였다는 두 가지 가운데 하나다.

견훤은 걸핏하면 신라의 국경을 처들어가 무력으로 세력을 넓혔다. 전쟁에는 으레 돈이 들어가는지라 이기더라도 견훤으로서는 재정 부담을 떠안아야 했다. 특히 전투 중에 신라 사람들을 죽이고, 신라의 왕까지 죽였으니 견훤을 향한 원성은 하늘을 찌를 듯했다. 민심은 자연스레 그를 떠났다.

반면 왕건은 견훤과의 직접적인 대결에서 밀리는 한이 있어도, 신라의 지방관이 귀순을 요청해도 신라의 수호천사를 자처했다. 왕건이 금성에 들어갔을 때 주민들은 그를 열렬히 환영했다. "지난날 견훤이 왔을 때는 범이나 이리 떼를 만난 것 같더니 오늘 왕공을 만나니 부모를 보는 것만 같았다." 무력대결을 피했으니 아군의 피해도, 적의 피해도 없다. 신라의 왕이 더는 존재하지 않자, 왕건은 신라의 왕이 가졌던 모든 것을 고스란히 가져올 수 있었다.

수에서 밀리면
싸우지 마라

병법에서는 아군이 적군의 10배가 될 때는 포위한다(十則圍之 십즉위지). 5배가 되면 공격한다(伍則攻之 오즉공지). 2배가 되면 적군을 나눈다(倍則分之 배즉분지). 수가 비슷하면 열심히 싸우되(敵則能戰之 적즉능전지), 적이 더 많으면 도망가고(少則能逃之소즉능피지), 그게 아니라면 싸우지 말고 지키기만 한다(不若則能避之불약즉능피지). 수가 적으면서 싸워봤자 사로잡히는 게 고작이다(小敵之堅 大敵之擒也소적지견 대적지금야).

'전력 제곱의 법칙' 또는 '전력의 승수 효과'라고 불리는 현대전의 개념이 있다. 란체스터Lanchester가 발견했다고 해서 '란체스터 법칙'이라고도 하는데 원리는 이렇다. 아군 전투기 5대와 적군 전투기 3대가 공중전을 벌인다고 하면, 상식적으로 전력은 5:3이다. 그러나 실제로는 25:9라는 압도적인 차이로 나타난다. 다시 말해, 아군 전투기 5대와 적군 전투기 3대가 공중전을 벌여 적기 3대를 모두 격추시켰을 때, 아군 전투기는 2대가 아니라 3대나 4대가 남을 가능성이 크다.

손자의 말에 적용하면 아군 전력이 적군의 10배가 되면, 그 격차는 단순하게 10:1이 아니라 100:1이 된다. 즉, 싸울 필요 없이 적이 항복하기를 기다리면 된다. 아군이 5배 많다면 전력은 25:1이므로 싸우면 적은 전멸해도 아군의 피해는 경미하다. 적군보다 2배 많다면 전력은 4:1로, 전쟁에서 이길 수는 있지만 아군 4명 중 1명이 죽는다. 이는 적지 않은 피해다. 그래서 적을 나누어 아군은 2라는 숫자를 유지하면서 적은 0.5로 만든다. 그러면 전력은 16:1의 압도적인 차이로 벌어진다. 싸워볼 만하다.

이 법칙은 기관총, 미사일과 같은 확률 무기, 원거리 무기가 등장하면서 생긴 개념이다. 고대에는 칼과 창으로 벌이는 백병전白兵戰, 즉 1:1 싸움이었기 때문에 전력 계산은 제곱이 아니라 덧셈으로 한다. 그렇다고 해서 압도적인 전력의 우위가 갖는 중요성이 사라지는 건 아니다.

고구려 멸망 이후 당나라가 신라까지 집어삼키겠다는 의도를 분명히 드러낼 즈음, 김유신의 아들 원술은 비장의 신분으로 대방 들판에 주둔하고 있다가 적의 기습을 받았다. 이미 장군 효천曉川과 의문義文이 죽어 패색이 짙은 상황에서 원술은 끝까지 싸우기 위해 전장에 뛰어들려 했다. 임전무퇴臨戰無退, 싸움에 임해 물러서지 않는 화랑의 정신이었다. 하지만 싸움터에 뛰어들면 죽음만이 기다리고 있을 뿐이었다. 보좌관 담릉淡凌이 원술을 뜯어말렸다.

"대장부는 죽는 것이 어려운 것이 아니라, 죽을 경우를 택하는 것이 어려운 일입니다. 죽어서 이뤄지는 일이 없다면 살아서 나중 일을 도모해야 하지 않겠습니까?"

원술은 "남아男兒는 구차하게 살지 않는다. 내가 무슨 면목으로 아버지를 뵙겠는가?"라고 항변하지만 결국 담릉의 만류로 도망을 택했다. 그렇게 살아남은 원술은 걱정한 대로 아버지에게 끝내 용서받지 못했다. 그러나 나중에 매초성 싸움에서 큰 공을 세워 당나라군을 한반도에서 몰아내는 데 한몫했다.

죽어서 이뤄지는 일이 있다면 죽음은 숭고하고 가치가 있다. 그러나 죽어서 이뤄지는 일이 없다면, 담릉의 말처럼 다음 죽을 자리를 알아보는 게 현명하다. 지는 싸움에서 도망가는 것은 치욕이 아니다. 강한 자가 살아남는 게 아니라 살아남는 자가 강한 자다. 죽는다고 해서 달라지는 건 아무것도 없다.

그러나 세상은 싸움터에서 등을 보이고 달아나는 것을 비겁한 행동으로 규정한다. 세상의 모든 군법은 이런 행동을 엄하게 처벌한다. 전투가 벌어져 싸움이 한창인데 누군가 혼자 살겠다고 도망가는 건, 싸움의 흐름에 결정적인 패착敗着*이 된다. 손자는 싸움이 이미 벌어진 현장에서 도망가라고 하는 게 아니다. 아군의 전력과 적의 전력을 면밀히 분석한 뒤, 싸울 만한 상대가 아니라고 판단되면 처음부터 꼬리를 내리라는 뜻이다.

아군의 전력이 압도적으로 열세라면, 손자는 고민하지 말고 도망가라고 가르친다. 싸워봤자 사로잡히는 게 고작이라면, 싸움을 피하는 게 상책이라는 것이다. 흔히 '36계 줄행랑'이라고 하는데, 병법 36계의 마지막 36번째 계책은 '주위상走爲上', 즉 도망가는 게 상책이다. 어차피 지는 싸움은 하지 말라는 뜻이다. 꼬리 내려야 마땅한 상황에서 남의 눈을 두려워하지 않고 그렇게 하는 것, 이것도 용기다.

장수가
싸움의 중심이다

장수는 나라의 대들보다(將者 國之輔也 장자 국지보야). 대들보가 튼튼하면 나라가 강하고, 대들보가 썩었으면 나라가 약하다.

장수는 나라의 '대들보'라고 풀었지만, 실상 '보輔'는 바퀴의 덧방나무를 뜻하는 말이다. 바퀴 축에서 바퀴가 빠지지 않도록 덧댄 나무로, 바퀴의 중심을 차지한다. 덧방나무가 없으면 바퀴는 구를 수 없고, 수

레는 방향을 못 잡고 제멋대로 표류한다. 장수가 전쟁에서 차지하는 위상이 수레의 덧방나무와 같다. 싸움의 중심은 장수다. 임금도, 병사도 장수를 중심으로 돈다.

강태공이 썼다고 알려진 병법서《육도》에 고대 중국의 장군 임명식 장면이 실려 있다.

"임금은 길일을 택해 3일 동안 목욕재계하고 종묘에서 장수에게 부월斧鉞**을 수여하는 것으로 장수에게 권한을 부여하는 의식을 치른다. 임금은 동쪽에 서서 서쪽을 향해 서고, 장수는 북쪽을 향해 선왕의 신위를 바라보고 선다. 그러고는 왕이 큰 도끼(鉞)의 머리를 잡고 장수에게 자루를 쥐어주며 '이제부터 위로는 하늘에 이르기까지 장군이 모두 통제하라'라고 말하고, 이어 작은 도끼(斧)의 자루를 잡고 장수에게 날을 쥐어주며 '이제부터 아래로 연못 속 깊은 곳까지 장군이 모두 통제하라'라고 이른다."

임금이 장수를 임명하지만, 일단 전쟁터로 떠나는 장수에게 모든 권한을 위임하는 것 또한 임금의 자세다. 그래서《육도》는 이런 말을 덧붙인다.

"용병의 원리는 일一이라는 한 글자로 요약된다(凡兵之道 莫過於一 범병지도 막과어일). 지휘권은 하나로 단일화되고, 병력은 하나로 집중되며, 군의 행동은 하나로 통일을 이뤄 장수가 자유자재로 움직여야 한다."

● 바둑에서, 그곳에 돌을 놓았기 때문에 결과적으로 그 판에서 지게 된 아주 나쁜 수.
●● 출정하는 대장에게 통솔권의 상징으로 임금이 손수 주던 작은 도끼와 큰 도끼. 정벌, 군기, 형륙刑戮을 뜻한다.

지휘권의 일원화가 싸움의 성패를 결정한다. 구두장이 셋이 모이면 제갈공명보다 낫다지만, 이는 여러 지혜를 모아 결정을 내리는 누군가 가 있을 때를 말한다. 제각기 제 주장만 한다면 제갈공명 셋이 모여도 구두장이 하나를 못 당한다.

한산대첩, 행주대첩과 함께 임진왜란 3대 대첩의 하나로 꼽히는 진주 대첩에는 알려지지 않은 희생자가 한 명 있다. 바로 유숭인柳崇仁, 진주 성의 영웅 김시민金時敏의 직속상관이었다.

진주성에서 왜군과 전투가 한창일 때, 이미 싸움에 진 경상우병사慶 尙右兵使 유숭인이 말을 타고 와 함께 진주성을 지키고 싶다고 했다. 한 명의 아군이 아쉬운 시점에 제 발로 찾아온 것이다. 하지만 진주목사 김시민은 유숭인을 성 안에 들이기를 거부했다. 병사는 종2품, 목사는 정3품이니 김시민은 상관을 내친 것이다. 표면적인 이유는 이랬다. "이 미 싸움이 벌어져 성문을 엄히 경계하고 있는데, 조금이라도 열고 닫으 면 창졸倉卒의 염려가 있을 것이니 밖에서 응원하는 편이 좋겠습니다." 성문 꽉 닫고 있다가 조금이라도 열면 병사들 마음에 동요가 있을지도 모르고, 적들이 갑자기 쳐들어올 가능성도 있으므로 성문을 열어주지 못하겠다는 뜻이다.

실제로는 상관이 들어오는 것을 계기로 명령 계통에 혼란이 생길 것 을 우려한 조치였다. 지금까지 정3품 진주목사를 정점으로 싸움을 해 왔는데, 그동안의 사정을 잘 모르는 종2품 병사가 들어와서 자신이 상 관이라며 이것저것 아는 체하면 쓸데없는 감정싸움에 힘을 소모할 우 려가 있었던 것이다. 그러나 혈혈단신孑孑單身으로 진주성에서 함께 싸 우자고 온 장수에게 밖에서 응원하라고 하는 건 '그곳에서 죽어라' 하는 것과 같다. 실제로 유숭인은 왜군과 싸워 장렬히 전사했다. 김시민의 조치는 분명히 심한 측면이 있었는데, 홍의장군 곽재우郭再祐는 이 조치에 대해 "이 계책이 진주성을 온전히 보존했으니 진주 사람의 복이로다"라며 감탄했다.

아닌 게 아니라 군민이 분전奮戰하고도 지는 바람에 논개의 아름다운 희생을 낳은 2차 진주성 싸움에서는 조선군이 왜군에 패했는데, 그 이유 중 하나가 성 안에 있던 진주목사 서예원徐禮元과 의병대장 김천일金千鎰의 불화였다. 사공이 많으면 배가 산으로 가고, 목수가 많으면 집이 기운다. 명령 체계가 이원화되면 적에게 승리를 헌납한다는 손자의 말은 과언이 아니다. 장수는 스스로 중심이 돼 싸움을 주도해야 한다.

명령 체계는
하나가 옳다

임금이 군대에 근심거리가 되는 이유가 3가지 있는데(君之所以患於軍者三군지소이환어군자삼), 첫째는 군대가 진격하지 못하는 이유를 모르면서 진격을 명령하고, 퇴각하지 못하는 이유를 모르면서 퇴각을 명령하는 경우다. 이를 군대의 코를 꿰었다고 한다. 또 군대 사정을 모르면서 인사에 개입하거나 명령 계통을 어지럽히면 군사들이 헷갈린다. 이런 상태라면 적이 쳐들어오기에 딱 좋은 상황이다.

이를 두고 군대가 어지러워 적에게 승리를 헌납했다고 한다.

전쟁시에 "위로는 하늘에 이르기까지 장군이 모두 통제하라"라고 맡기는 게 임금의 바람직한 자세지만 현실은 꼭 그렇지만은 않다. 그런 이유로 병법이 있는지도 모른다.

수양제는 고구려 정벌에 나섰을 때, 요동성을 공격하면서 "일체의 진퇴를 내게 보고해 지시를 기다리고 독단으로 판단하지 말라"라고 지시했다. 백만 대군의 파상공세로 요동성은 몇 번이나 함락 위기를 맞았고 고구려는 매번 항복 의사를 전했다. 하지만 우문술은 그때마다 공격을 멈추고 수양제에게 어떻게 해야 할지를 물었고, 우문술이 그 답을 기다리는 사이에 요동성은 방비 태세를 갖춰 응전應戰을 이어갔다. 임금이 장수에게 판단을 맡기지 않고 쓸데없이 작전에 개입하면 될 일도 안 되는 법이다.

임진왜란 당시 선조는 왜장 가토 기요마사(加藤清正)가 바다를 건넌다는 첩보를 접했다. 그리고 이순신에게 날짜까지 정해주어 가토를 잡아오라고 명령을 내렸다. 사람을 죽여 희열을 느끼는 잔혹한 인물로 알려진 가토는 임진왜란 당시 조선인들이 가장 미워한 장수였다. 가토가 "귀국의 가장 큰 보물은 무엇인가"라고 물었을 때, 사명대사 유정惟政은 "당신의 목"이라고 답했을 정도다.

그러나 이순신은 왕의 명령을 따르지 않았다. 그 첩보가 왜군에게서 나온 것이라서 무턱대고 믿을 수도 없거니와 안골포를 비롯한 경상도 해안 곳곳에 웅거하는 왜군 수군들이 더 큰 문제였다. 배후에 왜군 수군을 두고 부산 앞바다까지 나갔다가는 자칫 포위당할 수 있었다. 이순신이 머뭇거리는 사이 가토가 무사히 부산에 도착했다는 첩보가 다시 조선 조정에 들어왔다. 선조는 격노해 이순신을 삼도수군통제사에서 파직하고 백의종군시켰다. 명목상 '조정을 기만해 임금을 무시한 죄요, 적을 놓아주어 나라를 저버린 죄'였지만, 실상은 괘씸죄였다.

이순신의 후임은 원균元均이었다. 우리 역사에서 둘도 없는 악역으로 자주 묘사되지만, 그도 수군 장수인지라 이순신과 똑같은 고민을 하지 않을 수 없었다. 조정에 다시 왜군이 부산으로 건너온다는 첩보가 입수돼 출동 명령이 떨어졌지만, 원균도 배후의 왜군 수군을 걱정해 미적거렸다. 조선군의 도원수 권율은 한산도까지 직접 찾아와 군율을 세운다며 수군 총사령관 원균에게 곤장을 때리고 출정을 독촉했다. 부하들 앞에서 체면까지 구긴 원균은 마지못해 출정에 나섰고, 칠천량에서 조선 수군은 전멸당했다. 임금이 현장 사령관의 판단을 무시한 결과였다. 장수가 임금의 눈치만 본 결과였다.

싸움의 중심은 장수라지만, 그렇다고 장수가 임금의 눈치를 전혀 안 봐도 낭패다. 제아무리 못난 임금도 임금이다. 장수의 인사권을 갖고 있는 사람이 바로 임금이다. 임금은 무시당한 기억을 결코 잊는 법이 없다. 당장은 아니더라도 언젠가는 반드시 갚아준다.

이순신은 옥포와 당포, 사천에서 잇달아 승리한 사실을 보고하면서 장계將啓에 이렇게 덧붙여 썼다.

"조정이 멀리 떨어져 있고 길이 막혔는데 군사들의 공훈 등급을 조정의 명령을 기다린 뒤에 결정한다면 군사들의 심정을 감동시킬 수 없으므로 우선 공로를 참작하여 1, 2, 3등으로 별지에 기록했습니다. 당초 약속과 같이 비록 머리를 베지 않았다 해도 죽을힘을 다해 싸운 사람들은 신이 직접 본 대로 등급을 나눠 결정하고 함께 기록했습니다."

이는 '제가 알아서 병사들에게 상을 내렸으니 그렇게 아십시오'라는 뜻이다. 명백한 월권越權이고, 문제 삼자면 매우 위험천만한 행위다. 이순신은 나중에는 좀 더 큰 권한을 요구한다.

《난중일기亂中日記》에 "철을 모으는 데 필요한 권한을 달라고 조정에 요청했다"라는 대목이 등장한다. 대포를 비롯한 각종 무기를 만드는 자재를 구하는 데 어려움을 겪다 못한 이순신은 백성이 철을 갖고 오면 군역을 면제해주거나 신분을 상승시켜주는 권한을 자신에게 달라고 요구한 것이다. 평시 상황이었다면 감히 입 밖에 꺼내기도 힘든 요구지만, 전시 상황에서 그동안의 수훈을 고려해 조선 조정은 이순신의 요구를 받아들였다. "원식이 남해 현령에게 쇠붙이를 바치고 면천 공문을 한 장 받아갔다"라는 대목이 나오는 것으로 보아 실제로 쇠붙이를 가져온 대가로 천민을 해방시켜주었음을 알 수 있다.

심지어 이순신은 파직과도 관련되는 대형 사건까지 일으킨다. 선조는 세자 광해군을 파견해 전주에서 과거를 실시한다. 전시 상황을 감안해 현역 군인들이 고급 장교로 출세할 길을 열어준 것이다. 그런데 이순신은 부하들을 이 과거에 참여시키지 않았다. 자신도 시험관으로 참석해야 했지만 가지 않았다. 그가 조정에 보낸 해명은 다음과 같다.

"물길이 요원해 기한 내에 도착하지 못할 뿐 아니라, 적과 대치 중이라 모두 보낼 수도 없습니다."

시험장이 멀어서 가봤자 늦을 것이고, 한꺼번에 부대를 비우면 적의 침입에 노출된다는 우려다. 하지만 본심은 따로 있다.

"수군은 진중陣中*에서 시험을 보면 좋겠습니다."

이는 이순신 자신이 시험을 주관해 부하들을 고위 장교로 특채하겠다는 뜻이다. 게다가 과목도 바꿨다. 수군은 말을 타고 달릴 일이 없으므로, 시험 과목에서 말타기 대신 편전 쏘기를 넣자고 했다. 그래서 이과거는 조정에서 참시관을 파견해 실제로 진중에서 치러졌다. 그 결과 이순신 휘하의 장병들 가운데 상당수가 장교로 발탁됐다. 여기까지는 이순신의 빛나는 승리다. 부하들에게 "우리 대장 최고"라는 칭송을 들었을 것이다. 이순신도 남몰래 어깨를 으쓱했을지도 모른다. 하지만 이일은 출동 거부 항명과 더불어 이순신의 발목을 잡는 결정적인 사건으로 되돌아온다. 선조는 상처받은 자존심을 차곡차곡 쌓아뒀다가 고스란히 갚아줬다.

속 좁은 임금이라고 탓할 일이 아니다. 대개 임금들은 이렇게 속이 좁다. 장수들에게 주어지는 역할이란, 실패하면 자신의 책임으로 돌아오지만 성공했을 때는 그 자신의 공을 임금에게 돌려야 하는 숙명을 안고 산다. 빛나는 성취에도 늘 몸을 낮추는 자세가 절실하다.

신라의 명장 김유신은 고구려 원정이 끝난 직후, 공을 세운 열기裂起에게 그 자리에서 급찬級飡의 위품을 내렸다. 그리고 금성에 돌아와 문무왕을 알현하고 다시 청원했다.

"열기는 천하의 용사입니다. 제가 우선 급찬 벼슬을 줬습니다만, 열기의 공로를 생각한다면 사찬沙飡 직급은 주셔야 합니다."

신라의 17관등 가운데 급찬은 9등급, 사찬은 8등급이다. 현장에서 임시로 낮은 벼슬을 주며 자신의 체면을 세우고, 돌아와서는 임금의 재가

● 군대나 부대의 안.

를 얻어 높은 벼슬을 주는 김유신의 노련함이 엿보인다.

전쟁을 마무리하면서 이순신은 자살이 의심스러운 죽음을 맞았고, 김유신은 왕족의 반열에 들었다. 둘 다 싸움에서 중심을 지킨 장수들이다. 그러나 임금과 관계 설정에서는 차이가 있었다. 그래서 그들이 맞은 최후도 상반됐다.

승리의
5가지 조건

승리를 아는 5가지가 있다. 싸워야 할지 말아야 할지를 아는 자가 이긴다(知可以與戰 不可以與戰者勝 지가이여전 불가이여전자승). 군대의 많고 적음을 쓸 줄 아는 자가 이긴다(識衆寡之用者勝 식중과지용자승). 상하가 일치단결하는 쪽이 이긴다(上下同欲者勝 상하동욕자승). 싸울 준비를 끝내고 적을 기다리는 자가 이긴다(以虞待不虞者勝 이우대불우자승). 장수는 유능하고 임금은 개입하지 않는 쪽이 이긴다(將能而君不御者勝 장능이군불어자승). 이 5가지가 승리를 아는 길이다.

손자는 병법을 논하면서 가장 먼저 싸움의 조건을 도, 천, 지, 장, 법의 5글자로 설명했다. 이번에는 승리의 5가지 조건이다.

승리의 제1 조건. 싸워야 할지 말아야 할지를 아는 자가 이긴다. 쉽게 말해 누울 자리를 보고 다리를 뻗으라는 얘기다. 계란 쥐고 바위 깨겠다고 덤비는 미련한 짓은 하지 말라는 뜻이다. 이길 수 없는 싸움을 미리 피하는 건 부끄러운 게 아니다. 남들의 비아냥거림을 감수하면서 고개를 숙일 수 있는 건 오히려 용기다. 손가락질을 받더라도 이기는 싸움을 해야 한다.

이순신은 23전 23승의 신화를 갖고 있다. 비결은 의외로 단순하다. 이순신은 이기는 싸움만 했다. 옥포해전, 합포해전, 적진포해전이 있었던 1차 출동은 임진왜란 개전 20일이 지난 시점이었다. 승승장구하던 왜로서는 조선에 수군이 있는지조차 의식하지 못한 시점에 이뤄진 전격적인 기습전이었다. 왜군 수군은 대부분 함대를 바다에 띄워놓고 뭍에 올라 노략질을 하다가 조선군의 공격을 받았다. 왜군은 몰살됐지만, 조선군은 배의 파손은 물론 사람의 사상조차 거의 없을 정도로 완벽한 승리를 거뒀다. 다시 20일이 지나 이순신은 사천해전, 당포해전, 당항포해전, 율포해전이 벌어진 2차 출동에 나섰는데, 거북선이 실전에 투입됐을 뿐 싸움의 양상은 비슷했다. 여전히 조선 수군은 무방비의 왜군 수군을 상대로 기습전을 펼쳤다.

싸움의 양상이 달라진 건 3차 출동이다. 이번에는 왜군 수군이 단단히 각오하고 먼저 싸움을 걸어왔고, 특히 해전에 강한 와키사카 야스하루가 차출됐다. 결전 장소는 한산도, 왜군은 좁은 견내량에서 기다리고 있었다. 조선군의 판옥선板屋船*은 튼튼하긴 했지만, 덩치가 커서 좁은

● 조선 시대에 널빤지로 지붕을 덮은 전투선. 명종 때 개발한 것으로, 임진왜란 때 크게 활약했다.

곳에서 싸우면 아군끼리 부딪혀 배가 파손될 우려가 컸다. 그래서 이순신은 왜군 배들을 넓은 바다로 유인해냈다. 그리고는 학익진鶴翼陳*을 펼쳐 적을 가두었다. 그 다음엔 조선 수군의 장기 포 사격으로 적의 혼쭐을 빼놓고 판옥선을 전속력으로 돌진시켜 적선을 부셔버렸다. 상대의 배에 올라 칼싸움을 벌이는 왜군의 전술은 쓸 기회조차 주어지지 않았다.

4차 출동부터는 천하의 이순신에게도 이렇다 할 전과가 보이지 않는다. 조선 수군과 싸우지 말라는 도요토미 히데요시의 지시에 왜군이 바다에 나서지 않았기 때문이다. 왜군 수군은 좁고 얕은 바다에 배를 정박시키고 바닷가 절벽에 진을 쳤다. 조선의 판옥선은 무겁기 때문에 얕은 바다에서는 해안 가까이 들어갈 수 없었고, 절벽에서 가하는 공격에도 취약했다. 조선 수군은 적군의 배들을 넓은 바다로 이끌어내리려고 갖은 수를 써보았지만, 이미 당할 만큼 당한 왜군은 유인책에 속지 않았다. 그때부터 바다에서는 지루한 대치전이 시작됐다. 왜군은 조선군이 무서워 바다에 나오지 않았고, 승리를 장담할 수 없는 싸움에서는 이순신도 섣불리 공격에 나서지 않았다. 이렇듯 이순신의 전승 신화는 싸워야 할지 말아야 할지를 아는 데서 비롯됐다.

승리의 제2 조건. 군대의 많고 적음을 쓸 줄 아는 자가 이긴다. 아군이 압도적인 수적 우위를 차지하고 있다면 적의 항복을 유도해야 한다. 아군과 적의 숫자가 비슷하다면 적의 전력을 분산시켜야 한다. 아군과 적의 전력이 2:1이라면, 실제 전투에서의 파괴력은 4:1이다. 적은 나누고 봐야 한다. 아군의 숫자가 더 적다면 정면충돌을 피해야 한다. 일찌감치 피할 수 있으면 피하고, 그럴 상황이 아니면 치고 빠지는 게릴라

전술을 동원해야 한다.

병사가 많은 건 좋은 일이지만 무조건 많다고 좋은 것만은 아니다. 사람이 많다 보면 그중에는 분명히 노는 놈들도 생긴다.

또한 병사가 적으면 힘에 부치는 싸움을 해야 하지만, 싸우지 못할 것도 아니다. 아군과 맞닥뜨리는 적의 수만 적게 만들면 된다.

조선 세종 때 여진족 추장 이만주가 압록강 주변을 침범했다. 조선은 최윤덕을 총사령관으로 삼아 1만 5,000명의 정벌군을 보낸다. 여진족을 압록강 밖으로 몰아내고 우리 영토 안에 새로운 요새, 즉 4군을 설치하는 임무였다. 그런데 대규모 병력이 움직였다는 사실에 비춰보면 전과가 초라하다. 170여 명을 죽이고 236명을 생포했다는 기록이 고작이다. 이는 처음부터 여진족을 쫓아내는 게 출정의 목표였기 때문에 장정이라도 항복하면 죽이지 말라고 최윤덕이 군령을 내린 탓이다. 여진이 압도적인 조선군의 전력에 조직적인 저항을 포기했을 수도 있다. 중요한 건 이 출정에서 조선군 사상자가 전혀 없다는 점이다. 압도적인 병력의 우위는 싸움 자체를 의미 없게 만들기도 한다.

승리의 제3 조건. 상하가 일치단결해야 이긴다. "뭉치면 살고 흩어지면 죽는다"는 말은 이승만의 하야下野로 유효기간이 끝난 말이 아니다. 전력의 집중은 권력의 집중에서 비롯되고, 권력의 집중은 뜻의 집중에서 비롯된다. 지도자는 모두가 함께 나눌 수 있는 뜻, 비전을 제시해야 한다. 비전이 없는 권력은 분할통치를 획책한다. 분할은 분열을 낳고,

---

● 학이 날개를 펼친 듯한 형태로 적을 포위하여 공격하는 진법.

분열은 분산으로 이어진다. 힘의 분산은, 곧 싸움의 패배를 뜻한다.

《한비자韓非子》에 '훼'라는 뱀이 등장한다. 훼는 하나의 몸에 입이 두 개가 있어 먹이를 다투며 서로 물어뜯다가 끝내 죽음에 이른다. 손자는 〈구지〉 편에서 '솔연率然'이라는 뱀 이야기를 들려준다. 상산에 사는 뱀인데, 머리를 치면 꼬리가 달려들고, 꼬리를 치면 머리가 덤빈다. 같은 뱀이지만 참 다르다.

고조선은 우거왕右渠王 시대에 요동 지역을 장악하고 무역을 독점해 상당한 부를 축적했다. 한무제漢武帝의 공격을 받았을 때도 초반전을 상당히 유리하게 이끌었다. 고조선이 최초의 공격을 패수에서 성공적으로 막아낸 터라 한나라는 전력을 더욱더 강화해야 했다. 왕검성王儉城이 포위당했을 때도 육군과 수군의 지휘 체계가 다른 한나라의 약점을 파고들어 끊임없이 반목을 조장해 싸움을 유리하게 전개했다. 한무제는 뒤늦게 수륙통합사령관으로 공손수公孫遂를 급파했다가 공손수가 월권을 저질렀다며 처형하는 등 갈팡질팡하고 있었다.

한나라와의 대결에서 승승장구하던 고조선은 갑자기 멸망했다. 문제는 내부에 있었다. 전쟁이 길어지면서 한나라와 강화講和를 해야 한다는 목소리가 불거지기 시작했다. 그러나 우거왕이 전쟁을 고집하자, 대신 역계경歷谿卿을 비롯한 강화론자들은 결국 도망치고 말았다. 이 일은 고조선 내부의 불안감을 촉발시켜 노인路人, 삼參, 왕협王唊 등 핵심 인사들이 한나라에 투항하게 되는 결과로 이어졌다. 여기에는 우거왕의 아들도 포함되어 있었다. 급기야 강경론을 고집하던 우거왕은 삼이 보낸 자객에게 암살당했다. 우거왕의 죽음에도 불구하고 강경파의 한 사람인 성기成己가 항전을 주도했지만, 성기 또한 피살되면서 고조선의 역사는 막을 내리고 말았다. 고조선은 한나라의 침략이 아니라, 내부 분열로 스스로 자멸하고 말았다.

신라의 대야성大耶城은 과거 임나가야의 성읍 40개를 관할하는 지방 중심지였다. 또한 백제에서 신라의 수도인 금성으로 가는 중요 관문이기도 했다. 훗날 후백제의 견훤이 멸망 직전의 신라를 함락하는 데 애를 먹을 정도로 튼튼한 요새이기도 했다.

대야성의 도독都督*은 김춘추의 사위 김품석金品釋이었다. 김품석은 김춘추의 권세를 믿고 부하의 처나 딸을 빼앗기도 했는데, 그 피해자 중에는 막료인 검일黔日이 포함돼 있었다. 복수의 칼을 갈던 검일은 백제 장수인 윤충允忠이 쳐들어오자 내응內應**을 약속했다. 그리고 성 안에 있는 군량 창고에 불을 질렀다. 군량이 없어졌으니 신라로서는 싸울 재간이 없었다. 김품석은 "우리 부부를 살아서 돌아갈 수 있게 해주면 성을 내어주겠다"라며 백제군에 항복하고 만다. 물론 항복에도 불구하고 김품석은 부하 검일의 손에 죽었다.

한비자는 이렇게 적는다.

"아랫사람이 원한을 품으면 망한다(下怨者 可亡也하원자 가망야)."

승리의 제4 조건. 싸울 준비를 끝내고 적을 기다리는 자가 이긴다. 일찍 일어나는 새가 벌레를 잡는 법이다. 기자실에 느지막이 나와서 뒤늦게 보도자료 챙기는 기자치고 기사 잘 쓰는 사람 본 적 없다. 티업 시간에 임박해서 골프장에 헐레벌떡 도착하는 사람치고 골프 잘 치는 사람

● 주로 담당했던 신라시대의 지방장관.

●● 내부에서 몰래 적과 통함.

본 적이 없다. 농구장에서 리바운드를 잘하는 조건은 큰 키가 아니라 자리 선점이다.

고구려가 멸망한 지 30여 년 뒤 거란의 중심지 영주에서 반란이 일어났다. 거란족 이진충李盡忠이 당나라에 반발했다. 이 틈을 타 고구려 유민들도 뭉쳤는데, 그 중심에 대조영大祚榮이 있었다. 하지만 거란의 반란은 돌궐을 앞세운 당의 공세로 진압됐고, 대조영은 고구려 유민과 말갈족을 이끌고 동쪽으로 2,000리에 이르는 대장정을 시작했다. 그 와중에 말갈의 지도자 걸사비우乞四比羽와 대조영의 아버지 걸걸중상乞乞仲象은 세상을 떠났다. 대조영은 새 도읍지 동모산東牟山으로 가는 마지막 길목인 천문령天門嶺에서 이해고李楷固가 이끄는 당나라군을 기다렸다.

대조영은 먼저 함께 온 유민들을 천문령 너머로 대피시켰다. 그리고 몇몇 날쌘 병사들을 일부러 눈에 띄는 곳에 배치해 당나라군을 산 속으로 끌어들였다. 연이은 승리에 도취돼 대조영을 거의 다 잡았다고 생각한 당나라군은 추격을 감행했지만 전멸당하고 말았다. 추격군 20만 명 가운데 불과 수천 명만 살아 돌아갈 수 있었다. 대조영은 천문령 너머 동모산에 자리를 잡고 발해를 건국했다. 비록 쫓기는 입장이었지만 싸울 자리를 잡고 적을 기다렸기에 승리할 수 있었다.

승리의 제5 조건. 장수는 유능하고 임금은 개입하지 않아야 한다. "한 집에 감투장이 셋이면 변"이라고 했다. 식구도 몇 안 되는데 누구는 위원장 감투 내세워 목소리 내고, 누구는 장관이라고 고집 피우고, 누구는 박사 감투 내세워 잘난 척하면 집안 망한다. 명령은 하나의 통로에서 나와야 한다. 그리고 명령을 내릴 때는 '현장 판단'이 우선이다. 임금은 장수를 믿어야 한다.

조선 세종이 김종서金宗瑞를 총사령관으로 내세워 밀어붙인 두만강 유역의 6진 개척은 15년이 걸린 조선의 국책사업이다. 그러나 6진 개척은 돈은 많이 들고 돈 들인 티가 나지 않았다. 게다가 유목민의 특성상 여진족은 물리쳤다 싶으면 어느새 또 나타나 노략질을 해댔다.

김종서는 병사들의 사기 진작을 위해 그들의 처우에 신경을 무척 많이 썼는데, 6진 개척의 비용을 증가시킨 이유 중 하나였다. 그러나 세종은 "지금은 이들에게 소를 잡아 대접하지만 국경이 정비되면 닭으로도 충분할 것이다"라며 이 문제를 눈감아줬다. 또한 김종서를 모함하는 말도 끊이지 않았다.

이때 세종의 최측근 황희가 나섰다. 황희는 어느 날 부인에게 "내 귀에서 파랑새 10마리가 나와서 날아가는 꿈을 꿨는데 아무래도 내가 죽을 모양이오"라고 했다. 아무한테도 이야기하지 말라고 당부했지만, 말은 꼬리에 꼬리를 물고 전해져 세종의 귀에도 들어갔다. 그때는 이미 '황희가 죽었다'로 내용이 바뀌어 있었다. 세종이 놀라 황희를 찾으니 자초지종을 설명하며 이렇게 말했다.

"지금 김종서가 변방에서 홀로 지내는 바람에 온갖 소문이 떠돌지만 믿을 건 하나도 없습니다."

이후로 세종은 김종서에 관한 어떠한 소문도 믿지 않았다. 그리고 김종서를 향한 무한 신뢰를 보냈다.

"비록 과인이 있더라도 종서가 없다면 이 일을 할 수 없고, 종서가 있더라도 과인이 없다면 이 일을 주장할 수 없었을 것이다."

이 말을 들은 김종서는 "믿음이란 임금의 큰 보배"라는 말을 남겼다. 그리고 6진 개척으로 세종의 기대에 부응했다.

적을 알고 나를 알면
백번을 싸워도 위태롭지 않다

그래서 이르기를 적을 알고 나를 알면 백번을 싸워도 위태롭지 않다고 했다(知彼知己 百戰不殆지피지기 백전불태). 적을 모르고 나만 알면 한 번 이기고 한 번 진다(不知彼而知己 一勝一負 부지피이지기 일승일부). 적도 모르고 나도 모르면 싸울 때마다 진다(不知彼 不知己 每戰必敗 부지피 부지기 매전필패).

《손자병법》을 통틀어 가장 유명한 구절 가운데 하나다. 적을 알고 나를 알면 백번을 싸워도 위태롭지 않다. 그런데 다음에 이어지는 문장들을 보면, 손자는 나를 아는 건 당연한 것으로 치부하고, 적을 아는지에 초점을 맞추고 있다.

하다못해 가위바위보를 하더라도 내가 무엇을 낼지는 알지만 상대가 무엇을 낼지는 모르므로 적에 대해 알기가 어려운 건 사실이다. 그러나 세상을 살다 보면 때로는 자신을 안다는 게 상대를 아는 것보다 더 어려울 때가 많다. 남의 흉이 한 가지면 제 흉은 열 가지라고, 열 가지 자기 흉은 보지 못하고 남의 작은 결점에만 눈이 가는 게 인지상정人之常情이다. 아무리 눈이 밝아도 제 코는 보지 못한다. 삼천갑자 동방삭도 저 죽을 날은 몰랐다.

적을 알고 나를 알 때 가장 필요한 것은 '냉철함'이다. 마음을 비우고 적의 위치에서 나를 바라볼 필요가 있고, 적의 입장에서 적을 직시할 필요가 있다. 내게 보이는 적의 모습이 전부가 아니고, 나 자신이 보는 내 모습이 전부가 아니다.

최영은 과거 원나라가 지배하던 철령 이북의 땅을 내놓으라는 명나라의 요구에 반발해 요동 정벌을 계획했다. 나라가 바뀌는 시기에 명나라는 전력을 다할 수 없으므로, 최영은 해볼 만하다는 계산이었다. 그러나 적의 사정만 생각했을 뿐 고려의 처지는 돌아보지 못했다. 남쪽에서는 왜구가 창궐했고, 선봉에 내세울 장수가 전쟁에 반대하는 이성계였다. 그렇게 강행한 전쟁은 결국 위화도 회군으로 이어졌고, 최영 자신이 목숨을 잃은 건 물론 고려 왕조도 마지막이었다.

싸움에서는 적을 알기에 앞서 나 자신부터 알아야 한다.

안 싸우고 이기는 게 최선이다.

백번 싸워 백번 이기는 걸 최고라고 하지 않는다.

百戰百勝 非善之善者也 백전백승 비선지선자야

싸우지 않고 굴복시키는 것을 최고라고 한다.

不戰而屈人之兵 善之善者也 부전이굴인지병 선지선자야

반드시 온전한 그대로의 천하를 다퉈야 한다.

必以全爭於天下 필이전쟁어천하

싸움의 단계

벌모伐謀 – 싸울 엄두도 못 내게 한다.

벌교伐交 – 왕따로 만들어 힘을 뺀다.

벌병伐兵 – 직접 부딪혀 싸운다.

공성攻城 – 준비를 끝낸 적에게 덤빈다.

임금이 근심거리가 되는 3가지 이유

1) 잘 모르면서 작전에 개입한다.

2) 잘 모르면서 인사에 개입한다.

3) 명령 계통을 어지럽힌다.

승리의 5가지 조건

1) 싸워야 할지 말아야 할지를 아는 자가 이긴다.

　知可以與戰 不可以與戰者勝 지가이여전 불가이여전자승

2) 군대의 많고 적음을 쓸 줄 아는 자가 이긴다.

　識衆寡之用者勝 식중과지용자승

3) 상하가 일치단결하는 쪽이 이긴다.

　上下同欲者勝 상하동욕자승

4) 싸울 준비를 끝내고 적을 기다리는 자가 이긴다.

　以虞待不虞者勝 이우대불우자승

5) 장수는 유능하고 임금은 개입하지 않는 쪽이 이긴다.

　將能而君不御者勝 장능이군불어자승

적 이전에 나를 알아야 한다.

적을 알고 나를 알면 백번을 싸워도 위태롭지 않다

　知彼知己 百戰不殆 지피지기 백전불태

적을 모르고 나만 알면 한 번 이기고 한 번 진다

　不知彼而知己 一勝一負 부지피이지기 일승일부

적도 모르고 나도 모르면 싸울 때마다 진다.

　不知彼 不知己 每戰必敗 부지피 부지기 매전필패

軍形

: 군형

이기는
싸움만
한다

싸움의 시작은 자신과의 싸움이다. 자신과의 싸움은 자신을 속이지 않는 것으로 시작한다. 곧 자신을 똑바로 보는 것이 그 시작이다. 못하면서도 실전에서는 잘할 수 있다고 위안하지 않고, 잘할 수 있는데 특별한 사정이 있어서 못했다고 이유를 달지 않으며, 훼방꾼만 없었으면 할 수 있었다는 핑계는 대지 않는 게 자신을 직시하는 방법이다. 묵묵히 1만 번의 연습을 이어가는 게 자신을 완성하는 방법이다. 그리고 자신을 완성했을 때 위축되지 않고 당당하게 상대를 마주할 수 있는 배짱은 자신을 똑바로 볼 때 주어지는 선물이다. 준비도 안 된 상태에서 싸움에 나서겠다는 호기와 모든 준비를 끝내고 강적을 마주하는 용기를 혼동하지 않는 게 싸움의 기본이다.

자신과의 싸움에 이기고 난 후에 비로소 적을 마주할 수 있다. 그러나 이제 겨우 지지 않을 준비가 됐을 뿐이다. 싸움에는 상대가 있다. 그래서 내가 준비를 다했다고 해서 승리를 장담할 수 없다. 승리는 상대가 약할 때만 내 몫이 된다. 상대가 강하면 약하게 만들어야 한다.

이길 수 없다면 지켜야 한다. 장렬한 죽음은 죽음이고, 당당한 패배는 패배일 뿐이다. 싸움은 지려고 하는 게 아니다. 계란으로 바위를 치면 계란이 부서진다. 바위로 계란을 치는 싸움이 아니면 벌이지 않는 게 상책이다. 그래서 싸움은 비실비실하고 만만한 상대와 해야 한다. 이길 싸움이라는 확신이 들면, 그때 싸움을 시작해야 한다. 백전백승의 비법은 이기는 싸움만 하는 것이다.

지지 않게
준비하고 기다린다

손자가 말하기를 옛날부터 싸움 잘하는 사람은 먼저 승리를 빼앗기지 않도록 준비하고 적에게 이길 기회를 기다린다(昔之善戰者 先爲不可勝 以待敵之可勝 석지선전자 선위불가승 이대적지가승).

"도둑놈은 한 죄, 도둑맞은 놈은 열 죄"라고 한다. 도둑놈의 죄는 물건 훔친 것 하나밖에 없지만, 도둑맞은 사람은 물건 제대로 간수 못한 죄에 쓸데없이 사람 의심한 죄 등 10가지 죄를 짓게 된다는 말이다. 도둑을 탓할 일이 아니다. 도둑을 막지 못한 스스로를 탓할 일이다.

유비무환有備無患은《춘추좌전春秋左傳》에 나오는 말인데, 원래는《서경書經》에 등장하는 유비무패有備無敗, 즉 미리 준비를 끝낸 자에게 패배란 없다는 말에서 비롯됐다. 오자도 "국가를 안정시키는 최선의 방법은 우선 경계를 철저히 하는 것(安國之道 先戒爲寶 안국지도 선계위보)"이라고 했다. 그러면서 수비 태세도 갖추지 않고 적의 침입에 용감하게 맞서는 것은, "마치 병아리를 품은 암탉이 들고양이와 싸우는 것과 같고, 강아지에게 젖 먹이던 암캐가 호랑이에게 덤벼드는 것과 마찬가지"라고 꼬집었다. 뜻은 가상하지만 말려야 마땅한 일이다. 싸움에 나서자면 싸울 준비부터 하는 게 순서다. 배 타고 나루를 건너야지, 나루 건너 배 탈 수는 없는 노릇이다.

임진왜란이 발발하기 직전인 2월 4일, 이순신은 《난중일기》에 이렇게 적고 있다.

"맑음. 동헌에 나가 공무를 본 뒤 북쪽 봉우리 봉화대에 오르니 쌓은 곳이 매우 좋아 전혀 무너질 리가 없었다. 이봉수李鳳壽가 부지런히 일했음을 짐작할 수 있었다. 저녁에는 해자垓子* 구덩이를 둘러봤다."

부지런히 진지를 점검하는 장수의 모습이 그려진다. 전쟁을 예견한 사람 같다.

2월 8일에 쓴 "맑았지만 바람이 세게 불었다. 거북선에 쓸 돛베 29필을 받았다"를 시작으로 거북선 제작 공정이 띄엄띄엄 나타난다.

3월 27일에는 "맑고 바람도 없었다. 일찍 아침밥을 먹은 뒤 배를 타고 소포에 갔다. 쇠사슬을 가로질러 건너 매는 것을 감독하고, 종일 기둥나무 세우는 것을 보았다. 겸하여 거북선에서 대포 쏘는 것도 시험했다"라고 했는데, 명량해전에서 이순신이 쇠사슬을 이용해 왜군 함선을 격침시켰다는 전설 같은 이야기의 근거다.

4월 11일에는 "비로소 베돛을 만들었다"라며 거북선 완성 소식을 전한다. 2월 8일에 받은 베 29필이 돛으로 완성되기까지 두 달이 넘게 걸렸다. 이어 12일에는 시험 가동에 들어갔다. "맑음. 식사 후에 배를 타고 거북선의 지자포와 현자포를 쏘았다. 정오에 동헌에 옮겨 앉아 활 50발을 쏘았다." 그리고 이틀 뒤인 1592년 4월 14일, 임진왜란이 터졌다.

이순신은 그 자신부터 활쏘기를 통해 단련을 거듭한다. 또 군부대 시설을 점검하는가 하면 바다에 쇠사슬을 걸어 적선에 대비하기도 한다.

그리고 조선수군 최고의 돌격선인 거북선을 만들어낸다. 그것도 마치 각본처럼 임진왜란 발발 사흘 전에 완성시킨다. 이순신은 홀로 적의 침입에 부지런히 대비한 것이다.

기회는 누구에게나 오지만 준비된 자만이 그 기회를 잡는다. 꾸준한 준비가 없었더라면 이순신은 '전라좌수사'라는 벼슬에 만족하고 생을 마감했을지도 모른다. 그랬더라면 조선왕조도 이순신과 함께 명맥이 끊겼을지도.

승리를 알 수는 있어도
만들 수는 없다

승리를 빼앗기지 않는 건 내게 달렸고, 이기는 건 적에게 달렸다 (不可勝在己 可勝在敵 불가승재기 가승재적). 그래서 잘 싸우는 사람이라도 승리를 빼앗기지 않는 건 할 수 있지만, 내가 이기도록 적을 만드는 건 쉽지 않다. 그렇기 때문에 승리를 알 수는 있지만 만들 수는 없다(勝可知而不可爲 승가지이불가위).

싸움의 기본은 '나'를 직시하는 것이다. 중국 속담집《현문》에 "제일

● 성 밖을 둘러 파서 못으로 만든 곳.

첫째는 마음을 속이지 않도록 하라(第一莫詐心·제일막사심)"라고 했다. 내가 싸울 능력이 있는지, 싸울 준비가 됐는지, 내 약점은 무엇인지 또 강점은 무엇인지를 똑바로 보고 꾸준히 단련하는 게 싸움을 앞두고 맨 먼저 할 일이다. 내가 모든 준비를 마쳤다면 최소한 지지는 않는다. 적이 감히 공격할 수도 없고, 공격해오더라도 막을 수 있다.

그러나 지키기만 해서는 기껏해야 지지 않을 뿐 승리는 없다. 이기려면 공격을 해야 한다. 공격은 이길 수 있을 때, 이길 수 있는 방법으로 해야 한다. 빈틈을 찾아야 하고, 빈틈이 없다면 만들어내야 한다. 그래도 빈틈이 없다면? 제아무리 명장이라도 도리가 없다. 그래서 지지 않는 건 내게 달렸지만, 이기는 건 적에게 달렸다고 한다. 천하의 이순신도 예외가 아니었다.

한산대첩으로 제해권을 조선 수군이 장악하자, 왜군은 해안가에 웅거하며 싸우려 들지 않았다. 이순신은 여러 번 싸움을 걸며 유인작전을 펼쳤지만 왜군은 말려들지 않았다. 왜군이 바다에 나오지 않는 한 제아무리 이순신이라도 적선을 부술 방법이 없었다.

이때 등장한 게 수륙합공작전이다. 육군이 내륙에서부터 왜군을 공격하며 압박하면 어쩔 수 없이 바다로 나올 것이고, 그러면 수군이 박살낸다는 작전이다. 하지만 이 작전에는 중대한 결함이 있었다. 조선육군은 왜군을 바다로 밀어낼 여력이 없었다. 당시 이순신의 답답한 심정이 《난중일기》에 여실히 드러난다.

"적은 우리를 무서워해 싸우려 하지 않는다. 육군이 뒤를 습격하지 않아 달리 섬멸할 길도 없다. 여러 번 전투했어도 섬멸하지 못하고 또 머리를 베지도 못해 지극히 통분하다."

이순신이 임진왜란 초기 세 차례 출정 이후 오랫동안 이렇다 할 전과 없이 대치전을 이어간 이유가 이것이다. 승리란 알 수는 있지만 만들어 낼 수는 없다.

공격은
이길 수 있을 때 한다

이길 수 없다면 지켜야 한다. 공격은 이길 수 있을 때만 하는 것이다(不可勝者 守也 可勝者 攻也불가승자 수야 가승자 공야). 힘이 모자랄 때는 지키고, 힘이 남을 때 공격한다는 뜻이다. 잘 지키는 자는 꽁무니도 안 보이게 땅속 깊이 숨고, 잘 공격하는 자는 그림자도 안 보이게 하늘 꼭대기에서 논다. 그래서 자신을 지키고 싸우면 모두이길 수 있다.

사막의 방울뱀은 적이 나타나면 꼬리를 흔들어 위협적인 소리를 낸다. 자신의 존재를 알려 적에게 경고하는 것이다. 하지만 방울뱀이 정작 사냥에 나설 때는 그런 소리를 내지 않는다. 소리 없이 다가가 무서운 독으로 일격에 먹잇감을 제압한다. 방울뱀은 자신보다 큰 먹잇감은 사냥하지 않는다. 자신보다 훨씬 작은 들쥐를 한방에 기절시켜 한입에 삼켜버린다. 방울뱀이 비겁하다고 손가락질할 수 있을까?

공격은 압도적인 힘의 우위를 바탕으로 한다. 적이 스스로 항복해 싸움이 일어나지 않을 정도가 되어야 한다. 그게 아니라면 싸움의 정석은 완벽한 수비 태세를 갖추고 기다리고 있다가 빈틈을 놓치지 않고 역습에 나서는 것으로 요약된다. 여기서 핵심은 '빈틈'이다. 수비하는 입장에서는 빈틈을 보여주면 안 되고, 공격하는 입장에서는 자신이 노리는 적의 '빈틈'이 어디인지 모르게 해야 한다. 완벽한 준비란, 이 빈틈을 철저하게 가리는 작업이다.

권율이 휘하부대를 이끌고 북상하다가 오산의 독산성에서 왜군의 공격을 받을 때였다. 독산성은 바위산에 있다. 험한 바위산은 방어하기에 수월하고 공격하기는 어렵다. 하지만 물이 없다는 약점이 있다. 왜군은 공격해봤자 함락한다는 보장도 없이 피해만 입을 수 있으므로 직접 맞부딪치는 것을 피하고 전투를 장기전으로 몰고 갔다. 산성에는 물이 없으므로 권율의 부대가 오래 버티지 못할 것이라는 판단이었다.

빈틈이 노출된 권율은 적이 잘 볼 수 있는 높은 곳에서 말 잔등에 쌀을 끼얹도록 지시했다. 흰 쌀을 붓는 모습이 멀리서 보면 영락없이 물을 퍼붓는 것처럼 보였다. 심지어 쌀을 퍼붓는 중간에 솔가지로 말의 등을 쓸어주기도 했다. 당장 먹을 물도 없어서 조만간 갈증을 이기지 못하고 항복할 것으로 여겼던 왜군은 조선군이 사람도 아닌 말을 씻기는 데 물을 펑펑 쓰고 있는 꼴을 보고는 스스로 포위를 풀고 물러났다. 이 계략으로 권율은 계속 북진해 행주산성으로 들어갈 수 있었다. 권율이 쌀을 말의 등에 붓게 하여 적을 속인 장소는 '세마대洗馬臺'라는 이름으로 지금도 남아 있다.

과연 빈틈을 완벽하게 가리는 게 가능할까? 오른쪽을 막으면 왼쪽이 비고, 왼쪽을 막으면 오른쪽이 빈다. 애써서 둘 다 막으면 병력이 분산돼 아군의 전력이 급격하게 약해진다. "개구멍에 망건치기"라고, 망건은 망건대로 못쓰게 되고 개구멍은 막지도 못하는 결과가 될 수 있다. 딴에는 빈틈을 막았다고 생각하지만, 전력만 약화시키고 빈틈을 노출시키는 셈이다. 그래서 공격이 최선의 방어라고 하는지도 모른다.

이미 패배한 자를 상대로 승리한다

보통 사람 수준에서 이겼다고 하는 승리는 가장 좋은 게 아니다. 온 세상이 잘했다고 하는 승리도 가장 좋은 건 아니다. 터럭* 하나 들어올렸다고 해서 힘세다 하지 않고, 해나 달을 본다고 해서 눈 좋다고 하지 않으며, 천둥소리를 듣는다고 해서 귀 밝다 하지 않는다. 진짜로 싸움을 잘하는 사람은 쉽게 이길 만한 싸움에서 이기는 사람이다(善戰者 勝於易勝者也 선전자 승어이승자야). 그래서 싸움을 잘하는 사람은 이겨도 특별히 똑똑하다느니 용맹하다느니 하는 칭찬의 말도 못 듣는다. 그런 싸움은 손만 대면 이기도록 되어 있는 탓에 어김없이 이긴다. 승리란 이미 패배한 자를 상대로

● 사람이나 길짐승의 몸에 난 길고 굵은 털.

거두는 것이다(勝己敗者也승이패자야). 잘 싸우는 사람은 지지 않는 자리에 서서 적의 패배를 놓치지 않는다. 이기는 군대는 이겨놓고 싸움에 나서고, 지는 군대는 싸움부터 하고 승리를 찾는다(是故勝兵先勝而後求戰 敗兵先戰而後求勝 시고승병선승이후구전 패병선전이후구승).

한나라를 세운 유방의 전략가 장량張良이 쓴 병법서《삼략》은 황석공이라는 정체 모를 노인이 백수시절의 장량에게 건네준 책이라고 한다. 이 책에는 "세에 따라 적을 쳐부순다(因勢破之인세파지)"라는 말이 나오는데, 세勢에 의지해서 싸우면 '마치 강물을 터서 조그만 모닥불을 끄는 것과 같고, 깊은 골짜기에서 떨어지는 사람을 뒤에서 미는 것과 같다'라고 한다. '손만 대면 이기도록 돼 있는 싸움'이라는《손자병법》의 표현이 이 세의 중요성을 뜻한다.

일본의 검객 미야모토 무사시(宮本武蔵)는 자신의 병법서《오륜서五輪書》에서 이 세의 개념을 '박자'라는 말로 설명했다.

"일을 하다 보면 벼슬하며 영달榮達하는 박자가 있는가 하면, 실각하는 박자도 있다. 하는 일마다 생각대로 되는 박자가 있는가 하면, 뜻대로 되지 않는 박자도 있다. 돈을 잘 벌어 부자가 되는 박자가 있는가 하면, 돈 다 잃고 파산하는 박자도 있다."

이는 악기를 연주하자면 박자를 잘 타야 하듯이 싸움을 잘하자면 세를 잘 타라는 뜻이다.

말 꼬리에 파리가 천 리를 간다. 말 꼬리에 매달리면 힘없는 파리라도 날갯짓 한 번 하지 않아도 천 리를 갈 수 있다. 흐름을 타면 만날 삼진만 당하던 타자도 안타를 친다. 일단 분위기만 떴다 하면 별것 아닌 말에도 폭소가 터져나온다. 이기는 박자에서 싸우면 이기는 게 당연하다. 이 박자를 타면 높은 산 위에 서는 것과 같아서 "한 자밖에 안 되는 나무라도 천 길 깊은 골짝을 내려다볼 수 있다. 나무가 길어서가 아니라 위치가 높기 때문"에 적을 들여다보며 싸우는 것과 같다. 이에 한비자는 이 박자를 거스르는 건 준마駿馬를 타고 반대로 달리는 것과 같다고 했다. 반대로 지는 박자에서 싸우는 건 바보나 하는 짓이다.

《오자병법》에는 이런 말이 있다. "용감하다는 사람은 가벼이 싸움을 건다. 하지만 싸워서 실속이 없다(勇者必輕合 輕合而不知利용자필경합 경합이부지리)." 계란으로 바위를 치면 계란만 깨진다. 그런 싸움은 먹을 것 갖고 장난치는 짓밖에 안 된다. 이겨놓고 싸움에 나서야지, 덮어놓고 싸움부터 걸고 나서 이길 궁리를 하면 이미 늦는다.

정도전鄭道傳은 자신의 병법서《진법陣法》에서 어리석은 장수의 3가지 행태를 정리했다. 첫째, 믿지 못할 병사를 데리고 승리를 거두려 한다. 둘째, 지키지 못할 병사를 데리고 지키려 한다. 셋째, 경험 없는 군대로 요행히 이기기를 바란다. '요행僥幸'은 싸움에서 가장 경계해야 할 단어다. 도전은 위대하지만, 기적을 바라는 도전은 자살 시도의 다른 이름일 뿐이다. 정말 위대한 도전은 세를 역전시키는 전략이다. 싸움에서 열세라면 이기는 세로 바꿔놓으면 된다. 박자로 말하면, 엇박을 연주해 적의 박자를 흩뜨리는 전략이다.

중국의 마오쩌둥(毛澤東)은 이 전략을 이른바 '16자 전법'이라 하여 16글자로 정리했다.

"적이 진격하면 아군은 물러난다(敵進我退 적진아퇴), 적이 주둔하면 아군은 교란한다(敵駐我擾 적주아교), 적이 피곤하면 아군은 쳐들어간다(敵疲我

打적피아타), 적이 물러가면 아군은 추격한다(敵退我追 적퇴아추)."

이 전법은 손자도 '전쟁은 속임수'라며 자세히 설명했던 것인데, 한 마디로 '뒷다리 잡아 진 빼기' 작전이다. 공산당은 이 전법을 써서 절대 우세를 보이던 장제스(蔣介石)의 국민당 군대를 대만으로 몰아냈다.

고려 때 거란군을 크게 물리친 귀주대첩의 양상도 그랬다. 강감찬은 개경 직공을 노리는 소배압의 거란군에 맞서 정면 대결이 아니라, 강민첨과 조원을 보내 거란군의 후미를 끝없이 괴롭혔다. 거란군은 개경 100리 밖 신은현까지 진출했지만, 고려는 이미 청야전술을 시작했기 때문에 10만의 거란 군사들 눈앞에는 휘휘하니 텅 빈 들판뿐이었다. 결국 먹을 것을 구하지 못한 거란군은 과거 수나라 군대가 그랬듯 황망하니 철수해야 했다. 고려군은 여전히 거란군의 후미만 집요하게 공격해 지친 거란군의 발걸음을 더욱 무겁게 했다.

거란군이 국경 근처 귀주성에 이르렀을 무렵, 고려군은 드디어 전면에 나섰다. 거란군이 침공한 이래 처음으로 양측의 주력군이 맞붙은 것이다. 비록 지치긴 했으나 조금만 더 버티면 집에 돌아갈 수 있다는 희망으로 가득 찼던 거란군은 초반에는 밀리지 않았다. 그러나 개경에서부터 추격해온 고려군이 도착한 그 순간, 바람이 거란군을 향해 방향을 바꾸면서 전세가 역전됐다. 거란군은 싸움을 포기하며 내달리기만 했다. 거란군 총사령관인 소배압조차 갑옷과 무기를 벗어던지고 압록강을 건넜다.

기세등등한 적과의 정면충돌은 피하고, 적이 지쳤을 때 단 한 번의 대회전을 벌인 결과다. 세를 거스르지 않고 자연스럽게 열세를 우세로 반전시켜 만들어낸 대역전극이다.

정치가
전쟁의 시작이다

그래서 전쟁을 잘하는 사람은 도의를 세우고 법제를 보강해 승패를 가르는 정치부터 한다.

그렇다면 싸움에 이기는 세는 어떻게 만들까? 기본은 내부 단속, 즉 정치에서 시작한다. "전쟁은 다른 수단에 의한 정치의 연속"이라는 클라우제비츠의 말도 있지만, 실제로 전쟁과 정치는 뗄 수 없다. 정치는 전쟁을 이용하기도 하지만, 정치가 전쟁을 수행할 힘을 만들기도 한다. 군부 쿠데타의 경험이 아니더라도 세계적으로 군인 출신 정치가는 열거하기 힘들 정도로 많다. 궁극적으로 하는 일이 같기 때문이다.

제갈공명은 승리의 조건을 4가지로 정리했는데 첫째가 천시天時, 둘째가 인심, 셋째가 재능, 넷째가 세다. 여기서 인심을 얻고 세를 만드는 게 정치의 영역이다.

김부식은 《삼국사기》에 고구려의 역사를 정리한 뒤 다음과 같은 평을 달았다.

"나라를 맡은 자들이 횡포한 관리들을 풀어놓아 백성들을 구박하고 권문세가들로 하여금 수탈을 가혹하게 하면 인심을 잃는다. 그러면서 나라를 지키려 하는 건 억지로 술을 마시면서 취하지 않기를 바라는 것과 마찬가지로 부질없다."

그러면서 맹자의 말을 인용한다.

"전쟁에서 승리하는 데는 천후도 지형도 민심이 화목한 것만 같지 못하다."

신라가 정신없이 백제의 침략에 시달리는 와중에도 당나라와 동맹을 체결하기 위해 애쓰던 무렵, 김유신은 압량주 군주로 있으면서 몇 달 동안 술만 마시고 풍류에 흠뻑 빠져 방탕한 생활을 했다. 이를 본 백성들은 "그동안 편안하게 살아서 이제 전쟁을 벌일 만한 여력이 생겼는데 장군이라는 놈이 저러고 살아서 큰일"이라며 혀를 끌끌 찼다. 이 말을 들은 김유신은 언제 그랬냐는 듯이 갑옷을 챙겨 입고 출정을 준비하고는 진덕여왕에게 다음과 같이 보고를 올렸다.

"전쟁의 승패는 군사의 많고 적음이 아니라 민심의 동향에 달려 있습니다. 지금 민심을 보니 전쟁을 벌일 만합니다."

김유신은 나중에 나이가 들어 고구려 원정군에서 제외됐다. 그때 고구려로 떠나는 후배 장수들에게 전투 능력과 함께 정치적인 감각을 강조한다.

"무릇 장수란 나라의 믿음직한 성곽이요, 임금을 보위하는 손발이다. 전쟁마당에서 승패를 좌우하려면 반드시 위로 하늘의 이치를 파악하고, 아래로 지리에 정통하며, 중간으로 민심의 동향을 파악해야 하는 바 그렇게 한 뒤에야 성공할 수 있다."

한비자는 이렇게 말했다.

"세가 다스려져 있으면 어지럽힐 수 없고(勢治者則不可亂세치자즉불가란) 세가 어지럽혀져 있으면 다스릴 수 없다(勢亂者則不可治세란자즉불가치)."

쏟아지는 계곡물 같은
기세로 싸운다

병법은 첫째 척도, 둘째 계량, 셋째 수치, 넷째 비교, 다섯째 승리를 말한다. 전쟁터의 지형을 파악하고 면적을 측량하면 투입할 병력이 나오고, 이를 비교하면 승률이 따라온다. 이기는 군대는 가마니로 되를 비교하는 것과 같고, 지는 군대는 되로 가마니를 저울질하려 드는 격이다. 이기는 자의 싸움이란 쌓인 물을 계곡에 쏟아내듯이 거침이 없다(勝者之戰 若決積水於千仞之谿 者形 승자지전 약결적수어천인지계자형).

싸움에 앞서 사람들은 승률을 계산한다. 전쟁터의 지형에 따라 아군이 이쪽 땅을 선점하면 병력을 몇 명쯤 동원할 수 있고, 상대편 병력에 따라 저쪽 지형을 이용해서 싸우면 이길 수 있겠다는 식이다. 이렇게 저렇게 따져보아 내 손에는 되박이, 상대의 손에는 가마니가 쥐어져 있다고 판단되면 꼬리를 내리기 마련이다.

승리는 이미 패배한 적을 상대로 거두는 법이다. 이겨도 잘했다는 칭찬도 듣지 못할 만큼 쉬운 싸움인데 거칠 게 있을 리 없다. 전투가 시작되면 집채만 한 바위도 굴릴 만큼 거침없이 쏟아지는 계곡물과 같은 기세로 적을 향해 쳐들어가기만 하면 될 일이다.

고구려 광개토왕이 담덕으로 불리던 태자 시절, 군사 4만을 거느리고 몸소 백제 침공에 나섰다. 담덕은 석현을 비롯해 10여 개의 성을 함락시켰는데, 이를 계기로 고구려는 한강 유역을 장악하게 됐다.《삼국사기》에 따르면 고구려가 침략한 당시 백제 진사왕은 "담덕이 군사 지휘에 능숙하다는 말에 항전하지 못해 한수 북쪽의 부락들을 많이 빼앗겼다"라고 했다.

일단 기세가 꺾이고 나면 제아무리 명장이라 해도 전세를 돌이키기쉽지 않다. 임진왜란 당시 일본의 전국시대를 통일한 도요토미 히데요시도 오죽했으면 "조선 수군과는 싸우지 마라"는 해전 금지령을 내렸을까.

수양제가 을지문덕에게 혼쭐이 나 쫓겨난 뒤 수나라 백성들 사이에는 이런 노래가 퍼졌다. "요동에 가지 마라. 개죽음 당한다." 백성들의기가 이미 꺾였는데 수양제 혼자 분풀이를 다짐해봤자 부질없는 짓이었다.

지지 않는 게 먼저다.

먼저 승리를 빼앗기지 않게 준비하고 이길 기회를 기다린다.

先爲不可勝 以待敵之可勝 선위불가승 이대적지가승

승리를 빼앗기지 않는 건 내게 달려 있고 이기는 건 적에게 달렸다.

不可勝在己 可勝在敵 불가승재기 가승재적

승리를 알 수는 있어도 만들 수는 없다.

勝可知而不可爲 승가지이불가위

이미 패배한 자를 상대로 승리한다.

공격은 이길 수 있을 때 한다.

可勝者 攻也 가승자 공야

진짜 싸움 잘하는 사람은 쉽게 이길 만한 싸움에서 이기는 사람이다.

善戰者 勝於易勝者也 선전자 승어이승자야

승리란 이미 패배한 자를 상대로 거두는 것이다.

勝已敗者也 승이패자야

이기는 군대는 이겨놓고 싸움에 나서고 지는 군대는 싸움부터 하고 승리를 찾는다.

勝兵先勝而後求戰 敗兵先戰而後求勝 승병선승이후구전 패병선전이후구승

兵勢
: 병세

계란으로
바위치기?
바위로
계란치기!

누구나 이기는 싸움만 하고 싶어한다. 지는 싸움은 피하고 싶은 게 인지상정이다. 이기는 싸움에는 어깨 펴고 나아가지만, 지는 싸움에는 꼬리부터 내린다. 이기는 싸움과 지는 싸움의 판단 기준이 바로 세勢다.

유리한 세는 장마철 계곡물이 바위를 굴리듯, 천 길 낭떠러지에서 목석이 구르듯, 병사들을 싸움에 휘몰아 넣는다. 그러나 바위를 굴리는 건 꼭 불어난 계곡물만이 아니고, 목석을 굴리는 데는 천 길 낭떠러지만이 가능한 게 아니다. 단지 불어난 계곡물처럼 보이기만 하면 되고, 천 길 낭떠러지처럼 보이기만 하면 된다.

사람은 보고 싶은 것만 보기 마련이다. 사람을 움직이자면 보고 싶어하는 것을 보여주면 된다. 계곡물을 보고 싶어하는 바위에겐 세숫대야에 담긴 물도 계곡물로 보이고, 한사코 움직이지 않을 것 같은 목석도 서안書案 위에 올려놓기만 해도 얼마든지 구를 수 있다. 싸움은 세가 결정한다. 그러나 세는 미리 결정된 게 아니다. 만들어낼 수 있다.

1만 명을
한 명 다루듯이

손자가 말하기를 많은 사람을 적은 사람 다루듯 하는 방법은 작은 단위로 나누는 것이라고 했다. 많은 사람을 적은 사람이 싸우는 것처럼 하는 방법은 부대 표식과 신호 체계다.

일본의 병법서 《오륜서》를 쓴 미야모토 무사시는 13세의 나이에 첫 결투를 벌여 30세가 되기 전에 전국을 돌아다니며 유명한 고수들과 60번이 넘는 진검승부를 벌였다. 이른바 '도장 깨기'인데, 무사시는 단 한 번도 진 적이 없다.

무사시는 실제 전쟁에 참여한 적도 있다. 하지만 이 전설적인 검객은 실전에서는 별다른 공을 세우지 못했다. 실제 전투는 일대일 승부가 아닌 많은 사람이 어우러지는 혼전이기 때문에 개인의 무용武勇은 두각을 나타내지 못했다.

혼자 싸울 때는 두뇌의 판단과 동시에 손과 발이 움직이지만, 실제 전투에서는 다르다. 군대는 한 몸처럼 움직이지 않는다. 장수가 생각하는 대로 병사가 행동하지 않을 수 있다. 사령부의 명령이 전투원에게 전달되는 데 시간이 걸릴 뿐 아니라, 제대로 전달되지 않을 수 있다.

막상 전투가 벌어졌을 때의 혼란한 상황을 정도전은 《진법》에 이렇게 썼다.

"양군이 어우러져 싸우면 먼지가 하늘을 가린다. 숨 한 번 쉬는 사이에도 상황은 수없이 변한다. 왼쪽 오른쪽과 앞뒤, 이리저리 얼크러져 눈코 뜰 새 없어 호령도 통하지 않고 고함도 들리지 않는다."

이 혼전 상황에서 군대를 일사분란하게 움직이기 위해 등장한 것이 신호 체계다.

손자는 〈군쟁〉 편에서 이렇게 말한다.

"말해도 안 들리기 때문에 북을 친다. 봐도 안 보이기 때문에 깃발을 쓴다. 이 북과 깃발은 사람의 눈과 귀를 하나로 모은다. 사람들이 모여 일단 하나가 되면 혼자 진격할 수도 도망갈 수도 없다."

전쟁에서는 사람들을 하나로 모으는 게 급선무다. 무사시처럼 싸움 잘한다고 혼자 치고 나가서도 안 되고 무섭다고 혼자 도망가서도 안 된다. 하나로 만드는 게 먼저다. 나가든 물러나든 그건 나중 문제.

싸움에 정답은 없다

적을 맞아 지지 않으려면 변칙과 원칙을 혼용해야 한다(可使必受敵而無敗者 奇正是也 가사필수적이무패자 기정시야). 전쟁을 벌일 때 바위로 계란을 치듯 하는 방법은 허와 실의 혼용에 있다(如以碬投卵者 虛實是也 여이하투란자 허실시야). 싸움이란 원칙으로 맞붙어 변칙으로 이기는 법이다(凡戰者 以正合 以奇勝범전자 이정합 이기승). 변칙을 잘 생각해내면 하늘처럼 끝이 없고 강물처럼 마르지 않는다. 밤낮은 끝나면서 곧장 시작하고, 사계절은 죽으면서 되살아난다. 음계는 5개밖에 안 되지만, 그것이 만들어내는 음악은 다 들어볼 수 없다. 색깔은 5원색으로 온갖 색을 다 만들어낸다. 맛도 5가지에 불과하지만 음식은 오만가지 맛을 낸다. 싸움의 세는 원칙과 변칙 2가지밖에 없지만, 그게 변하기 시작하면 끝도 없다. 원칙과 변칙의 상생은 끝없이 돌고 돈다. 그 끝을 누군들 알겠는가.

사실 손자가 제시하는 싸움의 기술은 간단하다. 내 강점으로 적의 약점을 치는 게 전부다. 어떻게 하면 내 강점에 힘을 모으면서 상대의 약점을 찾아내거나 또는 만들어내느냐가 《손자병법》의 대부분을 차지한다. 손자는 큰 줄거리만 제시하고 세세한 작전은 설명하지 않았다. 변용하려면 끝도 없이 많아서 일일이 언급할 수 없기 때문이다.

적이 쳐들어올 때는 성문 굳게 닫고 숨는 게 원칙이다. 그러나 제갈량은 위기의 순간에 성문을 활짝 열어놓는 것으로 사마의의 군대를 물리쳤다. 적을 피해 매복할 때는 몰래 숨어 있는 게 정석이다. 그러나 제갈량은 관우에게 불을 피워놓고 기다리라고 했다. 조조는 보기 좋게 걸려들었다. 원칙이 변칙이 되고, 변칙이 원칙이 된다. 허虛가 곧 실實이고, 실이 곧 허다.

《36계》에는 수없이 많은 변형 전술을 36가지로 정리하고 있다. 중국

고전에 등장하는 온갖 기기묘묘한 장면들 중에서 따온 것들이다. 개중에 '편안히 적이 지치기를 기다린다'는 이일대로以逸待勞'처럼 《손자병법》에서 그대로 따온 것도 있고, 성동격서聲東擊西*, 차도살인借刀殺人**, 원교근공遠交近攻***같이 일상생활에서 관용어로 쓰이는 문구도 있다. 《삼국지》에 마르고 닳도록 등장해 익숙해진 미인계, 공성계, 반간계, 고육계, 연환계도 《36계》 중에 있다. 책 자체가 짜깁기이고 체계가 없고 비슷비슷한 전술이 반복되는데다 특별한 철학이 담겨 있지도 않아서 높은 가치를 인정받지는 못한다. 하지만 기상천외한 기만술을 맛보기에는 괜찮은 책이다.

예컨대 수상개화樹上開花는 나무에 가짜 꽃을 피운다는 뜻이다. 오 헨리의 단편소설 〈마지막 잎새〉에서 가난한 화가가 그려 넣어 강풍에도 떨어지지 않는 마지막 잎사귀 하나에 희망을 안고 병상을 털고 일어나는 주인공처럼 적에게 착각을 불러일으키는 작전이다. 가치부전假痴不顚은 미친 척해 몸을 보전하다는 전술이다. 흥선대원군을 떠올리게 하는 이 전술은 약자의 생존법이다. 반객위주反客爲主라는 몹쓸 전술도 있다. 일단 남의 집 툇마루 한구석에 엉덩이만 슬그머니 올려놨다가 야금야금 눕기도 하고 신발도 벗고 방에도 들어가고 밥도 지어 먹다가 집주인 행세를 하라는 것이다. 이 또한 약자의 생존법이다. 혼수모어混水摸魚는 '물 흐려 물고기 잡기 작전'으로, 물을 진흙탕으로 만들어 물고기들이 앞뒤 분간을 못할 때 물고기를 잡는 것이다.

이런 온갖 종류의 전술 중에서 최고봉은 연환계連環計다. 덫 하나도 모자라 여러 개를 한꺼번에 놓아 빠져나갈 틈이 없는 그물을 만드는, 예술의 경지에 이른 작전이다.

고구려 대무신大武神王왕 때 한나라의 군대가 쳐들어왔다. 즉시 맞서 싸우자는 의견이 있었지만 대신 을두지乙豆智는 지구전을 주장했다.

"지금 한나라 군사가 멀리서 와 싸우니 서슬을 당해낼 수가 없습니다. 성문을 닫고 군사를 튼튼히 해 적의 군사가 피로해지기를 기다렸다가 나가 치는 것이 옳습니다."

대무신왕은 마음 같아서는 칼을 뽑아들고 당장 달려나가 싸우고 싶었지만, 을두지의 의견에 따르기로 했다.

지지 않는 것은 아군의 몫이지만 이기는 건 적군의 몫이라 했다. 을두지의 전략으로 성이 함락되는 것을 막을 수 있었지만, 적이 물러난 게 아니어서 성을 지키는 것도 피곤하기는 마찬가지였다. 수십 일을 버티자 고구려 진영 내부에서도 불만이 터져나오기 시작했다. 무언가 돌파구가 필요했다.

대무신왕이 을두지에게 물었다.

"더 버티기가 힘드니 어떻게 하면 좋은가?"

을두지는 아군만큼 적군도 지쳤다는 사실에 주목하고 결정타를 날릴 계책을 생각해냈다.

"한나라는 우리가 암석지대에 있어 물이 솟는 샘이 없다고 생각하고 오래도록 포위하고 있습니다. 그러니 연못 속의 잉어를 잡아 물풀로 싸고 또한 맛 좋은 술을 구해 한나라 군사를 먹이는 게 좋겠습니다."

● 상대편에게 그럴듯한 속임수를 써서 공격하는 것.
●● 칼을 빌려 사람을 죽인다는 뜻으로, 남을 이용해 사람을 해치는 음험한 수단을 이르는 말.
●●● 먼 나라와 친교를 맺고 가까운 나라를 공격해야 한다는 말.

생각지 못한 선물을 받은 한나라 장수는 무슨 생각을 했을까? 한나라 장수는 잉어 요리를 받고는 성 안에 물이 있다고 판단했다. 나아가 물이 있다면 더는 포위하고 공성전을 벌여봤자 소용이 없다고 결론을 내리고는 군대를 물려 한나라로 돌아갔다.

작전의 1단계는 이일대로, 2단계는 수상개화로 구성된 연환계의 승리였다. 이 경우에는 연못의 물고기를 잡아 요리해주는 것으로 속였으니 수상생어水上生魚쯤으로 바꿔 부를 수 있겠다.

사납게 흐르는 물의
기세를 만들어라

사납게 흐르는 물이 돌을 굴리는 힘, 그게 세다(激水之疾 至於漂石者 勢也 격수지질 지어표석자 세야). 독수리가 먹잇감을 채가는 순간, 그것이 절이다(鷙鳥之擊 至於毁折者 節也 지조지격 지어훼절자 절야). 따라서 싸움을 잘하는 사람은 공격의 기세가 거침없고 순식간에 이뤄진다(其勢險 其節短 기세험 기절단). 석궁을 쏘면 화살이 거침없이 날아가지만 방아쇠를 당기는 건 순간이다. 혼전이 벌어져 난장판이 되더라도 어지럽지 않고, 어지러워지더라도 지지 않는다.

세는 적과 마주치기 이전에 만들어진다. 병력이 많으면, 무기가 좋으면, 좋은 음식을 먹고 있으면 일단 유리하다. 10만 군대로 1만 군대와 싸우러 나간다면 누구도 질 것을 예상하지 않는다. 이긴다고 생각하는 군대는 실제로 이길 확률이 높다.

실제로도 전력이 압도적일 때만 싸움을 할 수 있다면 좋겠지만, 때로는 전력이 비슷한 상대와 할 때도 있다. 손자는 가급적 피하라고 가르치지만, 객관적으로 전력에서 밀리더라도 어쩔 수 없이 싸움에 임해야 할 때도 있다.

싸움에 앞서 장수들은 군사들에게 일장 연설을 들려주기 마련이다. 그래서 뛰어난 장수는 빼어난 연설가이기도 하다. "왔노라, 보았노라, 이겼노라"라는 단순 명쾌하면서도 격정적인 말은 문학가의 입에서 나온 게 아니라, 야만족을 정벌한 장수 카이사르Caesar의 입에서 나왔다.

연설은 대개 '적이 내 가족을 위협하기 때문에 물리쳐야 한다', '적을 쳐부수면 젖과 꿀이 흐르는 땅을 차지할 수 있다'처럼 왜 적과 싸워야 하는지에 대한 동기가 대부분이다. 병사들의 욕망과 의무감과 전투력을 최대한으로 끌어내 '천둥소리에 미처 귀 막지 못하고 번갯불에 미처 눈 감지 못하듯' 적이 대응하지 못할 정도로 엄청난 기세와 속도로 공격해 들어가야 한다.

그러나 백 마디 말보다 한 가지 행동이 더 나은 법이다. 629년, 훗날 삼국통일의 주역이 된 김유신은 역사의 무대에서 처음으로 제 이름을 알린다. 진평왕眞平王 때 신라가 현재의 청원 주변인 고구려 낭비성娘臂城을 공격할 때였다. 이때 김유신은 아버지 김서현金舒玄을 따라 종군하고 있었다. 중당 당주中幢幢主라는 직함으로 기록된 것으로 보아 당시 김유신은 중대장 정도의 지위에 오른 듯하다.

김유신의 첫 등장을 더욱 화려하게 빛내주기 위해서였을까. 신라군은 낭비성을 공격한 첫 전투에서 패배했다. 서전緖戰에서 지고 나면 기세가 꺾이기 마련이다. 신라군은 감히 공격할 엄두를 내지 못하고 있었다. 이때 김유신이 "옛말에 '옷깃을 들면 옷이 발라지고 벼리를 당기면 그물이 펴진다' 하니 제가 옷깃과 벼리가 되겠습니다"라고 하며 혼자 적진으로 뛰어들어 적장의 머리를 베어들고 돌아왔다. 신라 군사들은 이를 보고 힘을 내 적진을 들이쳐 5,000명의 목을 베고 1,000명을 사로잡았다.

돌격하라고 100번 외치는 것보다 장수가 초개草芥*처럼 자기 한 몸 던지는 모습을 보여주는 게 효과적이다. 누군가 장수 노릇이 진짜 힘든 건 자신은 죽지 않으면서 부하들을 죽음으로 내몰아야 하기 때문이라고 했다. 많은 경우가 그렇듯 진실은 이렇게 서글프다. 하지만 통일전쟁 과정에서 신라의 지배층에게는 틀린 말이었다. 지배층은 자신이 먼저 목숨을 던질 준비가 돼 있었다. 이른바 노블리스 오블리제noblesse oblige다.

김유신은 언제나 몸소 모범을 보였기에 부하들에게도 희생을 강요할 수 있었다. 감물성甘勿城에서 백제군과 싸움이 길어져 군대의 사기가 떨어지자 김유신은 비령자丕寧子를 은밀하게 불러 말했다.

"그대가 아니면 누가 용감히 싸우며 특출한 일을 이룩해 사람들의 마음을 움직이겠는가."

비령자는 "내 마음을 알아준 장군에게 죽음으로 보답하겠습니다"라며 적진으로 뛰어들어 적 두엇을 죽이고 전사했다. 이 광경을 본 비령자의 아들 거진擧眞은 "아버지가 죽는 것을 보고도 구차하게 살면 그게 효도겠느냐"라며 역시 적진으로 뛰어들어 싸우다 죽었다. 이들 부자와 함께 전장에 있던 노비 합절合節도 이를 보고는 "내 주인들이 다 죽었는데 나 혼자 살아 무엇하겠는가"라며 혼자 적진을 향해 달려가 죽었다. 이 세 사람이 죽는 모습을 보고 격분한 신라군은 적진으로 돌진해 진지를 함락시켰다.

손자는 '적을 죽이는 건 분노의 문제(殺敵者怒也 살적자노야)'라고 했다. 심리전을 중시한 탓이다. 마음이 움직이는 건 순간이다. 세가 만들어지는 건 바로 그 순간이다.

밀린다고 생각하면
약해진다

혼란과 질서, 용맹과 공포, 강과 약은 동전의 앞뒷면이다. 수에서 밀린다고 생각하면 질서 있는 대오가 무너지고(治亂數也 치란수야), 세에서 밀린다고 생각하면 용맹한 병사도 겁쟁이가 된다(勇怯勢也 용겁세야). 객관적 전력에서 밀린다고 생각하면 강하다가도 약해진다(强弱形也 강약형야).

● 풀과 티끌이라는 뜻으로, 하찮은 사물을 가리킨다.

수가 많다고 싸움에서 이기는 게 아니다. 수가 많기 때문에 이길 것이라고 병사들이 생각하기 때문에 이기는 것이다. 병사들이 이기는 싸움이라고 생각하고 싸우면 실제로도 이긴다는 뜻이다. 이런 심리는 동전의 앞뒷면과 같아서 지는 싸움이라고 생각하고 싸움에 임하면 실제로도 진다. 심리적으로는 이미 졌기 때문이다.

임진왜란이 터지고 가장 먼저 의병을 일으킨 사람은 곽재우다. 불과 10일 만의 거병이었다. 당시 곽재우 부대의 인원은 60명에 불과했다. 그야말로 소규모 유격전밖에 못하는 보잘것없는 숫자였다. 그러나 승리를 거듭하면서 곽재우는 전설로 거듭났다. 곽재우는 똑같은 옷을 입힌 10명의 홍의장군을 출현시켜 적을 혼란시켰는데, 이런 신출귀몰한 작전은 곽재우가 도술을 부린 것이라는 소문으로 퍼져나갔다.

믿음직한 장수가 이끄는 이기는 군대에는 사람이 몰린다. 곽재우의 군대는 곧 2,500명 규모의 대부대가 됐다. 사람이 많아지면서 다양한 작전을 구사할 수 있게 됐고, 그만큼 전력이 강해져 곽재우 부대의 승률은 더욱 높아졌다. 승리는 사람을 모으고, 사람은 승리를 만든다. 이른바 세의 상승 작용이다.

이익으로
적을 움직인다

적을 잘 움직이는 사람은 객관적 전력을 동원한다. 이익으로 적을 움직여 아군은 기다리기만 하면 된다(以利動之 以卒待之이리동지 이졸대지).

아군이 만만해 보이면 적은 덤빈다. 아군은 적에게 이런 착각을 심어줘야 한다. 마치 적이 전쟁에서 승리하면 미녀와 금은보석을 잔뜩 얻을 수 있을 것처럼 해야 한다. 그래서 적이 미리 승리에 도취해 앞뒤 잴 것도 없이 달려들면, 아군은 자세를 잡고 있다가 일격에 제압해야 한다.

고구려 초기 역사는 선비족과의 투쟁으로 얼룩져 있다. 고구려와 선비족의 대결에서 그 끝은 선비족의 몰락을 가져오지만, 그건 꽤 시간이 흐른 다음이다. 처음에는 고구려가 수세에 몰려 있었다. 고구려 시조 주몽의 아들 유리왕琉璃王 때도 선비족의 침입을 받았다. 객관적인 전력에서 열세였다.

어전회의御前會議에서 부분노扶芬奴가 제안했다.

"지금으로선 전력에서 밀리는 만큼 정면 승부는 위험합니다. 일단 간첩을 들여보내 고구려는 힘이 약해 쉽사리 싸움에 나서지 못한다고 소문을 냅니다. 그러면 적이 우리를 가볍게 볼 것입니다. 이렇게 적을 안심시켜놓고 제가 정예병을 이끌고 지름길로 가 성 뒤쪽에 숨어 있겠습니다. 왕께서는 약간의 군사만 거느리고 성 앞에 모습을 드러내십시오.

적은 우리를 만만히 보기 때문에 성을 비워놓고 왕께서 이끄는 군대를 공격할 것입니다. 그때 저는 매복해 있던 군사들을 이끌고 곧장 성을 점령하겠습니다. 본진을 잃은 적이 다시 성 쪽으로 방향을 돌리면 그때 왕께서 역습에 나서십시오. 그러면 양쪽에서 동시에 공격해 적을 물리칠 수 있습니다."

유리왕은 이 작전 계획을 승인하고, 작전대로 적은 수의 군사만 이끌고 성 앞에 진을 쳤다. 과연 부분노의 말대로 선비족이 성문을 활짝 열고 공격해왔다. 유리왕은 일단 물러나는 척하며 적을 멀리 유인해냈다. 그 사이 성 뒤쪽에 숨어 있던 부분노가 성을 점령했다. 선비족이 이 광경을 보고는 놀라 되돌아가려고 군대를 돌리자, 유리왕이 이끄는 군대도 방향을 바꿔 공격을 시작했다. 앞뒤로 공격을 받은 선비족 군대는 궤멸되고 말았다.

아군의 전력이 우세하다는 자신감이 얼마나 위험할 수 있는지 보여주는 사례다. 한편으로는 싸움에서 객관적인 전력 비교가 싸움에 임하는 자세에 얼마나 큰 영향을 미치는지도 확인할 수 있다.

과도한 자신감은 자칫 독이 될 수 있지만, 자신감이 없다면 싸움 자체를 피할 수 있다. 그래서 때로는 없는 세라도 과시해 아군의 자신감을 세우고, 적의 자신감을 꺾어놓는 게 중요해진다.

사람에게
책임을 지우지 않는다

잘 싸우는 사람은 세에서 싸움의 답을 찾고, 사람에게 책임을 지우지 않는다(求之於勢 不責於人구지어세 불책어인).

사람은 누구나 궁지에 몰리면 남 탓을 한다. 어린아이들도 걸핏하면 "엄마 때문에 다 망쳤잖아"라며 원망한다. 그러나 남 탓의 대부분은 핑계이자 희생양 만들기일 뿐, 진짜 이유는 대개 다른 데 있다. 우리는 진짜 이유를 알고 있다. 다만 그 이유를 제거하기가 어렵거나 귀찮아서 애써 못 본 척, 모르는 척하고 만다.

중국 전국시대 후기의 제가백가諸家百家의 논문집으로 제나라 관중管仲의 이름을 따서 지었다는 《관자管子》에 이런 말이 나온다.

"마르지 않은 나무로 대들보를 얹어 집이 무너지면 원망이나 노여움을 대들보에 돌리지 않는다. 그러나 어린아이가 기와 한 장이라도 깨면 어머니는 회초리를 들어 꾸짖는다."

자기가 집을 잘못 지은 건 생각할 줄 모르고 만만한 아이만 잡는 게 우리네 모습이다. 제대로 하려면 대들보부터 좋은 나무로 교체해야 할 일이다. 그래서 손자는 "사람에게 책임을 지우지 말고 세에서 싸움의 답을 찾아야 한다"라고 강조했다.

사람의 마음은 간사해서 마음의 주인인 자신조차도 믿을 수가 없다. '나 오늘부터 담배 끊겠어'라고 마음먹은 순간에는 진심이지만, 몇 시간도 지나지 않아 다시 담배를 물게 된다. 그래서 한비자는 "믿을 건 세 뿐 사람이 아니다(恃勢而不恃信 시세이불시신)"라고 했다.

고구려 유리왕의 태자 해명解明은 힘이 세고 용감하다는 평이 자자했다. 황룡국 왕이 이 말을 듣고 강궁强弓을 해명에게 보냈다. 사신 앞에서 해명이 활을 잡아당겼더니, 웬걸 강궁이라던 활이 뚝 부러지고 말았다. 해명은 "내가 힘이 센 것이 아니라 활이 단단하지 못했다"라고 변명했지만, 황룡국 왕으로서는 무안한 일이었다. 유리왕은 "네가 힘이 센 것을 믿고 이웃나라에 원한을 맺었으니 자식 된 도리가 아니다"라며 칼을 보내 자결하게 했다. 엉뚱한 화풀이였다.

없는 사실을
있는 사실로 믿게 하라

대신 사람을 택해서 세를 맡긴다. 세를 맡겨 싸우게 한다는 건 목석을 굴리게 하는 것과 같다. 목석이란 편하면 조용하고, 위태로우면 움직이고, 반듯하면 서고, 둥글면 굴러가는 존재인데, 싸움 잘하게 하는 세란 이 목석을 천 길 낭떠러지에서 굴리는 세다(善 戰人之勢 如轉圓石於千仞之山者勢也 선전인지세 여전원석어천인지산자세야).

목석은 사각 모양으로, 평평한 바닥에 두면 움직이지 않는다. 그러나 절벽에서 굴리면 목석은 굴러 떨어진다. 바닥에 있는 목석을 절벽에 갖다 놓는 재주, 움직이지 않으려는 사람을 움직이게 하는 재주가 사람을 택해 세를 맡기는 재주다. 아군이든 적군이든 관계없다. 사람은 세에 따라 움직인다.

《36계》에 나오는 무중유생無中有生이라는 전술은 '무에서 유를 창조한다'는 뜻으로, '없으면서 있는 척하기'이다. 즉, 허장성세虛張聲勢, 적의 기를 꺾자면 아군의 세를 실제보다 부풀리는 게 가장 쉽다.

바닷길이 이순신에 의해 막힌 상황에서 부산에 상륙한 왜군이 곡창지대인 전라도로 가려면 반드시 진주를 지나야 했다. 당시 진주성으로 몰려든 왜군이 3만 명. 반면 진주성을 지키는 조선군은 3,800명에 불과했다.

절대적인 수적 열세 속에서 진주목사 김시민이 택한 방법은 허장성세였다. 김시민은 우선 성 안의 기병 500명을 왜군이 보이는 곳에서 힘차게 달리게 했다. 용맹을 과시하는 한편, 흙먼지를 일으켜 군사가 많아 보이게 하는 효과가 있었다. 다음으로는 군복을 입힌 노약자를 성벽에 세우고, 여자들을 소집해 남자 옷을 입혔다. 또 짚으로 활을 잡아당기고 있는 허수아비를 무수히 만들어 성 위에 세워놓았다. 조금이라도 군사를 많아 보이게 하려는 시도였다. 밤에는 악공樂工을 시켜 문루門樓 위에서 피리를 불게 해 아군의 여유를 과시했다.

12척의 배로 130척의 왜군을 격파한 명량해전에서도 허장성세의 전술이 쓰였다. 좁은 물길인 명량에서 배 12척으로 길목을 막아 차례차례 들어오는 왜선을 하나씩 격파했다. 그러나 시간은 적의 편이었다. 조선군은 밀려드는 적과 싸우느라 지쳤고, 왜군은 아직 총 한방 쏘지 않은,

심지어 해협 가까이 들어오지도 않은 배가 적잖이 많았다.

다행히 이순신은 사전에 피난선 100여 척을 12척의 전투선단 뒤에 배치해 짐짓 아군의 배가 많아 보이게 했다. 왜군의 눈에는 전투 현장 너머로 보이는 피난선단이 조선군의 대기선단으로 보였다. 왜군이 대기전선을 가진 만큼 조선군에도 있다고 판단해 더는 공격을 하지 못했다. 이순신도 나중에 명랑해전의 승리를 "실로 다행한 일"이라고 술회했다. 왜군이 피난선의 정체를 알고 다시 역습을 노렸다면, 12척으로 얼마나 버텼을지는 이순신 자신도 장담할 수 없었던 것이다.

정약용의 《목민심서》에도 허장성세 전술을 사용한 이야기가 있다.

"정승 이완李浣이 숙천부사로 있을 때의 일이다. 청나라 장수 용골대龍骨大가 안주를 기습 점령했다. 이완은 즉시 군마를 출동시켜 깃발을 펄럭이고 북을 크게 울리면서 굉장한 기세로 성 밖을 지나 산골짜기에 진을 치고는 밤에 습격하리라는 소문을 냈다. 그러자 용골대는 병사들을 돌려 황급히 돌아가버렸다."

사람을 움직이는 건 '사실'이 아니라 '생각'이다. 사람들은 자신이 사실이라고 믿는 생각을 갖고 행동한다. 행동을 이끌어내기 위해 사실을 제시할 필요는 없다. 사실이라고 믿을 만한 근거만 제공하면 된다.

싸움에 정석은 없다.

군대가 적을 맞아 지지 않게 하는 방법은 원칙과 변칙의 혼용이다.

可使必受敵而無敗者 奇正是也 가사필수적이무패자 기정시야

전쟁을 벌일 때 바위로 계란을 치는 듯 하는 방법은 허와 실의 혼용에 있다.

如以碬投卵者 虛實是也 여이하투란자 허실시야

세勢가 싸움의 관건이다.

사납게 흐르는 물이 돌을 굴리는 힘, 그게 바로 세勢다.

激水之疾 至於漂石者 勢也 격수지질 지어표석자 세야

싸움을 잘하는 사람은 공격 기세가 거침없고 순식간에 이뤄진다.

其勢險 其節短 기세험 기절단

세에서 싸움의 답을 찾지 사람에게 책임을 지우지 않는다.

求之於勢 不責於人 구지어세 불책어인

세勢는 정해져 있지 않다.

수에서 밀린다고 생각하면 질서 있는 대오가 무너진다.

治亂數也 치란수야

세에서 밀린다고 생각하면 용맹스러운 병사도 겁쟁이가 된다.

勇怯勢也 용겁세야

객관적 전력에서 밀린다고 생각하면 강하다가도 약해진다.

强弱形也 강약형야

이익으로 적을 움직이게 해서 아군이 기다린다.

以利動之 以卒待之 이리동지 이졸대지

싸움 잘하게 하는 세란 바로 이 목석을 천 길 낭떠러지에서 굴리는 세다.

善戰人之勢 如轉圓石於千仞之山者勢也 선전인지세 여전원석어천인지산자세야

虛
實
: 허실

선택과
집중

일단 싸움이 벌어지면 이겨야 한다. 인정사정 봐줄 것 없다. 때린 데 또 때리고, 아픈 곳 골라 때리고, 딴 데 볼 때 때리고, 안 때리는 척하면서 때리고, 준비되지 않았을 때 때린다. 치사하고 비겁해 보이지만 상대가 준비되지 않았을 때 먼저 주먹을 날리는 '선제先制', 첫 타격을 안겨준 뒤 쉴 틈을 주지 않고 몰아붙이며 싸움을 주도하는 '주동主動', 상대가 다른 곳을 볼 때 예상하지 못한 곳을 공격하는 '의표意表', 이것이 공격의 요체다.

모든 곳을 지키면 모든 곳이 약해지는 법이다. 빈틈은 늘 있기 마련, 빈틈을 찾아내 온 힘을 다해 일격에 싸움을 끝내는 게 중요하다. 선택과 집중의 원리다. 이 빈틈을 숨기고, 내가 노리는 빈틈이 어디인지 속이는 것이 기술이다. 허허실실虛虛實實의 원리다.

싸움에는 정답이 너무 많다. 사람 수만큼, 처해진 경우의 수만큼 정답이 있다. 그래서 싸울 때마다 정답은 달라진다. 싸움에는 정답이 없다.

먼저 자리를 잡고
선방을 날린다

무릇 싸움터에 먼저 자리를 잡고 적을 기다리면 편하고, 전장에 늦게 도착해 헐레벌떡하면 피곤하다(凡先處戰地而待敵者佚 後處戰地而趨戰者勞 범선처전지이대적자일 후처전지이추전자로).

공격의 3대 요결은 '선제', '주동', '의표'라는 세 단어로 정리할 수 있다. 제1 요결은 '선제先制'다. 골목 싸움에서도 먼저 주먹을 날리는 쪽이 절반은 이긴다. 황야에서의 결투는 반 박자라도 빨리 총을 뽑는 게 승부로 직결된다. 싸움은 남보다 반 박자라도 빨리 움직이고, 한시라도 빨리 유리한 고지를 선점하는 게 좋다. 전쟁터는 나 한 수, 너 한 수 사이좋게 대결을 펼치는 장기판이 아니다. 단 한 수로 끝내지 않으면 치명적인 역습이 기다리는 살벌한 생존의 현장이다. 싸움터에 먼저 자리를 잡고 기다리다가 일격에 싸움을 끝내야 한다.

만주에서 독립군의 활동이 왕성해지자, 일본은 2만 5,000명의 대규모 부대를 파견해 대대적인 토벌 작전에 들어갔다. 자기 땅에 외국 군대가 발을 들여놓자 입장이 곤란해진 중국 당국은 독립군에 철수를 요청했다. 이에 독립군은 청산리 백운평으로 이동했고, 일본군은 독립군을 따라 청산리로 들어왔다.

청산리는 길이 25킬로미터의 긴 협곡으로, 매복하기에 좋았다. 이 점은 일본군도 잘 알고 있었다. 일본군은 척후병斥候兵을 보내 매복이 있는지 살폈는데, 척후병의 눈에 띈 것은 식은 말똥이었다. 말똥이 식었으니 독립군이 이미 오래전에 지나갔다고 여겼다. 그러나 식은 말똥은 독립군의 미끼였다. 독립군은 지나간 게 아니라 청산리 협곡에 매복 중이었다. 일본군은 아무도 없다고 생각하고 유유히 협곡으로 들어왔다. 미리 자리 잡고 앉아서 이들을 기다리고 있던 김좌진의 북로군정서군은 일본군을 몰살시켰다.

끌고 다니느냐
끌려 다니느냐

싸움을 잘하는 사람은 적을 끌어들이지, 적에게 끌려 다니지 않는다(善戰者 致人而不致於人선전자 치인이불치어인). 적이 움직일 때는 움직여서 득이 되고, 적이 움직이지 않을 때는 움직이면 해가 되는 탓이다. 그래서 적이 편할 때는 피곤하게 하고(佚能勞之일능로지), 적이 배부를 때는 배고프게 하며(飽能饑之포능기지), 적이 안정돼 있을 때는 동요시킨다(安能動之안능동지).

공격의 제2 요결은 '주동主動'이다. 싸움에서는 주도권을 놓치지 말아야 한다. 축구로 치자면 골은 넣지 못하더라도 공은 계속 갖고 있어야 한다. 공 점유율이 높으면 승률도 높은 법이다. 농구의 경우, 공격할 때와 수비할 때의 체력 소모는 비교가 안 된다. 똑같이 바삐 움직이기는 하지만 공을 몰고 다니는 공격자는 눈이 바쁘고, 공을 쫓아다니는 수비는 발이 바쁘다. 둘 다 뛰어다니지만 공격자는 여유로운 반면, 수비자는 숨이 턱까지 차오른다. 경기 진행 속도를 결정하는 건 공격자의 몫인 탓이다. 어떤 싸움이든 적을 끌고 다녀야 한다. 적에게 끌려 다니면 이미 진 싸움이다.

싸움에서 주도권을 빼앗기고 수세에 몰리면 방어에 급급해진다. 방어만 해서는 이길 수 없을뿐더러, 적이 언제 어느 곳을 공격할지 모르므로 수시로 여러 곳을 지켜야 한다. 그러면 특정한 지점의 방어에 약해질 수밖에 없다. 방어에만 주력하다 보면 결국 아무것도 방어하지 않는 결과가 된다. 야마모토 무사시는 여러 명과 싸울 때도 방어에만 치중하지 말라고 했다. 한두 번의 공격은 막아낼 수 있어도 방어에 급급하다 보면 빈틈이 노출될 수밖에 없음을 경계한 것이다.

바둑에서도 '알을 버리더라도 주도권은 잃지 말라(棄子爭先기자쟁선)'라는 말이 있다. 주도권을 차지하려면 적을 흔들어야 한다. 괴롭혀야 한다. 그래서 무너뜨려야 한다. 지치게 하고(佚能勞之), 배고프게 하고(飽能饑之), 동요시켜야(安能動之) 한다.

고구려 신대왕新大王 때 한나라가 경림을 현토태수로 임명하고 고구려를 침공했다. 고구려는 어전회의를 열어 대책을 논의했는데, 재상 명림답부明臨答夫가 청야전술을 제안했다.

"우리는 군사 수가 적으나 지리가 험하다는 이점이 있고, 한은 군사가 많으나 군량 운반에 어려움이 있습니다. 우리는 열심히 지키면서 한나라 군대를 지치게 한 후에 나가 싸우면 백전백승할 수 있습니다."

한나라 군사들이 고구려를 공격하려고 보니, 고구려 군사들은 성 안에 숨어 일체의 싸움에 응하지 않았다. 약탈을 하려고 보니 약탈할 만한 사람은커녕 아무것도 없었다. 그렇게 여러 달을 허송하고 나니 군량은 떨어지고 군사들도 지쳤다. 먹을 게 없으니 병사들 사이에서 동요도 일어났다. 한나라 군대는 결국 철수를 결정할 수밖에 없었다. 명림답부는 지쳐 돌아가는 한나라 군대를 추격해 좌원에서 무찔렀는데,《삼국사기》에는 한나라 군대는 "말 한 필도 살아 돌아가지 못했다"라고 기록하고 있다. 적을 피곤하게 하고, 배고프게 하고, 동요시킨 결과다.

손자는《손자병법》을 펴자마자 나오는 〈시계〉 편에서 일찌감치 '전쟁은 속임수(兵者 詭道병자 궤도)'라고 선언했다. 그러면서 적을 끌어들이고 움직여 싸움의 주도권을 잡는 각론을 자세히 소개한다. 미끼로 적을 유인하기(利而誘之이이유지), 혼란시키기(亂而取之난이취지). 약 올리기(怒而撓之노이요지), 비굴하게 굴기(卑而驕之비이교지), 괴롭히기(佚而勞之일이로지), 이간시키기(親而離之친이리지) 같은 방법이다.

고려 태조 왕건은 후삼국 통일에 앞서 북방 개척을 위해 유금필庚黔弼에게 여진족 정벌을 맡겼다. 골암진으로 출병한 유금필은 도착하자마자 군사 행동을 개시하는 대신, 여진의 족장급 인물들을 모조리 초청했다. 그리고 맛난 음식과 술로 성대한 잔치를 열었다. 처음에 경계하던 족장들은 술이 한 순배 두 순배 돌자 긴장을 풀었고, 결국 취하고 말았다. 유금필은 그 순간을 놓치지 않고 족장들을 모두 포박해 진중에 감금시키고는 고려에 복종하겠다는 맹세를 받아냈다. 그러고는 여진족 마을들을 돌아다니며 "족장들이 이미 항복했으니 저항하지 말라"라며 선무공작宣撫工作을 펼쳤다. 이로써 유금필은 피 한 방울 흘리지 않고 1,500명의 여진 사람들의 귀순을 받아내는 한편, 끌려갔던 고려 사람 3,000명을 풀어주어 고향으로 돌려보냈다.

유금필의 이 전법은 200년 뒤 윤관尹瓘에 의해 한 번 더 되풀이된다. 윤관은 본격적인 군사 행동에 앞서 여진족 족장 400명을 고려 진영으로 초청했다. 고려가 포로로 잡은 여진족을 풀어줄 테니 와서 데려가라는 명목이었다. 족장들 대부분이 술 한 잔 얻어먹겠다고 이 초청에 응했지만, 그들을 기다리는 건 술이 아니라 칼이었다. 두만강 주변의 9성 축조는 이렇게 시작됐다.

《한비자》는 이렇게 적는다.

"만대에 걸칠 이득을 기다리는 것은 오늘의 승리에 있다. 오늘의 승리는 적을 속이는 데 있다. 적을 속이는 것이 만대의 이득이다(詐敵萬世之利也 사적만세지리야)."

생각지도 못한 곳을 공격하라

전략적 요충지로 가서 적이 생각지도 못한 곳을 공격하라(出其所必

趨 趨其所不意출기소필추 추기소불의). 적이 없는 곳을 통과하면 천 리를 가더라도 피곤하지 않다. 지키지 않는 곳을 공격하면 반드시 이긴다(攻而必取者 攻其所不守也공이필취자 공기소불수야). 공격하지 않는 곳을 지키고 있다면 수비가 뚫릴 일이 없는 것과 마찬가지다.

공격의 제3 요결은 '의표意表' 찌르기다. 시간과 장소를 정해 각자 싸울 준비를 마치고 피아彼我가 승부를 겨루는 건, 유럽에서 여인네를 두고 벌이던 결투밖에 없다. "공격은 방비가 없을 때, 그것도 예상하지 못한 지점에 가하는 법(出其不意, 攻其不備출기불의 공기불비)"이라고 했다. 싸움은 불시에, 뜻하지 않은 곳을 공격하는 것으로 시작해야 이길 수 있다. 뜻하지 않은 곳이란, 단순히 공격을 예상하지 못한 지점일 뿐만 아니라, 공격에 성공하면 치명적인 타격을 안기는 곳이기도 하다.

신채호는 《조선상고사》에서 《해상잡록》, 《성격통지》와 만주 지방 전설 등을 인용해 고구려와 당의 전쟁 이야기들을 들려준다.

당태종 이세민이 몇 달 동안 토산을 쌓으며 안시성 공격에 안간힘을 쓰고 있을 때, 연개소문은 정예병 3만을 이끌고 중국 본토 공격에 나섰다. 적봉진(열하)을 지나 상곡(하간)을 격파하니 훗날 고종이 되는 당태종의 아들 이치李治가 어양에 머물러 있다가 놀라서 봉화를 올렸다. 당태종은 이걸 보고는 본토가 공격당했음을 알고 급히 철수를 결정했다.

그러나 철수도 쉽지는 않았다. 당나라가 막상 철수에 나서자 그때까지 성 안에서 수비에 전념하던 양만춘楊萬春과 추정국이 추격하며 당나라군을 괴롭혔다. 요택을 건너던 이세민은 진펄에 빠져 거의 생포될 위기에 처하기도 했는데, 마침 설인귀薛仁貴가 그를 구했다. 결국 타고 가던 말을 눕혀 다리 삼아 요택을 겨우 건넜는데, 이 자리가 오늘날 '당태종 함마처'라는 이름으로 남아 있다. '황량대誆糧臺'라는 지명은 베이징 부근에 10여 곳 있는데, 당태종이 모래를 쌓아 '양곡 창고'라고 속이고 고구려가 쳐들어오면 복병으로 유격한 지역이라 전한다. 또 산둥성과 베이징 근처에는 '고려'라는 이름이 들어가는 지명이 많은데, 이는 연개소문의 침공과 관계가 있다.

《36계》에 위위구조圍魏救趙라는 항목이 있다. 위나라를 포위해 조나라를 구한다는 뜻으로, 이 고사의 등장인물이 손자의 손자이자 《손자병법》의 공동저자인 손빈孫臏이다. 위나라 장수로 있던 손빈의 친구 방연龐涓이 조나라 수도 한단을 포위하자, 조나라는 이웃 제나라에 구원병을 청했다. 그때 제나라 장수 전기의 막료로 있던 손빈은 "지금 조나라로 달려가봤자 이미 늦으니, 대신 위나라를 직접 공격한다고 소문을 내면 방연은 즉각 포위를 풀고 돌아올 것입니다"라고 제안했다. 실로 위나라가 공격받는다는 소식을 들은 방연은 과연 조나라를 내버려두고 즉각 귀환하다가 제나라 군대를 만나 크게 패했다.

머리를 삶으면 귀까지 익는다. 기둥을 치면 대들보가 울리는 법이다. 안시성이 공격을 받고 있다고 안시성에 응원군을 보내는 건 하수나 하는 짓이다. 고수는 당나라 본토로 직접 쳐들어간다. 한니발의 공격을 받고 멸망 위기에 처했던 로마가 기사회생한 것도 카르타고 본토를 직접 공격한 스키피오scipio의 작전 덕분이다. 의표 찌르기의 교과서 같은 사례다.

의도를
숨겨라

공격을 잘하는 사람은 적이 어디를 지켜야 할지 모르게 한다(善攻者 敵不知其所守선공자 적부지기소수). 잘 지키는 사람은 적이 어디를 공격해야 할지 모르게 한다(善守者 敵不知其所攻 선수자 적부지기소공). 아주 작은 차이로 형태도 없고 소리도 없는 신기의 경지가 만들어지는데, 이쯤 되면 적의 목숨은 내 손 안에 있다.

중국의 귀금속 상인들은 언제나 검은 안경을 쓴다. 좋은 물건을 발견했을 때 자신도 모르게 표정이 눈빛에 드러날 것을 우려해 아예 가리는 것이다. 도박에서는 좋은 패를 보고 자기도 모르게 흘리는 표정을 감추기 위해 '포커페이스poker face'를 짓기도 한다.

적이 예상하지 못한 곳을 공격하자면, 내가 공격하려는 곳을 적이 모르게 해야 한다. 무엇보다 의도를 드러내지 않고 숨기는 것이 가장 중요하다. 의도만 숨기면 이미 반은 성공한 것이나 다름없다. 검은 고양이가 어둠 속에 숨어 눈마저 감아버린다면 실체를 들킬 일이 없다. 고쟁이를 열두 벌 입어도 보일 건 다 보인다고, 애써 가렸다 해도 들키면 헛일이다.

20세기 초에 등장한《후흑厚黑》이라는 책은 불편한 진실들이 적잖이 담겨져 있는데, 주요 골자는 이 한마디로 정리할 수 있다.

"천하의 영웅호걸은 얼굴은 성벽만큼이나 두껍고 속은 석탄처럼 시커매야 한다(天下英雄豪杰 臉皮要厚如城 心要黑如煤炭 천하영웅호걸 검피요후여성 심요 흑여매탄)."

즉, 자기 속을 남에게 보여주면 안 된다는 뜻이다.

《오륜서》에도 비슷한 내용이 있다.

"동작이 느릴 때도 마음은 고요하지 않고, 동작이 거셀 때도 마음은 급하지 않다. 마음으로는 경계해도 몸으로는 경계 태세를 취하지 말아야 한다."

욱일승천旭日昇天*의 기세로 뻗어나가던 고구려의 국력은 고국원왕 때 한 번 크게 꺾인다. 고국원왕의 실수 때문이다. 연나라에서 고구려로 들어가는 길은 두 갈래가 있었다. 북쪽 길은 평탄하고 넓은 반면, 남쪽 길은 험하고 좁았다. 많은 병력이 쳐들어온다면 북쪽 길로 오는 게 상식인지라, 고국원왕도 적이 북쪽 길로 올 것이라고 예상했다. 고국원왕은 아우 무를 시켜 5만 명의 정예병으로 북쪽 길을 지키게 하고, 자신은 약간의 병사를 데리고 남쪽 길을 지켰다. 연나라의 입위장군立威將軍 한은 고구려의 의도를 간파해 남쪽 길로 정예병을 동원해 공격했다. 허를 찔린 고구려는 환도성이 함락당하는 대패를 경험했다. 아울러 왕비가 사로잡히고 고국원왕의 아버지 미천왕美川王의 시체까지 약탈당했다.

《36계》에는 타초경사打草驚蛇라는 말이 있다. 풀을 치면 뱀이 놀라 튀어나온다. 고국원왕이 그랬듯, 검은 구름에 백로 지나가는 것처럼 자기 속을 다 보이면 망한다.

● 아침 해가 떠오른다는 뜻으로, 떠오르는 아침 해처럼 세력이 성대해짐을 뜻한다.

허점을 찌르면
방어가 없다

허점을 찌르면 공격해 들어가는 데 방어가 없다(進而不可禦者 衝其虛
也진이불가어자 충기허야). 또 물러날 때도 너무 빨라서 적이 따라오지
못한다.

제갈량의 병법서 《장원將苑》에는 "맹수가 곤경에 빠지면 어린애도
창을 잡고 뒤쫓을 수 있고, 벌이나 전갈에 쏘이면 장사라도 놀라서 어
쩔 줄 모른다"라는 말이 있다. 맹수가 곤경에 빠지고 벌에 쏘여 실력을
발휘하지를 못하므로 나중에 싸우면 된다? 전쟁터에는 그런 낭만이 발
붙일 여유가 없다. 전쟁은 현실이다. 이기는 게 최우선이다.

당나라 장수 이정李靖(신채호는 이정이 연개소문의 제자일 것이라고 추측했다)이
당태종과 나눈 대화를 묶은 병법서인 《이위공문대李衛公問對》에는 "적
의 허점을 지체 없이 기습하라"라는 말이 있다. 사정 봐주는 건 사치다.

8세기 초 발해의 지배를 받던 흑수말갈黑水靺鞨이 당의 지원을 등에
업고 반기를 들었다. 이를 진압하는 과정에서 발해와 당의 갈등이 커졌
다. 전운이 감도는 일촉즉발의 위기 상황에서 발해가 선제공격에 나섰
다. 그러나 무작정 국경을 넘어 당나라와 정면 대결을 벌이지는 않았다.

발해 무왕은 장문휴張文休를 시켜 바다 건너 당나라 등주(산동성 봉래)를
공격했다. 등주는 발해 공격을 위해 당나라가 전쟁 물자를 모아놓은 후
방 보급기지이자 해군기지이기도 했다. 당나라가 발해를 침략하기 위

해 모든 군수물자를 쌓아둔 이곳을 장문휴가 기습해 박살냈다. 워낙 전격적인 기습이었기 때문에 등주자사 위준韋俊은 저항 한번 못해보고 목숨을 잃었다. 습격만큼이나 철수도 빨랐다. 당현종이 등주 침공 소식을 접하고 급히 갈복순葛福順을 파견했지만, 갈복순이 등주에 도착했을 때 장문휴는 이미 자취를 감추고 사라진 뒤였다. 갈복순이 만난 건 쑥대밭으로 변한 등주의 참상뿐이었다. 당으로서는 전쟁 준비를 처음부터 다시 해야 하는 상황이었다.

당나라는 반격을 시도했지만 공격다운 공격은 하지 못했다. 발해 무왕의 동생이지만 친당 노선을 내세우는 바람에 쫓겨나 당에 망명해 있던 대문예大門藝에게 군사를 내주어 정벌에 나섰지만 변변한 전투 한번 없이 회군하고 말았다. 때마침 겨울이라 군사들 대부분이 얼어 죽은 탓이었다. 등주에 쌓아뒀던 전쟁 물자가 모두 사라진 마당에 보급품이 제대로 갖춰질 리 없으니 당연한 결과였다.

당나라의 전진기지를 망쳐놓은 발해 무왕은 직접 군사를 이끌고 요서의 마도산을 점령했다. 당나라 오승자吳承訾는 발해군의 진격을 막기 위해 높이 3길의 참호를 400리에 걸쳐 만들었다. 발해 기병대를 저지하기 위한 마지노선이었다. 발해를 정벌하겠다고 대대적인 전쟁 준비를 벌인 당이 수비에 급급한 신세가 되고 만 것이다. 전격적으로 등주를 기습한 결과였다.

한발 빠르면 주도권을 잡을 수 있고, 주도권을 잡으면 의표를 찌를 조건이 만들어지며, 의표를 찌르는 선제공격을 하면 주도권을 잡는다. 하나씩 풀다 보면 모두 다 풀리고, 하나씩 꼬이다 보면 모두 다 꼬여버린다.

싸우지 않는 건
내게 달렸다

싸우려 들면 적이 아무리 방비 태세를 굳건히 하더라도 적이 도발에 응할 수밖에 없는 지점을 찾아 공격해 싸움으로 이끌어낸다. 하지만 싸우지 않겠다고 마음먹으면 그냥 바닥에 금만 하나 그어놔도 된다(我不欲戰 畫地而守之아불욕전 화지이수지). 엉뚱한 곳으로 적을 돌려놓기 때문이다.

"싸우지 않는 건 내게 달렸다(不戰在我부전재아)."

《이위공문대李衛公問對》에 나오는 이 말은 비폭력주의나 반전주의를 뜻하는 게 아니다. 내가 공격하지 않으면 적도 공격하지 않는다는 한가한 낙관론을 펼치는 것도 아니다. 빈틈을 보이지 않는 철통 같은 방어 태세의 중요성을 강조한 말이다. 내가 만만하게 보이지 않으면 적은 함부로 공격할 수 없다.

아무리 바닥에 금 한 줄 그어놓는다고 감히 적이 쳐들어오지 못할까? 제갈량이 쓴 공성계空城計*를 보자. 부하 장수 마속馬謖의 판단 착오로 불의의 패배를 당한 제갈량은 사마의司馬懿와 대적할 병력이 없었다. 위기를 맞은 제갈량은 성문을 닫아 걸고 결사 항전을 펼치는 대신 역발상의 작전을 펼쳤다.

우선 성문을 활짝 열고 노인들에게는 한가로이 비질을 하도록 했다. 그리고 제갈량 자신은 문루에 앉아 거문고를 뜯었다. 자신을 스스로 완전 무장해제한 것이다. 이 광경을 본 사마의는 분명 성 안에 복병이 숨어 있을 거라고 지레짐작하고는 싸움 한번 걸어보지 않고 군대를 돌렸다. 사마의는 제갈량이 평소 모험을 좋아하지 않는다는 것을 잘 알고 있었기에 분명 숨은 의도가 있을 것이라고 판단했다. 이로써 제갈량의 이름은 길이 빛나고 사마의는 그보다 모자란 사람이 되었다. 이 장면은 《삼국지》에서 가장 재미있기는 하지만, 역사에서는 일어나지 않은 이야깃꾼 나관중羅貫中의 창작이다.

무왕 8년, 백제는 고구려의 침입을 받았다. 송산성과 석두성에서 싸움을 벌였는데, 성을 빼앗기지는 않았지만 포로 3,000명이 잡혀갔다. 다음 해부터 무왕은 중국과의 외교에 전력을 기울였다. 수양제가 고구려를 공격하려 할 때는 국지모國知牟를 보내 출발 날짜를 묻기도 했다. 수나라 군대가 요하를 건너자 '국경에서 군사를 정비해 돕겠다'는 편지까지 보냈다.

하지만 실제로 백제는 수나라를 돕지는 않았다. 오히려 고구려를 공격하도록 수나라를 부추기는 데 주력하는 양상이었다. 고구려가 수나라와 싸우느라 백제 쪽으로는 아예 시선도 돌리지 못하게 한 외교였다. 무왕이야말로 바닥에 금 하나 그어놓고 전쟁을 피한 셈이다.

● 성을 비운다는 뜻으로, 아군이 열세일 때 방어하지 않는 것처럼 꾸며 적을 혼란에 빠뜨리는 전략.

모든 곳을 지키면
모든 곳이 약해진다

적은 강점과 약점을 드러내는데 아군은 보이지 않으면, 아군의 힘은 모아지고 적의 힘은 나뉜다. 아군이 하나로 모여 있는데 적은 열로 나뉘므로, 싸움에서는 10으로 1을 치는 것과 같다. 아군은 많아지고 적은 적어지는 것이다. 많은 수로 적은 수를 공격하므로 적을 쉽게 이길 수 있다. 아군이 공격 지점을 모르게 하면, 적이 어디를 공격할지 모르므로 적은 지킬 곳이 많아진다. 많은 곳을 지키자면 군사를 나눠야 하고, 아군이 어느 한 곳을 공격할 때는 적은 수의 적만 상대하게 된다. 전방을 지키면 후방이 뚫리고, 후방을 지키면 전방이 뚫린다. 왼쪽을 보강하면 오른쪽이 약해지고, 오른쪽을 보강하면 왼쪽이 약해진다. 모든 곳을 다 지키려면 모든 곳이 약해진다(無所不備 則無所不寡무소불비 즉무소불과). 지키는 쪽이 약해지는 사이, 공격하는 쪽은 힘을 모으고 있어 강하다.

적은 수로 많은 수를 상대할 때 사용하는 전술은 국소 우세주의局所優勢主義와 각개격파各個擊破로 요약할 수 있다. 국소 우세주의는 총 전력 면에서는 적이 우세해도 특정 지점의 전력은 아군이 더 우세하도록 유지하는 게 핵심이다. 각개격파는 빠른 기동력으로 적이 힘을 모으기 전에 하나씩 격파하는 것이 요체다. 한마디로 둘은 하나의 다른 이름이다.

나폴레옹은 이 전략을 가장 잘 쓴 사람으로 유명하다. 한 참모가 "장군님은 어떻게 적은 수로 많은 수의 군대를 이기십니까? 정말 대단하십니다"라고 아첨하니 나폴레옹은 이렇게 대답했다.

"난 늘 많은 군대로 적은 군대를 이겼다네."

국소 우세주의를 한마디로 표현한 말이다. 적군 5만과 아군 3만이 맞붙어서 승리했다면 적은 수로 많은 수를 이긴 게 맞지만, 개별 전투에서는 3만이라는 '집중'된 병력으로 각각 2만, 2만, 1만으로 나뉜 적을 한 번에 하나씩 차례대로 격파했기 때문에 많은 군대로 적은 군대를 이긴 셈이다. 그래서 국소 우세주의와 각개격파의 다른 이름은 '선택'과 '집중'이다.

잭 웰치가 선택과 집중이라는 말을 처음 썼을 때는 그 뜻을 정확히 알고 사용했다.

"세계 시장에서 현재 1위를 하고 있거나, 곧 1위를 할 수 있는 사업을 제외하고는 모조리 때려 치워라."

자신의 전력을 한군데로 모으겠다는 뜻이다. 하지만 이 말이 유행하면서 다른 사람들이 쓸 때는 그 뜻이 달라졌다. 정확히 말해 '선택과 집중'이라는 말의 뜻을 제대로 알지 못하고 사용하는 사람들이 많아졌다. 뭔가를 선택한다는 건 다른 무엇인가를 버린다는 뜻이다. 그러나 사람들은 무엇인가를 버리기에는 욕심이 너무 많다. 선택과 집중이라는 허울 좋은 구호만 남고, 실제로는 모든 것을 선택하고 모든 것에 집중하는 결과를 낳고 말았다. 그 해악을 손자는 이렇게 설명한다.

"모든 곳을 다 지키려면 모든 곳이 다 약해질 수밖에 없다."

극단적으로 말해 모든 것을 지킨다는 것은, 아무것도 지키지 않는다는 뜻이다.

미야모토 무사시는 '한 놈만 패는' 전략을 제안한다.

"적이 사방에서 쳐들어오더라도 한쪽으로 몰아댄다는 기분으로 싸워라. 먼저 덤비는 자와 싸워라. 적이 달려들기만을 기다리면 방어에 치중하게 되어 능률이 오르지 않는다."

17 대 1의 전설 같은 싸움은 17명을 모두 때려잡겠다는 마음으로 시작해서는 이길 수 없다. 1명만 패서, 나머지는 처절하게 깨진 1명을 보고 도망가게 해야 한다.

곽재우는 붉은 옷을 입고 하늘에서 내려온 홍의장군이라는 뜻으로 '천강홍의장군'이라는 깃발을 들고 다녔다. 그리고 부하 10명에게도 똑같은 복장으로 전투에 참여하도록 했다. 그 결과 전장에는 10여 명의 홍의장군이 동에 번쩍 서에 번쩍하며 종횡무진 누비고 다니는 상황이 연출됐다. 동쪽에 나타난 홍의장군을 잡겠다고 왜군이 동쪽으로 몰려가면, 갑자기 서쪽에서 홍의장군이 나타나 '나 여기 있노라'며 놀리는 격이었다. 10명의 홍의장군을 쫓느라 이리 뛰고 저리 뛰는 와중에 왜군의 전열은 흐트러지고 힘은 분산됐다. 10명의 홍의장군이 나타남으로써 적을 열로 나눈 셈이다. 10분의 1로 줄어든 적을 각개격파하는 건 한낱 의병에게도 어려운 일이 아니다.

반면, 홍경래洪景來의 난은 아군의 힘을 나누어 싸움에서 진 경우다. 조선 후기 서북인 차별을 성토하며 봉기한 홍경래는 한때 청천강 이북 지역을 휩쓸었다. 오랫동안 치밀하게 계획했기 때문에 사람도 돈도 식량도 충분했다. 다만 전략이 부족했다.

홍경래는 농민군을 한양을 노리는 남진군과 압록강으로 향하는 북진군으로 나누었다. 남진군이 안주에서 평안감사 이해우李海愚에게 첫 패배를 당해 기세가 꺾인 뒤에도 북진군은 합류하지 않고 제 갈 길을 갔다. 남진군과 북진군이 합세한 건 분산된 전력으로 수세에 몰린 끝에 정주성에 갇히고 나서였다. 위세를 되찾기에는 때가 너무 늦었다. 폭탄으로 성벽을 통째로 날려버리는 관군의 진압 작전에 홍경래의 농민군은 전멸하고 말았다.

"뭉치면 살고 흩어지면 죽는다"는 말은 여전히 유효하다. 힘을 나누는 건 자살 행위다. 내 힘은 모으고 적의 힘은 분산시키는 게 싸움의 요체다. '집중'하지 못하는 이유는 '선택'하지 못했기 때문이다. 선택하지 못한 이유는 무엇이 더 중요한지를 모르기 때문이다. 산토끼 잡으려다 집토끼 놓친다. 두 마리 토끼를 잡는답시고 허세를 부리지만, 실상은 어떤 것을 잡아야 이로운지 헷갈리기 때문에 둘 다 잡으려는 것이다. 그리고 대개 한 마리도 못 잡는다.

수가 많아도
팔짱만 끼고 있을 수 있다

정확히 언제 어디서 싸움이 벌어질지를 안다면 천 리 밖에서도 한 판 싸움을 벌일 수 있다. 그러나 언제 어디서 전투가 벌어질지 모르면 왼손이 오른손을 구하지 못하고, 오른손이 왼손을 구하지 못한다(左不能救右 右不能救左좌불능구우 우불능구좌). 두말할 것도 없이 수십 리 떨어진 전방 부대와 후방 부대는 서로 구하지 못한다. 적병이 아무리 많다 한들 승패에는 아무 도움이 안 된다.

손자는 싸움터에 미리 자리를 잡고 있으면 이롭다고 했다. 싸움터에서 미리 자리를 잡는 가장 좋은 방법은, 싸움터를 스스로 결정하는 것이다. 그러면 아군의 강점을 극대화하고 적군의 약점을 최대화하는 지리적 이점을 십분 활용할 수 있다.

조선 수군이 궤멸된 이후 통제사로 돌아온 이순신이 명량을 결전의 장場으로 선택한 것도 같은 이유다. 파직됐던 이순신이 돌아온 후, 왜군은 조선 수군을 염탐하다가 일부 정탐선이 격침됐다. 하지만 정탐선의 수는 점점 늘었고 더 담대하게 이순신 진영 가까이 접근했다. 다행히 이순신은 왜군 진영에 포로로 붙잡혀 있다가 탈출한 김중걸 덕분에 왜군의 의도를 알게 됐다. "여러 배를 모아 조선 수군을 몰살시키고 한강으로 올라가겠다"라는 것이다. 엄청난 대부대의 공격이 예정돼 있었던 것이다.

왜군의 목적이 조선 수군의 몰살인 만큼 이순신은 왜군이 조선 수군이 있는 곳으로 찾아올 것을 알고 있었다. 결국 조선 수군이 머무는 곳이 결전장이고, 왜군은 대선단을 이끌고 나타날 것이 불 보듯 뻔했다. 이순신은 왜군 선단을 무력화시킬 수 있는 곳으로 가야 했다.

울돌목은 이 조건을 만족시켰다. 조선 수군이 명량의 좁은 해협을 막고 있으면, 왜군은 한강으로 올라갈 수 없을뿐더러 왜군의 대선단이 한꺼번에 들어올 수도 없었다. 100척이 몰려오든 300척이 몰려오든 10대씩 편대를 지어 해협으로 들어가야 했고, 조선 수군은 길목을 막고 서서 선두에 선 10척을 깨고 또 뒷줄에 선 10척을 깨고, 그 뒤의 10척을 또 깨면 될 일이었다.

해협에 들어오지 못한 배들은 함부로 도울 수도 없었다. 처참히 당하고 있는 배를 구하겠다고 좁은 해협에 다 같이 들어갔다가는 조선 함대와 겨루기도 전에 자기들끼리 부딪혀 아수라장이 될 게 뻔했다. 손자의 표현을 빌리자면 "왼손이 오른손을 구하지 못하고, 오른손이 왼손을 구하지 못하는" 상황이었다. "적병이 아무리 많다 한들 승패에는 아무 도움이 안 됐다." 도와주지 못하는 아군 병사들이란, 딸 죽은 사위요 불 꺼진 화로일 뿐이다. 다 소용없는 존재들이다.

승리란
만들어내는 것이다

승리란 만들어내는 것이다(勝可爲也 승가위야). 비록 적이 많더라도 싸우지 못하게 하면 그만이다(敵雖衆 可使無鬪 적수중 가사무투). 일단 적군의 전력을 분석하고, 어떻게 하면 적을 유인할 수 있는지 시험해본 뒤(作之而知動靜之理 작지이지동정지리), 싸움에 유리한 곳과 불리한 곳을 파악해서 배치된 병력이 적은 곳을 찾아 공격하면 된다.

싸움은 적의 전력을 분석하는 것으로 시작한다. 전력을 분석할 때는 도의, 기상, 지리, 장수, 법제를 비교한다. 다만 탁상공론만으로는 부족하다. 풀을 치면 뱀이 튀어나오는 법이므로, 적의 실체를 제대로 파악해야 한다. 실제로 적이 어떤 의도를 갖고 있는지, 전력이 어느 정도나 되는지 시험해볼 필요가 있다.

만약 허약한 적이라면 굳이 싸워서 힘을 뺄 필요가 없다. 싸우지 않고 굴복시키면 된다. 반대로 적의 실체가 튼튼하다면 허약하게 만드는 게 급선무다. 내부 동요를 일으키거나 전력을 분산시켜야 한다. 그러고는 내 힘에 집중해 적의 약한 곳을 파고들어 일격에 무너뜨려야 한다.

《손자병법》을 독자적으로 재해석한 손정의는 이 과정을 '일류공수군一流攻守群 정정략칠투頂情略七鬪'라는 10글자로 정리했다.

"최고의 자리에 앉은 사람(一流)은 공수의 균형을 취하며(攻守), 무리를 지어 싸워야 한다(群). 정상에 올라서서 전체를 내려다보고(頂), 정보를 가능한 많이 모아(情) 전략을 세우고(略), 7할의 승산이 있을 때(七) 싸움을 벌인다(鬪)."

손자의 가르침과 두드러지는 차이는 '7할의 승산'이라는 부분이다. 손자는 '이기는 군대는 이겨놓고 싸움에 나가는 법'이라며 손만 대면 이길 수 있는 싸움, 즉 90퍼센트의 승률을 확보했을 때 싸움에 나서야 한다고 했다. 그러나 손정의의 생각은 다르다.

"너무 신중해도 승리의 기회를 놓친다. 9할의 승산이 없으면 움직이지 않는 사람은 7할의 승산을 보고 움직이는 사람에게 지고 만다. 9할의 승산을 노리는 사람은 작은 성공밖에 거머쥘 수 없다."

큰 이득을 얻으려면 위험을 감수해야 한다. 안전을 중시하는 사람은 소소한 이득밖에 볼 수 없다. 스스로 사람을 고용해 월급을 주는 손정의와 오왕 합려에게 고용돼 월급을 받던 손자의 입장 차이를 확연히 알 수 있다.

최고 경지의 전법은 형태가 없다

최고 경지의 전법은 형태가 없다(形兵之極 至於無形 형병지극 지어무형). 정해진 바가 없으니 제아무리 깊숙이 침투한 간첩이라도 알아낼 수가 없고, 실체가 없으니 제아무리 전략가라도 어떻게 대처해야 할지를 모른다. 이런 전술을 써서 승리를 거두면 사람들은 왜 이겼는지도 모른다. 적은 내가 어떤 전술을 써서 이겼는지는 알지만, 그 전술이 어떻게 승리로 이어졌는지는 모르는 것이다. 그래서 승리를 거둔 전술은 반복해서 쓰지 말고 무궁하게 변형해 사용해야 한다.

노승과 사미승이 함께 길을 가던 중 시냇물을 건너게 됐다. 마침 예쁜 처녀도 물을 건너려 했지만 물살이 무서워 어쩔 줄 모르고 있었다. 사미승은 여인을 애써 못 본 체하고 지나치는데, 노승이 처녀를 번쩍 들쳐 업고는 건너편에 내려줬다. 다시 길을 재촉하는데 사미승이 노승에게 따져 물었다.

"스님, 수도승이 어찌 여인에게 손을 댄다는 말입니까? 하물며 등에 업다니요."

그랬더니 노승의 대답은 이렇다.

"이놈아, 난 벌써 그 처자를 냇가에 내려놨는데, 너는 아직도 업고 있구나."

경지에 오른 사람에게 정해진 틀은 의미가 없다.

미야모토 무사시가 쓴 《오륜서》는 병법서를 표방하지만, 사실은 검술 교과서에 가까운 책이다. 검술의 기본 자세를 5가지로 설명하는데, 최고 경지는 '자세가 있되 자세가 없는(有構無構유구무구)' 단계라고 말한다. 손자 식으로 말하면, 최고 경지의 전법은 형태가 없다.

역사의 명장들은 늘 상식을 깨는 전법으로 적을 혼비백산하게 했다. 한니발은 편한 바닷길을 놔두고 험준한 알프스를 넘어 로마로 진격해 들어갔고, 제갈량은 일부러 불을 피워 적벽대전에서 지고 도망가던 조조를 유인했다.

하지만 상식을 깨는 전법도 되풀이되면 상식이 된다. 바쁘게 도망가는 길에 불빛이 보이면, 불빛이 있는 곳에 적이 숨어 있다고 생각하는 게 일반적이다. 조조는 그 상식을 깨고 불빛을 향해 도망쳤고, 제갈량은 이를 예상하고 불빛을 노출시킨 화용도華容道에서 관우로 하여금 조조를 기다리게 했다. 한번 국에 데고 나면 다음부터는 냉수도 불어가며 마실 만큼 조심하기 때문이다.

중국의 7대 병법서 가운데 하나인 《사마법》에도 무부선술無復先術, '앞서 써먹었던 전술은 다시 쓰지 말라'는 말이 나온다.

자존심 강한 투수들은 승부수로 던진 공을 타자가 파울로 쳐내면 오기가 발동해 다시 같은 공을 던진다. 그러나 프로의 세계에서는 같은 공을 두 번씩이나 놓치는 타자는 없다. 아마추어에서는 오기지만 프로에서는 객기에 불과하다.

미야모토 무사시는 조금 더 사정을 봐준다.

"두 번 반복하는 일은 어쩔 수 없다. 하지만 같은 행동을 세 번 반복해서는 안 된다."

그러면서 '쇄신'을 제시한다. 같은 수법을 두 번 써서 안 통했다면, 이미 틀린 수다. 세 번째부터는 기존의 관행과 상식을 깨끗이 쓸어버리고 새로운 전술을 짜내야 한다.

중국의 침략을 받은 고구려는 수양제와 당태종의 공격을 연달아 같은 방법으로 막아냈다. 두 번 다 성공했지만, 적에게 '전술이 어떻게 승리로 이어졌는지' 노출된다. 세 번째는 새로운 전략이 필요했지만, 고구려는 기존의 작전 계획을 고집스레 지켰다. 결과는 멸망이었다.

전술이란
물과 같다

전술이란 물과 같다(兵形象水병형상수). 물이 높은 곳을 피해 낮은 곳으로 흐르듯이, 전술도 방어가 철저한 곳을 피해 허점을 친다. 물이 땅을 따라 흐르며 모양이 만들어지듯이, 전술도 적의 움직임에 따라 결정된다. 물에 일정한 형태가 없듯이 싸움의 흐름도 늘 변한다. 오행이 바뀌고, 계절이 바뀌고, 밤낮이 바뀌고, 달이 바뀌듯 적에 따라 전술을 바꿔 승리를 거두면 신의 경지에 오른 것이다.

나무를 깎는 데는 천하명검도 목수의 대패만도 못하고, 쥐를 잡는 데는 천리마가 고양이만 못하다. 말은 끌어야 잘 가고, 소는 몰아야 잘 간다. 도깨비는 방망이로 떼고, 귀신은 경으로 뗀다. 나무를 하러 갈 때는 도끼를 챙겨야 하지만, 나물을 캘 때는 도끼가 아니라 호미를 챙겨야 한다. 상황이 다르고 사람이 다르면 방법도 달라야 한다.

상대가 매사에 심사숙고하는 조조가 아니라도, 제갈량이 매복병에게 불을 피워놓고 기다리게 하는 허허실실 전술을 썼을까? 상대가 매사에 의심 많은 사마의가 아니라도, 제갈량이 성문을 활짝 열어놓고 거문고나 뜯는 공성계를 썼을까? 허허실실이나 공성계 모두 상대가 평범한 장수였다면 자살 행위나 다름없다. 스스로 '나 여기 숨어 있소'라고 가르쳐주는데 그곳으로 도망쳐오는 장수 없고, 스스로 '내 성이 텅 비었으니 와서 잡아잡수' 하면 애써 물리치며 돌아갈 장수 없다.

그렇다면 매사에 지나치게 심사숙고하고 신중한 게 흠일까? 그건 아니다. 제갈량은 상대에게 꼭 맞는 작전을 구사했을 뿐이다.

싸움은 상대가 있는 법. 따라서 전술은 상대에 따라 바뀌기 마련이다. 아니, 바뀌어야 마땅하다. 그래서 손자는 "전술은 물과 같다"라고 했다. 물은 높은 곳을 피해 낮은 곳으로 흐르고 땅을 따라 흐르다가 땅의 모양을 결정한다. 미야모토 무사시는 이 표현을 약간 틀어서 "물은 용기에 따라 둥근 모양으로도 각진 모양으로도 자유로이 변하며, 물방울이 되었다가 넓은 바다가 되기도 한다"라고 했다. 물은 모양새가 없어 딱히 어떻게 생겼다고 말할 수 없다. 다만 용기容器에 따라 임의로 말할 수 있을 뿐이다. 이는 〈시계〉 편에 나오는 손자의 말로 정리할 수 있다.

"승리의 비법은 막상 싸우기 전에는 미리 말해봤자 소용없다."

공격의 3대 요결

1. 선제先制

싸움터에 먼저 자리잡고 적을 기다리면 편하다.

先處戰地而待敵者佚 선처전지이대적자일

2. 주동主動

적을 끌어들이지 적에게 끌려 다니지 않는다.

致人而不致於人 치인이불치어인

1) 적이 편할 때는 피곤하게 한다(佚能勞之 일능로지).

2) 적이 배부를 때는 배고프게 한다(飽能饑之 포능기지).

3) 적이 안정돼 있을 때는 동요시킨다(安能動之 안능동지).

3. 의표意表

생각지도 못하는 곳을 공격하라.

趨其所不意 추기소불의

적이 어디를 지켜야 할지 모르게 한다.

敵不知其所守 적부지기소수

허점을 찌르면 공격해 들어가는 데 방어가 없다.

進而不可禦者 衝其虛也 진이불가어자 충기허야

선택과 집중

모든 곳을 지키면 모든 곳이 약해진다.

無所不備 則無所不寡 무소불비 즉무소불과

왼손이 오른손을 못 구해주고 오른손이 왼손을 못 구한다.

左不能救右 右不能救左 좌불능구우 우불능구좌

적이 비록 많더라도 못 싸우게 하면 그만이다.

敵雖衆 可使無鬪 적수중 가사무투

싸움은 정해진 틀이 없다.

최고 경지의 전법은 형태가 없다.

形兵之極 至於無形 형병지극 지어무형

전술이란 물과 같다.

兵形象水 병형상수

軍爭

: 군쟁

지름길은
없다

매사에 서두른다고 능사가 아니다. 급할수록 돌아가라는 말처럼, 마음만 급해서는 아무것도 할 수 없다. 때로는 바람처럼 빨리 움직여야 하지만 숲처럼 조용히 있어야 하고, 때로는 불같은 기세로 쳐들어가야 하지만 산처럼 꿈쩍하지 않아야 한다. 반면에 움직임은 그림자처럼 알 수 없으면서도 번개처럼 순식간에 이뤄져야 한다.

그러자면 기와 마음, 힘, 변화를 다스려야 한다. 내 사정만 볼 것도 아니고, 적의 사정만 볼 것도 아니다. 마음의 준비가 되지 않았는데 죽음을 각오하고 덤빌 수는 없는 노릇이다. 적이 죽기를 각오하고 지키는데 들이친다면, 다 이긴 싸움도 망치기 십상이다. 싸움은 마음을 다스리는 데서 시작한다.

말에게 억지로 물을
먹일 수는 없다

손자가 말하길, 전쟁을 하려면 장수가 임금에게서 명령을 받아 사람을 뽑고 군대를 모아 부대 단위로 편제해 이들을 이끌고 나아가 유리한 상황을 조성해야 하는데, 무척 어려운 일이다(莫難於軍爭막난어군쟁).

손자는 군쟁軍爭이 가장 어렵다고 했다. 군쟁은 병사들을 실제로 움직이는 과정이다. 단순히 이동시키는 게 문제가 아니라, 유리한 싸움을 할 수 있도록 움직이는 게 군쟁이다. 현대적 용어로는 '기동機動'에 가장 가깝다. 싸움으로 이어지는 과정이라는 점에서 이동 자체에 초점을 맞추는 행군과는 구별된다.

"말을 우물가에 끌고 갈 수는 있어도 억지로 물을 먹일 수는 없다"고 했다. 하물며 스스로 생각할 수 있고 마음대로 돌아다닐 수 있는 사람을 뜻대로 움직인다는 것은 쉬운 일이 아니다. 더구나 언제 죽을지 모르는 전쟁터로 끌고 간다는 것, 다시 말해 이동의 목적이 싸움과 승리라는 점에서 보면 손자의 말처럼 가장 어려운 일이다.

임진왜란이 터지자 이일李鎰이 순변사로 임명돼 상주로 가게 됐다.

직속 부대로 거느릴 무사 300명을 따로 뽑아 가려 했는데, 막상 명단을 보니 모두 칼이라고는 잡아본 적도 없는 서생書生들이었다. 이일은 출동 명령을 받고도 사흘이 지나도록 출발조차 못했다.

도순변사 신립申砬도 마찬가지였다. 도순변사에 임명되어 출전을 위해 직접 무사를 모집했으나 따라나서는 사람이 아무도 없었다. 대책을 논의하려고 유성룡柳成龍을 만나러 갔다가 그 집에 무사들이 북적대는 것을 보고는 마음이 상했다.

신립의 언짢은 기색을 눈치 채고 유성룡이 먼저 "나라 일인데 따질 것 없소. 그대가 날짜가 급하니 내가 모집한 군관들을 먼저 데리고 가시오. 나는 다시 모집하겠소"라고 양보했다. 신립은 고맙다는 말도 없이 군관들을 데리고 돌아서 나가버렸다. 유성룡이 쓴《징비록懲毖錄》에는 "모두들 따라갔으나 내키지 않은 표정이었다"라고 전한다. 군대 모집에서부터 난항을 겪은 신립과 이일 두 장수의 전투가 어땠을지는 짐작할 만하다.

쓸 만한 인재가 없었다는 점은 그들이 못난 탓만은 아니다. 조선 사회의 병역 비리는 이미 뿌리가 깊었다.《목민심서》에는 병역 비리 수법이 등장하는데, 양반네 족보를 사는 풍토가 만연했음을 알 수 있다.

"종반宗班의 자손 중에서도 가난하고 의지할 데 없는 자들이 있는데, 가문 대대로 물려받은《선원보략璿源譜略》 8권을 팔면 100냥의 돈을 받을 수 있다. 간교한 백성이 이 진본을 사들여 그 후손이 끊긴 파에 제 할아비의 이름을 접속시켜 그 서체를 모방하고 그 새기는 법을 흉내내어 감쪽같이 기록하면, 혜안을 지닌 수령이 아니고는 그 수법을 알아내지 못한다."

정약용은 이를 "왕골 돗자리에 비단 이어붙인 꼴"이라며 한탄했지만, 웬만한 수령은 구별도 못하는 게 현실이고 보면, 비단에 이어붙인 왕골 돗자리가 퍽 많았던 모양이다.

우회로가
지름길이다

군쟁이 어려운 이유는 에둘러 가는 길이 곧장 가는 길이고 걱정 거리가 이익이 된다(以迂爲直 以患爲利이우위직 이환위리)는 역발상을 해야 하기 때문이다. 우회로를 지름길로 삼고 이익으로 적을 끌어들일 줄 알면 적보다 늦게 출발해도 먼저 도착한다. 이걸 두고 우직지계迂直之計라고 한다.

장기판에서는 옆에서 훈수 두는 사람이 판을 더 잘 본다. 한발 떨어져서 판 전체를 내려다보기 때문이다. 영화 〈죽은 시인의 사회〉에서 키팅 선생은 책상 위에 올라가 세상을 보라고 가르쳤다. 손정의는 《손자병법》을 재해석하면서 "정상에 서서 전체를 조망하라"라고 했다. 미야모토 무사시는 "작은 쥐의 머리에서 큰 소의 머리로 생각을 옮겨라(鼠頭

● 왕실의 계보를 간략하게 정리한 책.

^{牛首서두우수)}"라고 강조했다. 모두 발상의 전환을 강조한 말들이다. 고정 관념에 묶여 있으면 아무것도 할 수 없다.

중국에서 평양으로 오는 가장 빠른 길은, 영주에서 요하 하류를 거쳐 요동성이나 안시성을 거쳐 고구려로 들어와 오골성을 거쳐 압록강을 건너는 것이다. 이 길은 수양제와 당태종의 공격로이기도 하다. 그러나 당고종의 명령을 받고 출동한 이세적은 요하 중류를 건너 신성으로 들이닥쳤다. 행군거리로 따져보면 멀리 돌아가는 길이다. 신성을 통과한 다음에도 오골성을 통과하는 빠른 길 대신 국내성을 지나는 우회로를 통해 남하했다.

과거 수양제와 당태종의 침입이 모두 요동성에서 오골성, 압록강을 잇는 경로로 이뤄졌기 때문에 고구려의 수비도 그쪽에 집중되어 있었다. 그런데 이번에는 철저하게 대비한 고구려군을 피해 국내성으로 돌아 압록강을 건넜다.

이 과정에서 요동 서쪽에 집중 배치된 고구려군은 요동 동쪽의 빈틈을 내주고 말았다. 지름길로 평양성을 공격해 고구려 공격에 실패한 수양제와 당태종과 달리, 이세적은 우회로를 이용해 고구려를 멸망시키는 데 성공했다. '걱정거리가 이익이 된' 셈이자, 손자 식으로 말해 '늦게 출발해서 먼저 도착'한 격이다.

이익을 중시하면
싸움이 위험하다

군쟁에서 이익을 중시하면 위험해진다(軍爭爲利, 軍爭爲危 군쟁위리 군쟁
위위). 군대가 전투에 임해 사소한 이익이나 다툰다면 승리는 물
건너간다(擧軍而爭利 則不及 거군이쟁리 즉불급).

등산을 할 때는 보폭을 짧게 해서 걷는 게 좋다. 당장 힘들다고 보
폭을 넓게 하고 몇 걸음 덜 걸으면 편할 것 같지만, 오히려 체력 소모
가 훨씬 많다. 산 정상을 밟지도 못하고 중간에 퍼지기 십상이다. 등산
을 할 때는 조금씩, 꾸준히, 열심히 걷는 게 가장 빨리 정상에 이르는
길이다. "게으른 말이 짐 탐한다"고 했다. 왔다 갔다 하기 귀찮다고 한
번에 왕창 등에 지고 가는 것은, 일할 줄 모르는 놈이 부리는 헛된 욕
심이다.

우리가 흔히 쓰는 '우직愚直하다'라는 말은 '어리석고 고지식하다'라
는 뜻이다. 그러나 곧장 가는 것보다 돌아갈 줄도 아는 계략을 뜻하는
'우직지계'의 '우직迂直'도 그 의미가 별반 차이가 없을 때가 있다. 때로
는 지름길이라고 생각하는 길이 사실은 우회로고, 우회로라고 생각하
는 길이 실제로는 지름길이다. 당장 편하자고, 당장 좋아 보인다고, 당
장 탐난다고 욕심내다가는 애초의 목적지와 멀어지는 수가 있다.

《육도》에 이런 말이 있다.

"큰 이익을 꾀하는 자는 천하의 모든 사람에게 나눠주므로 자신은

이롭지 않은 것처럼 보인다(大利不利대리불리)."

오히려 우직하게 정도를 걷는 게 역발상이다. 또한 "싸움에서 이익을 중시하면 위험해진다"라고 한 손자의 말도 기억할 일이다.

고구려 멸망 이후 당이 말갈을 동원해 석문 들판에 진을 치고 공격 태세를 갖추자, 신라는 의복義服과 춘장春長이 이끄는 부대를 보내 일전을 준비했다. 긴 창을 주 무기로 하는 신라의 장창당長槍幢은 본진과 떨어져 따로 진을 치고 있었는데, 당의 소규모 부대와 맞닥뜨려 승리를 거뒀다. 장창당은 보란 듯이 포로를 본진으로 보냈다. 그러나 신라 본진의 다른 대대에서는 불만을 쏟아냈다. 따로 떨어져 있다가 우연히 적을 만난 장창당은 큰 상을 받아서 좋겠지만, 본진에 합류하는 사이 자신들은 공을 세우지 못했다고 불평들이었다. 결국 괜히 모여 있느라 헛수고 하지 말고 각자 진을 치자며 흩어졌다.

싸움에서는 흩어진 전력도 모아야 하지만, 신라군은 모여 있던 전력을 분산시키는 위험을 자초하고 말았다. 더욱이 병사들이 새로 진을 치는 데만 정신없던 그때 당나라군이 쳐들어왔다. 한바탕 전투가 벌어진 자리에는 신라 장군 효천曉川과 의문義文의 죽음만이 남아 있었다. 순식간에 대세가 기운 것이다. 이 순간 김유신의 아들 원술은 용감한 죽음과 구차한 생존 가운데 어느 것을 택해야 할지 고민해야 했다. 결국 원술은 살았지만, 싸움은 대패였다. 별것 아닌 전공戰功 하나 세워보겠다고 욕심부리다가 자초한 결과였다.

힘을 남겨놓지 않으면
망한다

군대를 내팽개치고 이익만 다투면 병참이 손해를 입는다. 예컨대 중무장하고 밤낮없이 뛰다시피 행군한다고 치자. 이렇게 100리를 간다면 허약한 병사들은 죄다 뒤처져서 10분의 1의 튼튼한 병사들만 남는 바람에 주요 지휘관들이 모두 사로잡히는 신세가 된다. 50리를 그렇게 간다면 병사들의 절반만 따라오는 바람에 최고 사령관을 잃는 수가 있다. 30리를 그렇게 간다면 애써 따라오는 병사들은 3분의 2밖에 안 된다. 병참이 없으면 군대는 망한다. 먹을 게 없어도 망한다. 힘을 남겨놓지 않으면 망한다(無委積則亡무위적즉망).

조선군은 하루 30리가 행군의 기본이었다. 적을 만나 곧바로 싸울 수 있는 체력 한계를 30리로 설정한 것이다. 만약 30리가 넘으면 병사들의 근력이 쇠약해지고 전투마가 지쳐 갑자기 적이 공격해오면 아군 10명이 적군 1명을 당해내지 못한다고 했다. 그래서 행군거리는 반드시 지켰다.

행군은 싸우러 가는 과정이다. 행군이 목적이라면 하루 100리라도 못 갈 리 없지만, 행군은 목적이 아니라 수단이다. 목적은 어디까지나 싸움이다. 적과 싸우겠다고 행군을 나섰는데, 막상 적을 만났을 때 싸울 힘이 없다면 본말이 전도된 것이다.

이순신을 대신한 원균이 조선 수군을 이끌고 내키지 않는 출정에 나선 건 새벽이었고, 한산도를 출발해 종일 노를 저어 부산 앞바다에 도착한 건 다음 날이었다. 잠시의 휴식도 취하지 못한 상태였고, 이미 물도 떨어졌다. 그 순간 적이 나타났다.

원균은 아군의 상황은 고려하지 않고 즉각 추격 명령을 내렸다. 무작정 추격하다 보니 대마도 근처에 이르렀다. 결국 포기하고 가덕도로 돌아온 게 한밤중이었다.

지칠 대로 지친 조선 수군은 가덕도에 상륙해 휴식을 취하려 하지만, 그곳에는 이미 왜군이 매복하고 있었다. 기습을 받은 조선 수군은 앞뒤 가릴 것 없이 도망쳐 칠천량으로 숨어들었다. 칠천량은 안전할 것이라고 믿고 모처럼 휴식을 취했다. 그러나 그 사이 왜군은 밤새 조선 수군을 포위했고 날이 밝자마자 총공세에 나섰다. 이 자리에서 조선 수군은 전멸하고 말았다.

우리 속담에 "사흘 길에 하루 가서 열흘씩 눕는다"라고 했다. 천천히 가면 사흘 만에 갈 길을 서둘러서 하루 만에 가면 앓아눕는 바람에 열흘을 더 보낸다는 뜻이다. 서두른다고 능사가 아니다. 목적을 잊으면 망한다.

알아야
이점을 누린다

혹시 누가 도와주겠다고 하더라도 그 꿍꿍이속을 모르면 거절하는 게 낫다(不知侯之謀者 不能豫交 부지후지모자 불능예교). 산속이나 습지의 특징을 모르면 행군을 할 수 없다(不知山林險阻沮澤之形者 不能行軍 부지산림험조저택지형자 불능행군). 현지 길잡이를 앞세우지 않으면 지리적 이점을 누리지 못한다(不用鄕導者 不能得地利 불용향도자 불능득지리).

호랑이를 잡으려면 호랑이 굴로 들어가라고 한다. 그게 최선일까? 호랑이를 잡으려면 산 밖으로 끌어내는 게 정답이다.

《36계》에 보면 조호이산調虎移山이라는 전술이 있다. 호랑이를 산 밖으로 끌어내 힘을 못 쓰게 하는 전법이다. 산에 사는 호랑이는 무섭지만, 동물원에 있는 호랑이는 구경거리일 뿐이다. 심지어 도시에서는 애완용으로 사람의 보호를 받기도 한다. 산에 사는 호랑이가 무서운 건, 산은 호랑이가 잘 아는 곳이기 때문이다.

한말, 나라의 독립을 위해 곳곳에서 의병을 일으킨 홍범도洪範圖의 부대는 원래 함경도를 무대로 총 한 자루 들고 호랑이를 잡으러 다니던 포수들이었다. 손바닥 손금 보듯 함경도 지리에 훤한 이들은 삼수, 갑산, 혜산진을 중심으로 치고 빠지며 일본군을 괴롭혔다. 삼수갑산은 세상 끝으로 여겨지는 땅이자 가고 싶지 않은 땅이며 험하고 추운 곳이었다. 그러나 한반도에서 가장 험한 그 땅이 홍범도와 부대원들에게는 삶의 터전이었고, 내 집 안마당과도 같은 곳이었다.

이들의 활약에 골머리를 앓던 일본군은 대규모 군대를 동원해 삼수를 포위하고 대대적인 토벌 작전에 착수했다. 그때 홍범도 부대는 삼수에서 몰래 빠져나와 갑산을 공격해 일본 수비대를 전멸시켰다. 뒤늦게 이 사실을 알고 일본군 본대가 돌아왔을 때, 홍범도 부대는 이미 자취를 감춘 뒤였다.

임진왜란 때의 정암진 전투는 전라도 곡창지대로 진격하려는 왜군을 의병대장 곽재우가 막아서면서 시작됐다. 낙동강 하구의 정암진 일대는 발걸음을 옮길 때마다 발목까지 혹은 무릎까지 푹푹 빠지는 습지다. 왜군은 이 지역을 통과하기 위해 미리 척후병을 보내 지리를 자세히 파악했다. 그리고 척후병들은 마른 땅을 골라 나무판으로 방향 표시를 해두고 돌아갔다.

곽재우는 왜군이 그렇게 쉽게 지나가도록 놔두지 않았다. 척후병이 돌아간 뒤 곽재우의 의병 부대는 밤새 나무판의 방향 표시를 모두 늪지대로 향하도록 바꿔버렸다. 다음 날 왜군은 방향 표시만 믿고 느긋하게 행군했다. 그리고 정신을 차렸을 때는 늪지대 깊숙이 들어와 있었다. 왜군은 몰살당했고, 전라도 진격도 좌절됐다.

곽재우는 나중에 도체찰사都體察使* 이원익李元翼에게 승전의 비법을 밝혔다.

"호랑이가 산에 있으면 위엄이 막중하고, 용이 연못에 있으면 신기를 헤아릴 수 없습니다. 그러나 호랑이가 들판을 헤맨다면 초동목부樵童牧夫**에게 쫓길 것이요, 용이 육지로 나와 기어 다닌다면 물개도 비웃을 것입니다."

천하의 이순신도 자신의 '산'을 떠날 때는 신중에 신중을 기했다. 조정에서 위수 지역을 무시하고 경상도 앞바다로 출동하라는 명령을 내리자 이렇게 답했다.

"전라좌수영 군사들이 경상도의 물결이 험하고 평탄한 것을 모르고, 물길을 인도할 배도 없으며 또 작전을 상의할 장수도 없는데 경솔하게 행동을 개시한다는 것은 천만뜻밖의 실패가 없지도 않을 것입니다."

싸우기만 하면 백전백승인 이순신이 몸을 사린 이유는 '지리를 몰라서'였다. 이순신은 단 3척일지언정 원균의 함대와 합류한 다음에 임진왜란 최초의 해전이자 승전이 이뤄진 옥포 바다로 나아갔다. 그 바람에 출동은 늦어졌지만, 반드시 '길을 아는 향도鄕導'를 앞세웠다.

이순신의 전승 신화는 우연히 만들어진 게 아니다. 이길 수 있는 조건이라면 단 하나도 놓치지 않았다. 조선 바다에서 벌어지는 싸움은 그 지형과 물길에 익숙한 조선 수군에 유리하다. 그러나 길잡이 없이 출동하면 전라좌수영 출신의 조선 수군이 맞닥뜨려야 하는 조건은 왜군과 별반 다를 게 없었다. 물고기는 물을 떠나 살 수 없다. 봉황도 땅에 내려오면 닭이나 다를 바 없다.

싸움은 유리할 때, 이길 수 있을 때 하는 것이다. 이길 수 없을 때는 나서지 않는다. 이것이 이순신이 백전백승의 신화를 만들어낸 비결이다.

● 조선시대에 의정議政이 맡은 전시戰時의 최고 군직. 국가 비상시 왕명에 따라 1개 도道 또는 몇 개 도의 군정과 민정을 총괄하였다.
●● 땔나무를 하는 아이와 풀밭에서 가축에게 풀을 먹이는 사람.

바람처럼, 숲처럼, 불처럼 그리고 산처럼

군대는 속임수로 일으켜 이익으로 움직이며, 분할과 통합으로 변화시키는 법이다(故兵以詐立 以利動 以分合爲變者也고병이사립 이리동 이분합위변자야). 그러면 바람처럼 빠르고(其疾如風기질여풍), 숲처럼 조용하며(其徐如林기서여림), 불처럼 쳐들어가고(侵掠如火 침략여화), 산처럼 꿈쩍 않는(不動如山 부동여산), 그림자처럼 알 수 없는(難知如陰 난지여음), 번개같이 움직이는(動如雷霆동여뢰정) 군대가 된다.

사람을 움직이는 수단은 마음 아니면 이익, 이 두 가지뿐이다. 돈이든, 지위든, 명예든, 체면이든 이익이 주어지면 사람은 움직인다. 이익이 아니면 마음을 움직여야 한다.

마음을 움직이는 것 또한 두 가지다. 하나는 진심, 다른 하나는 속임수다. 진심이 전해져 마음을 움직이는 것이 효과가 가장 좋지만, 자기 속을 남에게 다 보여주고 산다는 게 쉽지도 않을뿐더러 진심을 전한답시고 자칫 자기 패만 보여주기 십상이다. 그래서 예로부터 사람들은 속임수를 자주 썼다.

선덕여왕 말년에 상대등 비담毗曇이 반란을 일으켰을 때, 여왕이 머무는 월성月城에 별이 하나 떨어졌다. 비담은 "별이 떨어진 자리에는 피 흘릴 일이 있다"라며 관군의 사기를 꺾었다. 김유신은 당황하지 않고 한밤중에 불붙인 허수아비를 연에다 날려 보냈다. 멀리서 보면 별이 떠

오르는 모양이었다. 그러고는 '별이 다시 떠올랐다'라고 소문을 낸 병사들의 사기를 회복시켰다. 그 길로 비담의 난도 잠재웠다.

이익으로 꼬드기든, 진심으로 감동시키든, 속임수로 속이든 목표는 같다. 기회를 잡으면 바람(風)처럼 빠르게 움직이면서도 적이 눈치 챌 수 없게 숲(林)처럼 조용히, 불(火) 같은 기세로 쳐들어가지만 움직이지 않을 때는 산(山)처럼 꼼짝하지 않는 군대를 만드는 것이다. 공격의 3대 요결 가운데 하나인 선제공격을 하자면 빨라야 한다, 바람처럼. 싸움의 주도권을 잡으려면 기세가 사나워야 한다, 불처럼. 의표를 찌르자면 몰래 소리 없이 가야 한다, 숲처럼. 그러나 움직이지 않은 때는 꼼짝하지 말아야 한다, 산처럼.

도요토미 히데요시의 주군이었던 오다 노부나가(織田信長)와 함께 일본 전국시대를 주름잡았던 다케다 신겐(武田信玄)은 《손자병법》에 등장하는 풍림화산風林火山을 한 글자씩 따서 군기를 만들었다. 다케다 신겐을 소재로 한 영화 〈카게무샤(影武者, 그림자 무사)〉는 "산은 움직이지 않는다"라는 명대사로, 특히 '산'에 주목한다. 태산은 결코 움직이지 만, 존재만으로 보는 사람을 주눅 들게 하는 법이다. 태산 같은 무거움은 적을 질색하게 한다. 공격할 엄두도 내지 못하게 한다.

김종서가 두만강 유역에서 여진족을 몰아내고 6진을 개척할 때 병사들의 사기 진작을 위해 술자리를 자주 열어주었다. 언젠가 또 잔치를 열었는데, 한참 술기운이 오를 즈음 갑자기 화살 하나가 연회장에 날아들어 김종서 바로 앞에 있던 술동이를 박살냈다. 와장창 소리와 함께 술자리는 아수라장이 됐다. 회식 도중에 갑자기 비상이 걸린 셈이다. 장교와 병사들은 칼을 빼들고 김종서의 주위를 에워싼 채 경계 태세에 들어가는 한편, 일부 병사들은 막사 밖으로 나가 범인을 수색했다. 그러나 더는 공격이 없었고, 밖으로 나갔던 병사들은 범인의 흔적을 찾지 못했다.

한바탕 난리 속에서도 김종서는 꼼짝도 하지 않고 계속 술을 마셨다. 아무 일도 없었다는 듯이 잔을 높이 들며 다들 술을 마시라고 권했다. 그러나 부하들은 너무나도 태연한 김종서의 기세에 눌려 어쩌지 못하고 있었다. 김종서는 잔을 높이 들며 이렇게 말했다.

"이렇게 든든한 우리 군사들이 모여 있는 마당에 두려울 게 뭐 있겠나. 장수인 내가 우왕좌왕한다면, 군사들이 그런 나를 어떻게 믿고 따르겠는가."

산은 움직이지 않기에 더 커 보인다. 김종서는 태산 같은 무거움이 뭔지 아는 사람이었다. 김종서는 '백두산 호랑이'라 불릴 만했다.

손정의의 '제곱병법' 25자에도 풍, 림, 화, 산 4글자가 들어간다. 손정의는 여기에 한 글자를 더 넣는 것으로 독창적인 색깔을 드러낸다. 그 글자는 '海해'다. 손정의는 모든 것을 삼켜버리는 존재로서 '바다'의 의미에 주목했다.

"삼킬 때는 바다처럼. 왜 바다인가 하면, 새로운 분쟁을 일으킬 소지가 있는 불씨를 바다처럼 모두 삼켜 평화로운 상태가 돼야 싸움이나 분쟁이 종식되고 비로소 진정한 의미의 승리를 얻었다고 할 수 있기 때문이다."

싸움 이후까지 고려한 통찰이다.

내 주머니
채울 생각 마라

점령지에서 챙긴 게 있으면 병사들에게 나눠주고, 땅을 늘렸으면 그 이익도 나눠줘야 한다(掠鄕分衆 廓地分利 약향분중 곽지분리). 그리고 움직일 때는 앞으로 어떻게 갈지 잘 따져본다. 먼저 우직지계迂直之計를 아는 게 전투하는 법이다.

"인간은 이익을 좇아 움직이는 동물이다. 인간의 마음을 움직이는 동기는 사랑도, 배려도, 의리도, 인정도 아니다. 오로지 이익뿐이다."

한비자의 말이다. 사람은 궁극적으로 이익을 보고 움직인다. 이익을 주면 사람을 움직일 수 있다. 게으른 당나귀도 제가 먹을 콩 실으러 가자면 얼른 따라나선다. 《삼략》에 "무거운 상이 있는 곳에 반드시 용감한 병사가 있다(重賞之下 必有勇夫 중상지하 필유용부)"라고 했다.

사람을 움직이는 건 어떤 형태든 상과 벌로 귀결된다. 돈을 좋아하는 사람은 상으로 돈을 받으면 좋아할 것이고, 명예를 좋아하는 사람은 상으로 명예를 수여받으면 좋아할 것이다. 반대로 벌은, 돈을 좋아하는 사람은 그에게서 돈을 뺏으면 되고, 명예를 좋아하는 사람은 그에게서 명예를 빼앗고 치욕을 심어주면 될 것이다.

사람을 움직이면, 내가 원하는 것도 얻을 수 있다. 한비자가 "장차 취하려고 한다면 반드시 잠깐 내줘라(將欲取之 必固與之 장욕취지 필고여지)"라고 강조한 이유가 여기에 있다. 《육도》의 말처럼 "천하의 이익을 백성들과 함께 나누는 군주는 천하를 얻고, 천하의 이익을 혼자 독점하는 군주는 반드시 천하를 잃는다."

조선 세종 때 이뤄진 대마도 정벌은 원래 세종이 아닌 태종이 주도한 사업이다. 당시 태종은 상왕으로서 명목상 국방 외교에 관한 현안만 처리했지만, 실제로는 국사 전반에 계속해서 영향력을 행사했다. 대마도 정벌이 이뤄진 뒤, 태종의 책상에 충청감사 정진鄭津의 장계가 올라왔다. 염간鹽干*들이 대마도 정벌에 참여하는 바람에 일을 못해 소금 생산에 차질이 생겼다는 내용을 전하면서 진짜 하고 싶은 이야기를 어렵게 꺼냈다. '사정이 이러하니 올해 소금 공납을 반으로 줄여주시면 안될까요?'

이 장계를 읽은 태종의 답이 걸작이다.

"어찌 꼭 반만 감하느냐. 금년 것은 전액을 감해도 좋다."

상을 줄 때는 이렇게 화끈하게 줘야 한다. 예전에 어느 대통령이 봉투를 하사하면, 그 안에는 받는 사람이 생각한 것보다 동그라미가 하나 더 있었다던가. 내 주머니 채우려고 욕심내다가는 인심 잃고, 사람도 잃는다. 깨 주우려 덤비다 기름 엎지르는 격이다. 기와 한 장 아끼려다 대들보 썩히는 짓이다. 노적가리에 불 지르고 싸라기 주워 먹는 짓이다.

눈과 귀를
모아라

《군정》에 이런 말이 있다. "말해도 안 들리기 때문에 북을 친다. 봐도 안 보이기 때문에 깃발을 쓴다." 이 북과 깃발은 사람의 눈과 귀를 하나로 모은다(所以一民之耳目也소이일민지이목야). 사람이 일단 하나가 되면 혼자 진격할 수도 없고 도망갈 수도 없다(民既專一 則勇者不得獨進 怯者不得獨退 민기전일 즉용자부득독진 겁자부득독퇴). 이것이 많은 군사를 활용하는 방법이다. 밤에는 횃불과 불을 많이 쓰고 낮에는 깃발을 많이 쓰는데, 이것이 적군의 이목을 끌어 변화를 일으키기도 한다. 적군의 사기를 꺾고, 적장의 마음을 흔들 수 있다.

조선군이 쓴 깃발의 종류가 《난중일기》에 등장한다. 명량해전에서 이순신이 홀로 적진을 누비며 분투할 때 장교들은 뒤를 맴돌며 눈치만 보고 있었다. 그때 이순신은 초요기招搖旗**를 들어 거제 현령 안위安衛와 중군장 김응함金應諴을 불러 이렇게 말했다.

"안위야, 네가 군법에 죽고 싶으냐. 도망간다고 해서 어디 가서 살 것 같으냐?"

초요기는 휘하 장교들을 소집할 때 쓴다. '휘하 장수'의 '휘'는 장군

● 염전에서 소금을 만들던 사람.
●● 군사가 전진하거나 행진할 때 대장이 장수들을 부르고 지휘하던 기旗.

을 상징하는 깃발로, 다른 말로 '영하기'라고 한다. 이 깃발을 드는 방법에 따라 아군의 진법과 이동 방향을 지시한다. 예컨대 휘를 왼쪽으로 들면 직진, 오른쪽으로 들면 방진, 앞으로 들면 예진, 뒤로 들면 곡진하라는 뜻이다. 이밖에도 매복병에게 은밀하게 작전 명령을 내리는 대사기, 척후병이 등에 꽂고 다니는 후기기가 있다.

한창 전투 중이거나 야간에 전투가 벌어졌을 때는 깃발을 쓸 수 없다. 이때는 소리로 신호를 보낸다. 우선 북은 이동을 뜻했다. 북을 빠르게 치면 빨리, 느리게 치면 천천히 이동하라는 뜻이다. 징은 후퇴를 명령할 때 쓴다. 방울을 흔들면 조용히 하라는 신호다. 나팔을 불면 곧 깃발 신호를 보낼 테니 주목하고 잘 보라는 뜻이다.

평소 훈련할 때나 행군할 때는 직접 말로 명령을 내리기도 했다. 수군통제사 출신 최숙崔肅이 쓴《진법언해陣法諺解》에는 조선군이 쓰던 구령법이 적혀 있는데, 현재와 크게 다르지 않다.

"오른편으로 가라치거든 오른편으로 가고, 앞으로 가라치거든 앞으로 가고, 뒤흐로 가라치거든 뒤흐로 가라."

싸움터에서 깃발은 가장 일반적인 의사표현 방법이다. 기술적으로 작전 명령을 내리는 수단이기도 하지만, 이 명령이 심리적으로 큰 영향을 미치기도 한다. 당태종 이세민이 고구려를 침입했을 때, 백암성주 손대음孫代音은 성문 위에 당나라의 깃발을 꽂았다. 한참 싸우던 고구려 병사들은 이미 당나라 군사들이 성을 차지한 것으로 여겨 항복하고 말았다.

신라 진흥왕이 이찬 이사부異斯夫에게 가야를 습격할 것을 명했는데, 화랑 사다함이 15세의 어린 나이에도 불구하고 귀당비장貴幢裨將이라는 직위를 갖고 출전했다. 사다함은 가야 국경에서 자신의 낭도들로 특공대를 구성해 가야 성문에 쳐들어가 백기를 세웠다. 성이 이미 함락된 줄 알고 가야군이 어찌할 줄 모를 때, 이사부가 주력 부대를 인솔해 들이닥쳤다. 가야군은 별 저항도 못 해보고 항복하고 말았다.

의사소통 수단을 장악하면 정보를 통제할 수 있다. 통신 수단을 확보하면 정보를 왜곡할 수 있다. 의도된 정보는 의도한 결과를 부른다. 현대의 쿠데타군은 가장 먼저 방송국을 장악한다.

지치고 주리고
어지럽게 하라

사람은 아침에 기가 살아 있고, 낮에는 늘어지고, 밤에는 맥이 풀리기 마련이다. 그래서 싸움은 기가 살아 있을 때는 피하고 늘어져 있을 때를 노려야 한다. 이것이 기를 다스리는 법이다. 아군의 통제를 유지하면서 적군의 무질서를 기다리고, 차분하게 적의 동요를 노리는 것(以治待亂 以靜待譁이치대란 이정대화)은 마음을 다스리는 법이다. 아군은 편하게 쉬면서 적군이 피로해지기를 기다리고, 아군은 잘 먹으면서 적군은 못 먹기를 기다리는 것(以近待遠 以逸待勞 以飽待饑이근대원 이일대로 이포대기)은 힘을 다스리는 법이다. 질서정연하게 깃발을 똑바로 세운 적을 맞이해서 싸우면 안 된다. 의연하고 당당하게 진용을 구축한 적을 공격해서도 안 된다. 이것은 변화를 다스리는 법이다.

싸움에서 이기자면 적이 약해야 한다. 적이 강하면 공격해서는 안 된다. 적이 강할 때 선택할 수 있는 전략은 3가지다. 첫째, 적이 약해질 때까지 기다린다. 누구든 싸움에 막 임한 순간에는 바짝 긴장하지만, 긴장은 곧 풀리기 마련이다. 기다리면 적이 무질서해지고 동요하는 순간이 온다. 그때를 노려야 한다. 둘째, 적의 약한 곳을 찾아낸다. 싸우려고 다부지게 마음먹은 상대에게 섣불리 덤볐다가는 본전도 못 찾는다. 모자 돌려쓰고 비딱하게 선 상대가 있다면, 그자부터 노려야 한다. 셋째, 적을 약하게 만든다. 누구든 지치고 굶주리고 혼란스러우면 싸울 마음이 생기지 않는 법이다.

임진왜란 당시 왜군을 따라 조선에 들어왔던 포르투갈 신부가 남긴 기록을 보면, 조선군도 고구려처럼 청야전술로 일본군을 괴롭혔다. 그것도 아주 철저하게 말려 죽였다.

"조선인들이 산성으로 숨으면서 갖고 갈 수 있는 건 모조리 갖고 갔고, 추수하지 않은 들판의 곡식까지 깡그리 망쳐놨다. 밤에 물을 길으러 가보면 못물에 시체가 떠 있다."

식량을 없앤 정도가 아니라 물까지 못 마시게 한 것이다. 이쯤 되면 왜군이 겪은 참상은 상상을 초월한다.

"피가 섞인 물로 갈증을 모면한다. 종이를 씹고 흙담을 헐어내 끓여 연명한다."

왜군은 시체가 떠 있든 말든, 물이 썩었든 말든 일단 물이라면 입으로 가져갔다. 게다가 흙을 끓여 먹으면 당장의 배고픔은 면할 수 있지만, 만성적인 소화 장애와 변비를 안고 살아야 했다. 흙은 소화가 안 돼 뱃속에 남아 또 다른 병을 일으킨다. 아무리 배가 고파도 먹을 수 있는 게 있고 없는 게 있다. 제아무리 군인이라지만 흙을 먹어야 하는 상황은 견딜 수 없었을 것이다.

"조선군에 투항하는 일본군이 늘어나는 가장 큰 이유는 식량 부족 때문이다."

청야전술이란 이토록 무서운 것이다. 싸움에서 중요한 것은 이렇게 적을 괴롭히는 동안에 나는 내 전력을 고스란히 유지해야 한다는 점이다. 시간이 지나 긴장이 풀리거나 기강이 해이해져서도 안 된다. 아무리 지치고 굶주려도 조직은 흔들려선 안 된다. 약점을 노출시켜서도 안된다.

약점이 노출되기 가장 좋은 시기는 인사人事철이다. 인사 이야기가 나오면 조직이 멈춰 선다. 누구나 인사가 예상되면 일이 손에 잡히지 않는다. 자신의 인사는 말할 것도 없거니와 상사로 누가 올지, 부하로 누가 올지도 초미의 관심사다. 인사가 때를 놓치면 조직이 동요한다. 적의 개입 없이 스스로 무너지는 지름길이다. 인사는 전격적으로, 최대한 서둘러야 한다. 조직이 흔들리면 손가락 하나 까딱하지 않아도 적은 알아서 무너진다. 지치고 주리고 어지럽게 해야 하는 상대는 적이다. 스스로 힘을 뺄 이유가 없다.

작은 승리에
자만하지 마라

싸울 때 언덕을 향하지 말고, 언덕에서 쳐내려오는 적과 맞서지
도 말라. 거짓으로 도망가는 적을 쫓아서도 안 된다. 정예병은 공
격하는 게 아니고(銳卒勿攻 예졸물공), 먹잇감으로 내놓은 부대를 쳐
서도 안 된다(餌兵勿食 이병물식).

패하기 십상인, 지도록 돼 있는, 아니 질 수밖에 없는 싸움이 있다. 적
이 유리한 고지를 선점했을 때가 그렇다. 이럴 때는 적을 고지에서 밖
으로 유인하는 게 급선무다. 싸우는 건 나중 일이다.

이길 수 있을 때만 싸운다는 원칙은 적에게도 똑같이 적용된다. 적은
내가 약해지기를 기다리거나, 나를 약하게 만들려고 하거나, 나의 약한
곳을 찾아내려 할 것이다. 거기에 말려들면 진다.

적이 거짓으로 도망갈 때는 아군이 유리한 위치를 선점하고 있다는
뜻이다. 유인에 말려들면 애써 차지한 유리한 고지를 내주기 쉽다. 고
지를 지키고 태산같이 버티는 게 남는 장사다. 정예병은 전투에 능한
군사들이다. 이기자고 하는 싸움에서는 당연히 피해야 할 1순위다. 만
만해 보이는 부대를 먹잇감으로 내놓을 때는 아군의 진용을 흐트러뜨
리기 위함이다. 전투에서 이익을 챙기려 하다가는 패가망신한다. 작은
승리에 연연하지 말고 큰 그림을 그려야 한다.

임진왜란 개전 이후 고니시 유키나가(小西行長)의 선봉대가 파죽지세破

竹之勢*로 북상해 피난길에 오른 조선 조정을 압박할 때, 조선군에게는 단 한 차례 반격의 희망이 있었다. 왜군의 진격로에서 벗어나 있던 전라도순찰사 이광李洸이 뒤늦게 군대를 모아 한양 근처로 진출했다. 그의 휘하에는 군사 6만이 있었다. 한양 탈환을 노릴 수도, 왜군의 진격을 멈출 수도 있는 숫자였다.

문제는 이 군대가 오합지졸이라는 점이었다. 머릿수만 채웠을 뿐 훈련도 안 된 급조된 군대였다. 더구나 지휘관 이광은 문인 출신이었다. 유성룡은 이광을 가리켜 "군사 행동을 봄놀이하듯 생각했다"라고 비판했을 정도다.

전라도에서 올라온 군대가 용인에 이르렀을 때 권율을 비롯한 참모들은 왜군의 소규모 병력을 상대하지 말고 곧장 한강을 건너 한양을 압박하자고 제안했다. 그러나 이광은 눈앞에 있는 작은 승리에 연연했다. 당시 용인 주변에는 왜군이 북상하면서 남겨놓고 간 소규모 부대들이 군데군데 흩어져 있었다. 부대랄 것도 없는 초소 수준의 부대였지만, 이광은 이들을 무찌른 전과를 매우 자랑스러워했다. 땔감을 마련하는 적병 10명의 머리를 베고, 10명이 지키는 소규모 보급부대를 불태웠다.

작은 승리에 맛을 들인 이광은 용인성 북쪽 문소산에도 작은 진지가 있는 걸 보고 공격을 감행했다. 기껏해야 10명 안팎의 부대려니 생각하고 작전도 세우지 않고 곧장 고갯마루로 향했다. 하지만 이 부대의 병사는 무려 1,600명이나 됐다. 후에 한산대첩에서 왜군을 이끈 수군 출

● 대나무를 쪼개는 기세.

신 장수 와키사카 야스하루가 이끄는 부대였다.

1,600명이 지키는 곳을 10명만 해치우면 된다는 생각으로, 그것도 오합지졸들이 작전도 없이 덤볐으니 이길 턱이 없다. 조선군은 서전에서 절반만 살아 돌아왔다. 다음 날 한가로이 밥을 짓고 있을 때, 이번에는 왜군이 조선군 진영을 습격했다. 전격적인 기습에 조선군은 전투다운 전투 한 번 해보지도 못하고 속절없이 무너졌다. 싸우다 죽은 이들보다 도망가다 밟혀 죽은 이들이 더 많았다. 6만의 병력이 헛되이 패하고 말았다. 작은 먹잇감에 취한 말로末路였다.

이겼다고 생각한 순간이
위험하다

돌아가는 군사를 막아서지 마라(歸師勿遏귀사물알). 포위 공격할 때는 반드시 구멍을 만들어놔라(圍師必闕위사필궐). 궁지에 몰린 적에게 덤비지 마라(窮寇勿迫궁구물박). 이게 싸우는 법이다.

적을 포위하는 데 성공했으면 이미 승기勝機를 잡았다. 그러나 적을 '한 놈도 남김없이' 다 죽이겠다고 덤비면, 적도 '한 명도 예외 없이' 죽기를 각오하고 싸운다. 도망갈 구멍을 만들어줘야 싸움을 포기하고 달아나는 적이 생기기 마련이다. 그러면 남아 있는 적의 전력은 더욱 약해지고, 승세는 더더욱 아군 쪽으로 기운다.

늘 유리한 위치에서 승산 있는 싸움만 하라고 가르치는 손자도 때로는 병사들을 일부러 위험한 상황에 몰아넣으라고 한다. 어차피 도망갈 곳이 없으므로 죽지 않기 위해서는 싸우는 수밖에 없다. 도주로가 막히면 두려움은 잊고 더 씩씩하게 똘똘 뭉쳐 싸운다. 궁지에 몰린 적에게 덤빈다는 건 '서로 똘똘 뭉쳐 죽기 살기로 싸우는' 적에게 덤빈다는 뜻이다.

이순신의 함대가 당항포에서 왜군 함선을 상대로 싸움을 벌일 때였다. 왜군은 전세가 기울자 전의를 상실하고 오로지 살고 보겠다는 일념으로 배를 포기하고 바다에 뛰어들어 헤엄을 쳐서 뭍으로 도망갔다.

승리를 거둔 이순신은 전투 중에 깨지지 않은 왜군 함선을 모두 불태우되 1척만 남겨두라고 지시했다. 그리고 철수하면서 방답첨사 이순신 李純信에게 포구 어귀에 숨어 있으라고 했다.

다음 날, 방답첨사 이순신이 전라좌수사 이순신에게 보고했다.

"어제 남겨뒀던 적선이 오늘 당항포 어귀로 나왔습니다. 아군은 기다리고 있다가 즉각 돌격해 격침시켰는데, 그 배에는 100여 명의 적병이 타고 있었습니다."

뭍으로 올라간 왜군은 100명이 넘었다. 이들을 잡겠다고 조선 수군이 따라서 상륙했다가는 자칫 역습을 당할 가능성이 있었다. 이들은 도망갈 곳이 없으면 민가에 피해를 입힐 존재들이었다. 배 1척은 이들 패잔병들이 타고 나오라고 남겨준 것이었다. 그리고 그 배를 타고 나오는 적을 바다에서 한꺼번에 몰살시켰다. 보란 듯이 배 1척 남겨두고 '살 수 있다'는 희망을 준 탓에 적을 일망타진할 수 있었다.

궁지에 몰린 적에게는 탈출구를 보여주는 게 힘을 빼는 방법이다. 극과 극은 통하는 법이다. 극단적으로 불리한 상황은 오히려 유리하게 작용하기도 한다. 적에게 포위당하기 직전의 모습과 적의 중앙을 돌파하기 직전의 모습은 같다. 위기와 기회는 같은 모습을 하고 있다. 그래서 '위기는 기회'라고 한다.

우직지계迂直之計

에둘러 가는 길이 곧장 가는 길이고 걱정거리가 이익이 된다.

以迂爲直 以患爲利 이우위직 이환위리

군쟁에서 이익을 중시하면 위험해진다

軍爭爲利 軍爭爲危 군쟁위리 군쟁위위

점령지에서 챙긴 게 있으면 병사들에게 나눠줘야 한다.

掠鄕分衆 약향분중

풍림화산의 군대

바람처럼 빠르고 (其疾如風 기질여풍)

숲처럼 조용하며 (其徐如林 기서여림)

불처럼 쳐들어가고 (侵掠如火 침략여화)

산처럼 꿈쩍않으며 (不動如山 부동여산)

그림자처럼 알 수 없고 (難知如陰 난지여음)

번개같이 움직인다 (動如雷霆 동여뢰정).

싸움에서 다스릴 4가지

기(氣) - 기가 살아 있을 때는 피하고 늘어져 있을 때를 노려라.

마음(心) - 적의 무질서와 동요를 노려라.

힘(力) - 적을 지치고 굶주리게 하라.

변화(變) - 질서정연한 적과는 싸우지 마라.

피해야 할 싸움

싸울 때 언덕을 향하지 말고

언덕에서 쳐내려오는 적과 맞서지도 말라.

거짓으로 도망가는 적을 쫓아서도 안 된다.

정예병은 공격하는 게 아니고 (銳卒勿攻 예졸물공)

먹잇감으로 내놓은 부대를 쳐서도 안 된다 (餌兵勿食 이병물식).

이겼다고 생각한 순간이 위험하다.

돌아가는 군사를 막아서지 마라.

　歸師勿遏 귀사물알

포위 공격할 때는 반드시 구멍을 만들어놔라.

　圍師必闕 위사필궐

궁지에 몰린 적에게 덤비지 마라.

　窮寇勿迫 궁구물박

九

變

장수의
조건

길이라고 다 똑같은 길이 아니다. 평지가 있는가 하면 산길도 있고 물길도 있다. 길가에 먹을 게 많고 친구들이 많이 사는 길이 있는가 하면, 도중에 해 떨어지면 도움 청할 곳 하나 없는 길도 있다. 그래서 길이라고 다 똑같은 길이 아니다. 길이라고 아무 길이나 함부로 가면 안 된다. 길에도 가지 말아야 할 길이 있다.

군대도 치지 말아야 할 군대가 있고, 성에도 공격하면 안 되는 성이 있으며, 땅에도 싸움을 피해야 하는 땅이 있다. 싸움을 하러 나갔으면 싸움에서 이기는 게 지상 과제다. 나머지는 이기기 위한 과정이자 선택일 뿐이다. 그래서 명령도 받지 말아야 하는 명령이 있다.

싸움에 이기려면 나의 유리한 조건과 불리한 조건을 모두 직시해야 한다. 유리한 조건만 믿고 싸움에 나서면 낭패 보기 십상이다. 불리한 조건이 있다고 무조건 꼬리를 내리면 영원히 그렇게 살아야 한다. 반면, 적에게는 유리한 조건이든 불리한 조건이든 한 가지만 강조해서 보여줘야 한다. 적의 행동을 내가 결정할 수 있다면 해볼 것도 없이 무조건 이기는 싸움이다.

이 모든 결정은 장수의 몫이다. 지智, 신信, 인仁, 용勇, 엄嚴으로 적의 힘은 약화시키고 내 힘은 극대화해야 한다. 조심할 것이 있다면, 용기만으로 죽자고 덤비면 죽음뿐이라는 점이다. 그렇다고 목숨을 부지하는 데만 연연하면 이 또한 사로잡히는 신세가 된다. 지혜가 좋다지만, 하찮은 꾀를 믿고 함부로 판단을 내렸다가는 자칫 제 꾀에 넘어가 함정에 빠지는 수가 있다. 신의가 좋다지만, 혼자 고고한 척하다가는 자칫 오명을 뒤집어쓰고 하소연할 곳마저 잃을 수도 있다. 사랑도 과하면 병이 될 수 있다. 과유불급過猶不及. 뭐든 지나치면 미치지 못하는 것만도 못하다고 했다. 약도 과하면 독이다.

받지 말아야 할 명령이 있다

손자가 말하기를, 장수는 임금의 명령을 받아 군대를 뽑아 편제하는 게 일이다. 그러나 거친 땅에 막사를 세우면 안 되고, 교통의 요지에서는 외교에 힘써야 하고, 불모지에는 아예 머물지도 말며, 사방이 막힌 곳에서는 빠져나갈 궁리부터 하고, 죽게 된 곳에서는 싸우는 수밖에 없다.

길에는 가지 말아야 할 길이 있고(途有所不由도유소불유), 군대도 치지 말아야 하는 군대가 있고(軍有所不擊군유소불격), 성에도 공격하지 말아야 하는 성이 있고(城有所不攻성유소불공), 땅에도 싸움을 피해야 하는 땅이 있고(地有所不爭지유소부쟁), 명령에도 받지 말아야 하는 명령이 있다(君命有所不受군명유소불수).

장수는 이 9가지 원리를 훤히 꿰고 있어야 전쟁을 할 줄 안다고 할 수 있다. 이 원리를 모르면 지형을 알아도 이용하지는 못한다. 이 원리의 일부만 알아도 사람을 제대로 쓸 수 없다.

군대는 싸움에 이기기 위해서 존재한다. 그러나 최종 승리까지 여러 가지 상황을 맞는다. 싸우러 가는 길에 사막을 만나기도 하고 물을 만나기도 한다. 성을 공격하기도 하고 죽을 고비를 넘길 수도 있다. 전면전을 벌일 수도 있고, 협상으로 마무리 지을 수도 있다. 상황마다 대처법이 다르다. 처한 상황에 따라 할 일의 우선순위 또한 다르다.

출발하기 전에 미리 짠 계획은 상황을 정확히 파악하고 세운 것이 아니기 때문에 수정이 불가피하다. 싸움 현장 상황을 정확히 파악할 수 없는, 중앙에서 내린 명령은 잘못된 것일 수도 있다. 상황의 미묘한 차이를 파악하지 못하고 늘 하던 대로 대응하는 것도 안 될 말이다. 상황이 다르면 판단도 달라야 한다. 고정관념을 버리고 자유로운 사고를 펼쳐야 한다.

제아무리 꼼꼼하게 계획을 세워도 현장에서는 언제든 돌발 변수가 생긴다. 갑작스레 도로공사를 할 수도 있고, 작전상 1번 도로를 이용하기로 했다 해도 2번 도로로 갈 수도 있다. 그래서 명령도 가려서 받아야 한다. 손자는 이렇게 말한다.

"이기는 싸움은 임금이 싸우지 말라고 해도 싸워 이기고, 반드시 패할 싸움은 임금이 싸우라고 해도 싸우면 안 된다."

손자의 시대에는 임금이 전쟁터의 상황을 자세히 알 수가 없었다. 따라서 임금의 명령이라고 곧이곧대로 따랐다가는 승리를 목전에 두고도 패할 수 있었다. 그래서 장수는 처음부터 임금이 전투 중간에 명령 체계에 개입하지 않겠다는 다짐을 받고 출전한다. 임금도 상황을 제대로 알지 못하고 명령을 내려 나라의 운명을 위험에 내맡기느니, 장수가 상황에 따라 결단을 내려 승리를 성취하게 하는 게 낫다.

현장은 공기가 다르다. 바람만으로도 판세를 한눈에 알아보고 뒤집을 수 있는 곳이 현장이다.

보기 싫은 것도
봐야 한다

똑똑한 사람은 계획을 세울 때, 유리한 조건과 불리한 조건을 모두 반영한다(智者之慮, 必雜於利害 지자지려 필잡어리해). 유리한 조건을 이용하면 일 처리를 믿을 수 있고, 불리한 조건에 대비하면 걱정거리가 풀린다.

사람은 자신만의 색안경을 끼고 세상을 보기 마련이다. 또는 자기가 보고 싶은 것만 본다. 권력자들이 보는 세상은 넓을 것 같지만, 실상은 보통 사람보다도 좁을 때가 많다. 힘없는 사람들은 듣기 싫은 말도 억지로 참고 들어야 하지만, 힘 있는 사람들은 듣기 싫은 말을 하는 사람은 외면한다. 평범한 사람들은 권력자의 눈 밖에 나지 않기 위해 듣기 싫어하는 말은 하지 않는다. 결국 권력자들은 듣고 싶은 말만 듣고, 보고 싶은 것만 보게 된다. 그들이 아는 세상은 실제와는 전혀 딴판인 경우가 허다하다.

중국의 사서에 근거를 두고 작성된 《삼국사기》는 안시성 싸움을 앞둔 당나라 내부의 논의 과정을 비교적 상세하게 소개하고 있다. 이세민은 당시 내부의 엄청난 반대에 부딪혔다. 당태종도 고구려 침공의 문제점을 알고 있었다.

"나도 안다. 근본을 떠나 끝으로 향하며, 높은 데를 버리고 낮은 데를 취하며, 가까운 것을 놓고 먼 것을 택하는 3가지 모두 좋지 않은데, 고구려를 치는 게 그렇다."

그러나 당태종은 이런 말로 신하들을 설득했다.

"그러나 연개소문이 임금을 죽였고, 대신들을 도륙하고 함부로 놀기 때문에 온 나라 사람들이 목을 늘여 구원의 손길을 기다리고 있다."

임금을 죽인 죄를 엄벌하겠다는 명분을 앞세운 것이다. 그러나 당태종이야말로 이런 말을 할 입장이 못 됐다. 당태종 이세민은 왕위 계승에서 멀어지자, 이른바 현무문의 난을 일으켜 형제들을 죽이고 아버지를 연금시켜 왕위에 오른 인물이다. 연개소문은 국가 정책 방향에 대한 이견으로 쿠데타를 일으켰지만, 이세민은 오로지 권력을 위해 골육상쟁骨肉相爭을 일으켰다.

설득력 없는 명분으로 전쟁 준비에 박차를 가하자, 수양제를 따라 고구려 원정에 참가했던 정천숙鄭天璹이 반대 의견을 내세우며 말렸다.

"요동은 길이 멀어 군량 수송이 곤란하며, 동이 사람들이 성을 잘 지키기 때문에 항복을 받아낼 수가 없습니다."

하지만 이미 전쟁을 결심한 당태종은 과거 수나라와 당나라는 비교할 게 못 되므로 듣기만 하라며 반대 목소리를 잠재울 포고문을 발표했다.

"우리가 승리하는 5가지 이유가 있다. 큰 것으로써 작은 것을 치고, 순리로 반역을 치고, 정돈된 나라로 어지러운 나라를 치고, 편안한 군사로 피로한 군사를 치고, 기쁨 충만한 군사로 원한 가득한 군사를 치기 때문이다. 어찌 이기지 못할 것을 근심하겠는가. 이번 싸움에 대해 의심하거나 두려워 말라."

승리의 이유라고 제시한 5가지 중에 맞는 말은 '큰 나라로써 작은 나라를 친다'뿐이다. 반역으로 치면 이세민이야말로 반역자였고, 그 때문에 당나라 내부 사정도 복잡했다. 장거리 원정을 떠나면 피로한 군사로 편안한 군사를 치는 격이니 네 번째 이유는 앞뒤가 바뀌었고, 다섯 번째는 반역으로 임금이 된 당태종 때문에 당나라 내부 사정이 복잡해졌으니 거론할 가치도 없었다. 당태종은 싸움의 '유리한 조건'을 처음부터 잘못 분석했다.

반면 정천숙이 지적한 싸움의 '불리한 조건'에 대해서는 입도 뻥끗 못하게 했다. 이후 안시성 싸움에서 정천숙의 경고는 정확하게 들어맞았다. 성을 잘 지키는 고구려군은 항복하지 않았고, 당나라군은 군량 수송에 실패했다. 당나라 군대는 빈손으로 돌아올 수밖에 없었다.

보여주고 싶은 것만 보여줘라

불리한 조건을 보여주면 적을 굴복시킬 수 있고(屈諸侯者以害 굴제후자이해), 일을 맡겨 적을 부려먹을 수 있으며, 유리한 조건을 보여주어 적이 쳐들어오게도 할 수 있다(趨諸侯者以利 추제후자이리).

적에게 불리한 조건을 보여주면 적은 알아서 굽히고 들어온다. 항공모함을 동원한 무력시위는 약소국의 대항 의지를 꺾어버린다.

신라 지증왕 때 이사부가 지금의 울릉도인 우산국 정벌에 나서면서 나무로 깎은 허수아비 사자로 위협을 가했다. 뱃전에 무서운 사자상을 세워놓고 항복하지 않는다면 이 맹수를 풀어놓겠다고 으름장을 놓았다. 겁에 질린 우산국 사람들은 곧바로 항복했다. 그 힘이 진짜든 가짜든 적에게 내 힘을 과시하는 무력시위는 효과가 있다.

가끔은 싸움을 일으키기 위해 일부러 허점을 노출시키기도 한다. 을지문덕은 하루에 7번이나 싸움을 걸어 7번 모두 지기도 했다. 수나라 군대를 깊숙이 끌어들이는 동시에 지치게 하기 위해서였다. 크게 먹으려면 밑밥을 던져주는 법이다.

영화 〈타짜〉에서 의수를 한 짝귀는 손을 쓰지 못한다며 패를 대신 섞어 달라고 한다. 곤이는 그것도 모르고 고수 짝귀를 만만히 여기고 도박판에 발을 들여놓는다. 결국 판돈은 짝귀가 싹 쓸어간다. 한 수 접어주고 크게 따는 것이다. 곤이가 뒤늦게 가르침을 청하자 짝귀가 한마디 한다.

"화투는 손이 아니라 마음을 읽어야 한다. 구라칠 때 절대 상대방 눈을 보지 마라."

불리한 조건이든 유리한 조건이든 눈에 보이는 게 전부가 아니다. 진짜 속뜻은 숨어 있다.

적을 믿지 말고
자신을 믿어라

병법은 적이 오지 않을 것을 믿지 말고, 준비를 끝내고 적을 기다리는 나를 믿으라고 한다(無恃其不來 恃吾有以待也 무시기불래 시오유이대야). 적이 공격하지 않는다고 믿을 것이 아니라, 적이 공격하지 못하게 만든 나를 믿는 것이다(無恃其不攻 恃吾有所不可攻也 무시기불공 시오유소불가공야).

골프 대회 우승자들의 인터뷰를 보면 공통점이 있다. '나만의 경기를 했다'는 것이다. 골프는 분명히 상대가 있는 경기다. 아무리 내가 잘해도 상대가 나보다 더 잘하면 진다. 그런데도 '나만의 경기'라고 하는 이유는 상대방의 실수라는 요행을 바라지 않는다는 뜻이다. 상대방이 최고의 경기를 펼친다고 전제하고, 나 또한 최고의 경기를 펼치겠다는 다짐이다. 매순간 긴장의 끈을 놓지 않겠다는 각오다.

한비자는 "두려워하며 하루하루를 조심하라(戰戰慄慄 日愼一日 전전율율 일신일일)"라고 했다. 상대도 사람인지라 실수할 수 있으며, 언제 어디서 실수할지 대체로 예상할 수 있다. 그러나 상대의 실수를 바랄 수만은 없다. 실수를 밥 먹듯이 하는 상대도 갑자기 정신 차리고 실력을 발휘할지 모른다. 제갈량은 자신의 병법서 《장원》에서 요행을 바라는 사람들을 "천막 안에 둥지 튼 제비"와 "냄비 안에서 헤엄치는 물고기"로 비유했다. 세상 모르고 편히 잘 살고 있다가 어느 순간 밥상에 오를지 알 수 없는 존재들이다.

임진왜란 훨씬 전부터 전운은 짙게 드리워졌다. 조선은 왜의 분위기를 살피기 위해 통신사를 파견했다. 황윤길黃允吉과 김성일金誠一이 정사와 부사였다. 다음 해에 귀국한 황윤길은 곧 침략이 있을 것 같다고 보고했지만, 김성일은 침략 조짐이 없다는 정반대의 주장을 폈다. 당시는 동인이 득세했는데, 김성일이 동인 소속이었다. 여당의 당론으로 침략은 없다고 결론지었다. 정작 김성일의 속내는 그리 간단치 않았다. 김성일은 나중에 유성룡에게 이렇게 털어났다.

"저도 어찌 왜가 쳐들어오지 않으리라 장담하겠습니까."

하지만 국론은 이미 결정된 뒤였다. 그 후에도 왜국 사신을 안내하며 조선과 왜를 왕래하던 오억령吳億齡이 왜가 군대를 일으킬 것이 확실하다는 보고서를 올렸지만, 조정은 오히려 오억령을 파직시켰다. 급기야 왜가 '정명가도征明假道', 즉 명을 치겠으니 길을 빌리자며 노골적으로 침략 의도를 드러내기에 이르렀다. 하지만 조선은 그 순간에도 명나라에 '조선은 그럴 뜻이 없다'라고 해명하기에 바빴을 뿐 전쟁 준비에는 신경 쓰지 않았다. 심지어 임진왜란 개전 직전에는 왜 측이 조선 상륙 예정일까지 알려줬다. 동래부사 송상현宋象賢은 이 사실을 조정에 보고했지만 역시 묵묵부답이었다.

모든 정황이 전쟁을 말하고 있었지만, 조선 조정은 끝내 자신들이 믿고 싶은 것만 믿고 보고 싶은 것만 보면서 전쟁 가능성을 외면했다. 그래서 왜군의 대규모 부대가 상륙했을 때는 아무런 대비가 없었다. 그저 일본이 조선을 침략하지 않을 것이라는 헛된 희망을 믿었을 뿐이다.

싸움에서 믿을 건 나 자신뿐이다. 적은 물론 친구도 믿을 존재가 못

된다.

백제를 멸망시키기 위해 신라와 당이 연합해 출동했을 때, 김유신이 이끄는 신라군은 황산벌에서 계백의 결사대를 만나 싸우는 바람에 합류하기로 한 날짜보다 며칠 늦게 도착했다. 소정방蘇定方은 김유신이 늦게 도착했다는 이유로 처벌을 주장했다. 그러면서 차마 김유신에게 매를 들지는 못하고 신라 독군 김문영金文穎의 목을 베려 했다. 그 순간에 김유신은 소정방을 향해 칼을 빼들었다.

"황산벌에서 어떤 싸움이 있었는지도 모르면서 무조건 늦은 것만으로 죄를 삼으려 하는가. 나는 죄 없이 치욕을 당할 수 없다. 꼭 김문영을 처형하고 신라군에 망신을 안겨주겠다면, 신라는 당나라와 먼저 싸우고 나서 백제를 쳐부수겠다."

김유신이 뜻밖에 강수를 두자, 소정방은 기가 질려 김문영을 풀어주었다. 신라와 당나라 연합군은 일단 갈등을 봉합하고 백제를 멸망시켰지만, 사후 처리 과정이 문제였다. 당은 백제 땅을 신라에 고스란히 넘겨줄 마음이 없었다. 신라도 백제 땅을 당나라에 넘겨줄 뜻이 없었다. 하지만 아직 고구려가 남아 있는 상황에서 당과 전면전을 벌일 수도 없는 노릇이었다.

고민하는 김유신에게 부하 장수 다미공多美公이 말했다

"신라 사람에게 백제 옷을 입혀 백제 사람으로 가장해 반란을 일으키시지요."

김유신은 좋은 생각이라며 작전 계획을 승인했다. 백제를 멸망시키고 의자왕을 포로로 잡아 귀환한 소정방에게 당나라 황제가 나간 김에 왜 신라를 치지 않았느냐고 묻자, 소정방의 답은 이랬다.

"비록 신라가 작지만 건드릴 수가 없었습니다."

내친김에 신라 땅까지 집어삼키고 싶은 마음 간절했지만, 빈틈이 보이지 않았다는 뜻이다.

장수의
5가지 위험요소

장수에게는 5가지 위험요소가 있다. 죽을 결심을 하고 덤비는 장수는 죽이면 그만이다(必死 可殺也 필사 가살야). 사는 데 연연하는 장수는 포로로 붙잡기 쉽다(必生 可虜也 필생 가로야). 성질이 급하고 분을 참지 못하는 장수는 함정에 빠뜨린다(忿速 可侮也 분속 가모야). 명예에 집착하는 장수에게는 모멸감을 안겨준다(廉潔 可辱也 염결 가욕야). 장수가 백성을 사랑한다면 백성을 괴롭히면 된다(愛民 可煩也 애민 가번야). 군대를 뒤집고 장수를 죽이는 게 여기서 비롯되므로, 이 5가지는 장수의 과오이자 전쟁의 재앙이다. 반드시 살펴야 한다.

"전술은 물과 같다."

물을 막으면 넘친다. 흐름은 거스를 게 아니라 타야 한다. 죽자고 덤비면 죽이면 그만이고, 살겠다고 안간힘을 쓰면 살길을 터주면 순순히 항복한다. 성미가 불같은 사람은 작은 미끼만 던져줘도 쉽게 문다. 깨끗하다고 자부하는 사람에게는 부정하다는 오명을 씌우면 스스로 무너진다. 인정에 쉽게 이끌리는 사람에게 인질은 쇠사슬을 채운 것이나 다름없다.

김유신이 백제를 공격하러 가다가 황산벌에서 계백과 맞붙었을 때, 관창에 앞서 목숨을 초개처럼 버린 화랑이 하나 더 있다. 김흠춘金欽春의 아들 반굴盤屈이다. 후에 신문왕 때 실복悉伏이 고구려 부흥의 기치를 들고 보덕성에서 반란을 일으켰을 때, 반굴의 아들 김영윤金令胤이 황금서당 보기감으로 출전했다. 김영윤은 평소에도 가문의 명예를 더럽히지 않겠다는 각오로 살았다.

전투에 임해 김영윤은 실복이 탄탄하게 진을 구축한 것을 보고는 적이 지치기를 기다렸다가 공격한다는 작전 계획을 무시하고 홀로 적진으로 들어갔다.

"앞으로만 나아가고 물러서지 않는 것은 군인이 지켜야 할 본분이네. 대장부가 자신의 뜻을 세웠으면 그대로 하면 될 뿐 꼭 여러 사람의 의견을 좇을 필요가 있겠는가."

김영윤은 소원대로 장렬하게 죽음을 맞았다. 그러나 승부에는 어떤 보탬도 되지 못했다. 죽을 결심을 하고 덤비는 장수는 그저 죽을 뿐이다.

당태종이 안시성을 공격하기 전에 요동성 옆에 있는 백암성을 압박했다. 당시 성주 손대음은 일찌감치 항복하기로 마음먹었다. 하지만 항복을 선언했다가는 결사 항전하는 고구려 장병들에게 먼저 죽임을 당할 판이었다. 손대음은 밀사를 보내 당태종에게 항복 의사를 전했다.

"진작 항복하려고 했는데 주변에 반대하는 사람이 많아서 애를 먹고 있습니다."

손대음은 이전에도 연개소문이 보낸 응원군을 보고 항복 의사를 철회한 적이 있었다. 처음부터 용맹과는 담쌓은 됨됨이였고, 당태종 입장에서는 믿을 수 없는 사람이기도 했다. 그래서 당태종은 성문에 당나라의 깃발을 꽂아 항복 의사를 행동으로 보이라고 요구했다.

손대음은 기어이 부하들의 눈을 피해 성문에 당나라 깃발을 꽂고 말았다. 깃발을 본 백암성 군사들은 이미 성이 함락됐다고 여겨 항복하고 말았다. 손대음은 목숨을 부지하고 당나라에서 암주자사가 되었다. 사는 데 집착하는 자, 살려준다고 하면 무슨 말이든 듣는다.

고구려 대무신왕이 할아버지 주몽과 아버지 유리왕을 핍박한 부여 대소왕帶素王에게 복수하기 위해 부여 정벌에 나섰을 때였다. 대무신왕은 진창길 가운데 진을 친 뒤, 말 안장까지 풀고 병사들이 휴식을 취하게 했다. 언뜻 보기에는 완전 무방비 상태였지만, 이는 유인책이었다.

대소왕은 고구려 기습에 나섰다가 오히려 진창에 빠져 허우적댔다. 대무신왕은 괴유怪由를 출동시켜 진창에 빠진 부여군을 공격했고, 내친 김에 대소왕을 붙잡아 목을 베었다. 성미가 불같은 대소왕에게 무장해제한 고구려군은 숟가락 하나만 얹으면 되는 훌륭한 밥상이었다. 그러나 밥상에 올라갈 제물은 대소왕 자신이었다. 성질이 불같이 급한 자, 앞뒤 잴 것 없이 미끼부터 덥석 문다.

고국천왕은 후세가 없어 동생들 중에 누군가가 왕위를 이어받아야 했다. 왕후 우씨는 고국천왕이 승하하자, 이를 비밀에 붙이고 한밤중에 궁궐을 몰래 빠져나갔다. 그러고는 큰 시동생인 발기發岐를 찾아가 왕위를 이을 것을 권했다. 발기는 아직 고국천왕이 세상을 떠난 것을 모르고 있었다. 왕후의 말은 당시 제도상 당연한 말이긴 했지만, 발기는 살아 있는 형의 죽음을 가정한다는 게 꺼림칙했다. 그래서 애써 관심 없는 척 말을 돌렸다.

"하늘이 마련한 운수는 돌아갈 데가 있으니 경솔하게 논의할 수가 없습니다."

그러면서 형수의 행실을 시빗거리로 삼아 일침을 놓았다.

"왕비가 한밤중에 돌아다니는 것은 예절에 맞는 것입니까?"

왕후는 무안해서 바로 일어났다. 발기의 집에서 나온 왕후는 곧장 둘째 시동생 연우延優의 집으로 갔다. 연우는 자리에서 벌떡 일어나 옷부터 차려입더니 문 앞까지 나와 왕후를 맞이하고는 음식을 대접했다. 발기와 달리 예의를 다하는 모습에 우씨는 고국천왕의 죽음을 알렸다. 그리고 연우의 집에 이르게 된 사연도 알려주었다.

"사실은 발기 아주버니 댁에 먼저 갔었는데, 무슨 마음을 먹었는지 저를 대하는 태도가 좋지 않았습니다. 그래서 이곳으로 왔답니다."

이 말을 들은 연우는 왕위가 눈에 보이는 듯했다. 그래서 왕후를 더욱 극진히 대접하기 위해 직접 칼을 잡고 고기를 잘랐다. 그런데 평소에 하던 일이 아니라서 그런지 그만 칼에 손가락을 베고 말았다. 이 모습을 본 왕후는 얼른 치마끈을 풀어 연우의 다친 손가락을 감아주었다. 이것으로 두 사람은 야릇한 눈길을 교환하며 서로의 마음을 확인했다.

왕후 우씨는 연우에게 궁까지 함께 가자고 했고, 연우는 그 길로 궁으로 들어갔다. 이튿날 왕후는 고국천왕의 유언이라며 연우를 새 왕으로 선포했다. 그날로 고구려의 제10대 왕인 산상왕山上王의 세상이 열렸다.

발기는 하룻밤 사이에 왕위를 놓쳤음을 깨닫고는 왕위를 강탈당했다는 이유를 들어 군사들을 모아 궁으로 향했다.

"형이 죽으면 아우가 잇는 것이 순서인데, 네가 순서를 건너뛰었으니 큰 죄악이다."

틀린 말은 아니었으나 발기의 편에 선 사람은 아무도 없었다. 오히려 발기를 '속 좁은 이'라며 수군댔다. 발기는 왕위를 찬탈하기가 쉽지 않을 거라 여기고 한나라의 요동태수 공손도公孫度를 찾아가 부탁했다.

"내 아우 연우가 형수와 공모해 왕위에 올랐소. 천륜을 거스른 행위이므로 내가 정벌하려 하니 군사 3만 명만 빌려주시오."

공손도의 입장에서 발기의 귀순은 넝쿨째 굴러들어온 호박이었다. 안 그래도 고구려를 공격하고 싶어 좀이 쑤시던 참에 고구려를 누구보다도 잘 아는 자가 직접 공격에 나서겠다니 고마울 따름이었다. 공손도는 조금도 지체하지 않고 발기에게 군사를 내줬다.

왕위에 오르자마자 침략을 받은 산상왕은 동생 계수罽須에게 군대를 맡겨 발기의 도발을 막도록 했다. 이윽고 전장에서 형제가 마주섰을 때 계수가 형인 발기를 꾸짖었다.

"연우 형님이 잘못한 것은 맞소. 분명 발기 형님이 왕위를 잇는 게 순리이나, 그것을 어겼다고 남의 나라에 가서 자기 나라를 공격할 군대를 끌고 오는 건 또 무슨 경우입니까? 그것이 순리를 따지는 사람이 할 짓입니까?"

발기는 동생의 말에 부끄러움과 수치를 느끼고 냇가로 달려가 스스로 제 목을 찔러 죽었다. 혼자 깨끗한 척하는 장수에겐 깨끗하지 못하다는 오명이 가장 치욕스럽다.

임진왜란 때 이순신은 백성들에게 희망이었다. 이순신이 지키는 곳에 가면 살 수 있다는 믿음이 있었다. 이순신이 작성한 장계를 보면 민초들이 이순신의 진영으로 몰려들었음을 알 수 있다.

"어부들이 가족을 데리고 이웃 친척들과 함께 본영의 성 안으로 들어오는 자가 끊이지 않는데, 지금까지 200여 명에 이릅니다."

하지만 이순신은 이들을 성 안에 살게 하지는 않았다.

"제각기 부지런히 일해 오래 편히 살도록 하기 위해 본영에서 가까운 장생포 등에 나눠 지내게 했습니다."

말이 좋아 '오래 편히 살도록 하기 위해서'지, 실제로는 자신을 믿고 찾아온 이들을 성 밖으로 내쫓은 것이다.

그러나 진정한 백성 사랑은 이런 것이다. 군인과 민간인의 구분이 없는 유목민들이 아닌 다음에야 군인들이 제 몫을 다해야 하는 전쟁터에 민간인들이 섞여 있으면 작전에 어려움이 생길 수밖에 없다. 행동도 느려지고 일일이 챙겨야 할 것도 많아진다. 이순신은 안전지대에 우산을 씌워주고는 적당한 거리를 두었다. 장수가 백성을 너무 사랑하면 그 또한 약점이 되기 때문이다.

손자가 말한 5대 위험요소는 다른 병법서에서도 되풀이되는데,《육도》에서는 장수의 결함을 10가지로 설명한다.

첫째, 용맹하지만 생명을 가벼이 여기는 자. 이런 사람은 딱 죽기 십상이다. 둘째, 매사에 급히 서두르는 자. 이런 사람은 지구전에 꼼짝없이 당한다. 셋째, 탐욕스러워 돈을 좋아하는 자. 이런 사람은 뇌물에 백발백중 넘어간다. 넷째, 마음이 약해서 다른 사람을 혼내지 못하는 자. 이런 사람은 내부를 추스르는 것만으로도 피로하다. 다섯째, 지혜롭지만 겁 많은 자. 이런 사람은 막다른 골목에 몰리기 쉽다. 여섯째, 스스로

신의가 있다고 여겨 남의 말을 잘 믿는 자. 이런 사람은 속임을 당하기 좋다. 일곱째, 스스로 깨끗하다고 여겨 다른 사람을 챙기지 않는 자. 이런 자는 누명을 씌워도 누구 하나 변호하고 나서는 사람이 없다. 여덟째, 똑똑하지만 결단력이 부족한 자. 이런 사람은 기습에 약하다. 아홉째, 자기 고집만 내세우는 자. 이런 사람은 띄워주면 좋아한다. 열 번째, 나약해서 남에게 모든 일을 맡기는 자. 이런 사람은 속이기 딱 좋다.

제갈량은 《장원》에서 장수의 폐단을 8가지로 제시했다. 첫째는 욕심이 끝이 없는 것, 둘째는 현명하고 유능한 자를 질투하는 것, 셋째는 참언을 믿고 아첨을 좋아하는 것, 넷째는 남의 단점만 알고 자기 단점은 모르는 것, 다섯째는 일을 처리할 때 우유부단한 것, 여섯째는 절제하지 못하고 주색에 빠지는 것, 일곱째는 간교하면서 겁은 많은 것, 여덟째는 변명하기 좋아하는 것이다.

주어진 일이라고 다 하는 게 아니다.

길에는 가지 말아야 할 길이 있고

　塗有所不由 도유소불유

군대도 치지 말아야 하는 군대가 있고

　軍有所不擊 군유소불격

성에도 공격하지 말아야 하는 성이 있고

　城有所不攻 성유소불공

땅에도 싸움을 피해야 하는 땅이 있고

　地有所不爭 지유소부쟁

명령에도 받지 말아야 하는 명령이 있다.

　君命有所不受 군명유소불수

보여주고 싶은 것만 보여줘라.

유리한 조건과 불리한 조건을 모두 고려한다.

　必雜於利害 필잡어리해

불리한 조건을 보여주면 적을 굴복시킬 수 있고

　屈諸侯者以害 굴제후자이해

유리한 조건을 보여주면 적을 유인할 수 있다.

　趨諸侯者以利 추제후자이리

적이 오지 않을 것을 믿지 말고 준비를 끝내고 기다리는 나를 믿는다.

無恃其不來 恃吾有以待也 무시기불래 시오유이대야

장수의 5가지 위험요소

죽자고 덤비면 죽이면 그만이다.

必死 可殺也 필사 가살야

사는 데 연연하면 사로잡힌다.

必生 可虜也 필생 가로야

성질 급하면 함정에 빠진다.

忿速 可侮也 분속 가모야

깨끗한 척하면 더럽히면 된다.

廉潔 可辱也 염결 가욕야

백성을 사랑한다면 백성을 괴롭힌다.

愛民 可煩也 애민 가번야

行軍
: 행군

본질은
숨어 있다

모든 일에는 전조가 있다. 무엇이 됐든 하늘에서 갑자기 뚝 떨어지는 일도 없고, 땅 속에서 갑자기 솟아나는 일도 없다. 구름이 모여 비를 만들어내듯 세상만사 작은 것에서부터 시작된다. 작은 일들을 무시하면 나중에 큰 코 다친다.

작은 일에 의미를 부여하려면 사소한 데 관심을 가져야 한다. 누가 결혼을 하고 초상을 치르는지 같은 관혼상제만 챙길 게 아니라 소소한 일들도 챙겨야 한다. 무조건 자세히 들여다본다고 될 일도 아니다. 나무만 보면 숲을 놓치기 쉽다. 자세히 보되 객관화된 눈으로 봐야 한다. 그러자면 한발 떨어져서 봐야 한다. 높이 나는 새는 멀리 보지만 자세히 보지 못한다. 자세히 볼 일이 있고 멀리 볼 일이 있다. 때로는 한발 떨어져서 봐야 잘 보이고, 때로는 한발 다가서야 잘 보인다. 나의 일은 한발 떨어져서 보고, 남의 일은 한발 다가서서 본다. 입장 바꿔보는 것이 정답이다. 타인을 위한 입장 바꾸기가 아니라 나를 위한 입장 바꾸기다.

나아가는 데도
원칙이 있다

손자가 말하기를, 군대를 이동시켜 적을 상대할 때는 고지를 오르며 싸우는 것이 아니라, 산을 넘고 골짜기에 의지하며 덤불을 보고 높은 곳부터 선점할 일이다. 이것이 군대를 배치하는 법이다. 물을 건널 때는 멀리 떨어져서 가고, 적이 물을 건너올 때는 흐름을 거슬러 맞으면 안 된다. 적이 반쯤 건널 때 공격하면 좋은데, 그러자면 아군이 물에 붙어 있으면 안 된다. 높은 곳에서 풀숲을 바라보며 물의 흐름을 거스르지 말 것, 이것이 물에서 싸우는 요체다. 늪지를 지날 때는 그곳에서 시간 보내면 안 되고, 웬만하면 얼른 떠나야 한다. 어쩔 수 없이 그곳에서 싸워야 할 때는 풀에 의지해서 나무를 등지고 시야를 확보해야 한다. 이것이 늪지에서 군대를 이동하는 법이다. 평지에서는 탁 트인 곳에 자리를 잡되, 고지를 오른쪽으로 등져야 하며 앞은 텅 비고 뒤는 풀이나 나무가 있어야 한다. 이것이 평지에서 군대를 배치하는 법이다. 이 4가지로써 황제가 복희와 신농, 금천, 전욱을 제압했다.

군은 높은 곳을 좋아하고 낮은 곳을 싫어한다. 양지를 좋아하고 음지를 싫어한다. 가축을 키워 병사들을 살찌우면 군대에 병이 없으므로 반드시 이긴다. 언덕과 제방은 반드시 양지에, 그것도 오른쪽으로 등지는 것이 전쟁에 도움되고 지리적 이점을 얻는 길이다. 상류에 비가 와서 물거품이 보이면 언제 물이 넘칠지 모르므로 도하 여부를 결정하지 말고 기다려야 한다. 깎아지른 절벽으로 막힌 곳이나 나무가 무성해 움직이기 어려운 곳, 비만 오면 금세 진창으로 변하는 저지대는 머뭇거리지 말고 즉시 떠나라. 아예 근처도 가지 마라. 아군은 그런 땅에서 멀리 떨어지고, 적군은 가깝게 몰아넣어라. 적군은 그런 땅을 등지게 하고, 아군은 공격해 들어가라. 험준한 길과 늪지대, 삼림 지역을 통과할 때는 수색을 철저히 해야 한다. 매복이 있을 만한 곳이기 때문이다.

싸움은 높은 곳을 좋아한다. 높은 곳에서 하는 공격은 같은 힘이라도 파괴력이 크다. 높은 곳을 올라가며 하는 공격은 파괴력이 떨어지기 때문에 피한다. 높은 곳은 시야도 확보된다. 단, 높은 곳을 좋아한다는 이유로 산꼭대기에 머물면 안 된다. 반드시 골짜기를 끼고 물을 확보해야 한다.

조선 초에 쓰인 《계축진설癸丑陣說》은 실제로 병사들을 지휘한 경험을 살린 실무 교본이다. 기존의 병서들이 대부분 문관에 의해 쓰인 것인 반면, 이 책의 저자 중에는 하경복河敬復이라는 무관도 포함되어 있다. 그런 까닭에 실무적인 내용이 많다.

"무릇 군사가 험한 땅이나 좁은 길에 들어가게 될 때는 50명을 단위로 생선 두름처럼 한 줄로 나가는데, 먼저 방패수가 1명, 창수나 장검수 1명, 화통수나 궁수 1명으로 차례를 정해 보병 30명이 앞서고, 창기병과 궁기병 20명이 뒤따른다. 길이 두 사람을 용납할 만하면 2명이 나란히 가고, 세 사람을 용납할 만하면 3명이 혹은 지형에 따라 4명이나 5명이 나란히 간다."

길이 좁으면 일렬종대 행군이 원칙인데, 사정이 허락하면 5열 종대까지도 괜찮다고 한다. 다만 주의할 점은 방패수가 맨 앞에 서서 수비에 신경을 쓰고, 중간에는 각기 다른 무기를 든 병사들을 배치해 언제든지 싸울 수 있도록 한다는 게 핵심이다.

"매 진지마다 전방 100보 밖에 청자聽者, 즉 경계병을 세운다"라는 대목도 있다. 경계는 군의 기본이다. 맥아더가 "전투에 실패하는 군인은 용서해도 경계에 실패하는 군인은 용서할 수 없다"라고 한 것처럼 이 원칙은 예나 지금이나 다를 게 없다. "해가 지기 전에 취사를 완료하라"라는 지침도 있다. 밤에 밥을 짓기 위해 불을 피우지 말라는 뜻이다. 야간의 등화관제燈火管制*는 군부대에서 빠질 수 없는 수칙이다.

세상 모든 일에는 순리라는 게 있다. 순리를 거스르면 힘들다. 바람이든 물이든 높은 곳에서 낮은 곳을 향한다. 이런 흐름을 거스르는 싸움은 불리하다.

물을 건널 때 멀리 떨어져서 가라는 말은 적의 침입에 대비하는 한편, 아군 후속부대가 올 곳을 만든다는 뜻이다.

물가에서 싸운다면 적이 반쯤 건넜을 때, 즉 몸이 물속에 있어서 행동이 불편하거나 물에서 방금 나와 옷이 흠뻑 젖어 행동이 불편할 때

● 적의 야간 공습시 또는 그런 때에 대비해 일정한 지역에서 등불을 모두 가리거나 끄게 하는 일.

공격하는 게 효과적이다. 이때도 시야를 확보하고 공격의 파괴력을 높이기 위해 가급적 높은 곳에 자리를 잡아야 한다.

늪지에서는 발이 푹푹 빠진다. 기동력이 떨어질 수밖에 없다. 이런 곳에서는 걷기가 매우 힘이 든다. 늪지에서 적과 맞닥뜨리면 전멸당하기 딱 좋다. 가급적 빨리 통과하는 게 상책이다. 만약 이곳에서 싸우게 된다면 엄폐물掩蔽物*로 풀을 이용할 수 있다.

고구려가 수와 당의 파상 공격을 막아낼 수 있었던 첫 번째 이유는, 요택이라는 늪지가 1차 방어선의 역할을 한 덕이다. 신채호는 《조선상고사》에서 요택을 이렇게 묘사한다.

"요하를 건너 몇백 리쯤에 발착수가 있는데, 이름은 수水라고 했지만 사실은 강이 아니라 요동에서 유명한 길이가 200리나 되는 진수렁이다."

수문제의 아들 양량楊諒이 30만 대군을 이끌고 왔다가 고구려 강이식姜以式의 군대에 몰살당했던 곳이자, 나중에 당태종이 수북이 쌓인 시체를 보고 '묻어주라'고 할 만큼 당태종도 철수하다가 고구려군에게 참살을 당한 곳이기도 하다. 아울러 "10월에 얼어 죽는 이가 많았다", "요택을 건너 돌아오는 데 (갈 때보다 3배나 긴) 20일이 걸렸다"라고 기록에 남아 있듯이, 당태종도 고구려에서 회군하는 길에 톡톡히 고생한 곳이기도 하다.

고지는 등지는 게 좋은데 특히 오른쪽으로 등지는 게 좋다. 높은 곳에서 싸우면 유리한 이유는 높은 곳에서 내리찍는 공격이 파괴력이 강하기 때문이다. 사람들은 대부분 오른손잡이다. 오른쪽이 높은 게 싸움에 유리하다. 유럽의 고성에는 저마다 꼭대기로 오르는 나선형 계단이 있는데, 하나같이 오른쪽으로 휘어 오르는 모양새다. 아래쪽에서 올라오는 침입자는 오른손에 잡은 칼이 불편하고, 위에서 싸우는 성의 주인은 오른손이 편하기 때문이다.

행군에 대한 각론은 얼핏 잔소리로 들린다. 전쟁의 총론을 말하다 각론에 들어가면서 손자가 시시콜콜 따지기 좋아하는 시골 노인네로 바뀌는 느낌마저 든다. 그런데 손자는 이런 세세한 잔소리 속에도 큰 이야기를 숨겨뒀을지도 모른다. 그 시시콜콜한 지엽말단에 주목하라는 말이다.

1+1은? 당연히 2다. 그런데 사람이 둘 모이면 두 몫을 못할 때가 있는가 하면, 셋 이상의 몫을 해낼 때도 있다. 지도자가 누구냐에 따라서 만들어지는 차이다.

최고의 선수들을 이끌기 때문에 최고의 감독이 되는 게 아니다. 최고의 감독이 이끌기 때문에 최고의 선수가 된다. "강장 밑에 약졸 없다"고, 훌륭한 장수들은 훌륭한 병사들을 키워내기 마련이다. 하지만 싸움은 혼자 하는 게 아니다. 전설적인 검객 미야모토 무사시도 전쟁터에서는 이름값을 못했다. 싸움에서 중요한 건 군대 전체의 능력이지 병사 개인의 역량이 아니다. 장수들은 1의 능력을 가진 병사 개개인을 2의 능력을 갖도록 가르치는 역할도 하지만, 1의 능력을 갖고 있는 병사들이 둘 모였을 때 2가 아니라 3 이상의 능력을 발휘하도록 하는 게 더욱 중요하다.

엊그제까지 농사짓다가 갑자기 전쟁에 끌려나온 병사에게 미야모토

● 적의 사격이나 관측으로부터 아군을 보호하는 데 쓰이는 자연적 또는 인공적 장애물.

무사시 같은 검술을 기대해서는 안 된다. 애초에 이뤄질 수 없는 소망이다. 농부를 검객으로 만들려고 들면 농부에게나 장수에게나 자괴감과 패배감이 돌아올 뿐이다. 어차피 안 되는 일이다.

장수가 할 일은 농부를 검객으로 만드는 게 아니라 농부는 농부로서, 어부는 어부로서 자신이 가진 능력을 최고로 발휘할 수 있게 해주는 것이다. 그러자면 먼저 병사 개개인이 갖고 있는 장점과 약점을 알아야 한다. 가장 필요한 게 뭔지, 어떤 상황에서 자신의 장점을 가장 잘 발휘할 수 있는지를 알고 있어야 한다. 물론 저절로 알게 되는 건 아니다. 장수가 물어본다고 해서 병사가 솔직하게 답할 가능성도 크지 않다. 솔직히 말하고 싶어도 병사 스스로가 자신의 장단점을 잘 모르고 있을 수도 있다. 장수가 스스로 파악해야 한다.

아무 생각 없이 살면 머슴살이 3년 하고도 주인 성도 모른다. 무관심하면 시집살이 3년 하고도 시어머니 이름도 모른다. 이런 사람은 장수 자격이 없다. 장수의 첫째 요건은 끊임없는 관심이다. 깨진 유리창 하나를 방치하면 머지않아 건물 전체가 황폐화되는 법이다. 한비자도 "제방이 개미 구멍 하나 때문에 무너진다(堤潰蟻穴제궤의혈)"라고 했다.

시시콜콜한 병사들의 사생활 하나까지도 놓치지 않는 관심이 모든 것의 시작이다. 깨진 유리창 하나를 주의 깊게 보는 심정으로 보는 관심이다. 무심한 사람의 눈에는 별 것 아닌 깨진 유리창 하나지만, 관심 있는 사람의 눈에는 많은 뜻을 담고 있는 게 단 한 장의 깨진 유리창이다. 그 깨진 유리창 속에 담겨 있는 속뜻을 찾아낼 때 장수는 병사들을 통솔할 수 있다. 적을 마주하는 건 그 다음 일이다.

작은 기미에서
큰 변화를 읽어라

아군이 접근하는데도 적군의 동요가 없다면 험준한 지형을 믿는 것이고, 적이 멀리서 싸움을 걸 때는 앞으로 나아가고 싶어한다는 뜻이다. 평지에 진을 쳤다면 따로 믿는 바가 있다는 뜻이고, 숲이 움직인다는 건 적이 도착했다는 뜻이다. 풀숲에 장애물을 설치해둔 것은 따로 꿍꿍이가 있다는 뜻이고, 새가 날아오르거나 짐승들이 달아나면 복병이 있다는 뜻이다. 먼지구름이 높고 좁게 오르면 전차가 온다는 뜻이고, 먼지구름이 낮고 넓으면 보병대가 온다는 뜻이며, 먼지구름이 흩어져서 여기저기서 오르면 땔감 구해오는 흔적이고, 먼지구름이 이따금씩 작게 오르면 막사를 세우고 있다는 뜻이다.

말은 공손하게 하면서도 전투 태세를 강화한다는 건 곧 공격이 임박했음을 뜻하고, 금방이라도 공격해올 것처럼 말을 험악하게 하면 퇴각을 염두에 두고 있다는 뜻이다(辭卑而益備者 進也 辭强而進驅者 退也 사비이익비자 진야 사강이진구자 퇴야). 특별한 이유도 없이 강화를 요청할 때는 다른 꿍꿍이가 숨어 있다(無約而請和者 謀也 무약이청화자 모야). 전차를 앞세우고 서 있으면 진을 짜는 것이고, 진을 짠 병사들이 바빠지면 공격 시점을 엿보는 것이며, 전진과 후퇴를 반복한다면 아군을 유인하려는 것이다. 무기를 지팡이 삼아 짚고 서 있다면 제대로 못 먹었다는 뜻이며(倚仗而立者 饑也 의장이립자 기야), 물을 길어 서로 먼저 마시려고 다투면 물이 부족하다는 뜻이고(汲而先飲者 渴也 급이선음자 갈야), 유리한 상황에서도 공격하지 않으면 지쳤다는 뜻이다(見利而不進者 勞也 견리이부진자 노야).

새가 모여 있으면 비어 있다는 뜻이고, 밤에 부르는 소리가 들리면 공포에 질려 있다는 뜻이다. 군대가 시끄러우면 장수가 위엄이 없다는 뜻이고(軍擾者 將不重也 군요자 장부중야), 깃발이 제멋대로 움직이면 혼란스럽다는 뜻이며, 장교들이 화를 내면 군인들이 게으르다는 뜻이고(吏怒者 倦也 이노자 권야), 말을 잡아먹으면 식량이 떨어졌다는 뜻이며, 취사도구를 아무렇게나 두는 건 마지막 발악이 임박했다는 뜻이다.

《육도》에 "사나운 맹수가 먹이를 공격하려 할 때는 몸을 낮춘다(猛獸將搏 弭耳俯伏 맹수장박 미이부복)"라고 했다. 공격을 앞두면 의도를 숨기려 안간힘을 쓰지만 본능적으로 몸을 낮추기 마련이다. 최소한 눈빛에서 변화를 읽을 수 있다. 그 변화를 알아채고 대응하는 게 싸움에서 선수先手를 빼앗기지 않는 방법이다.

그러자면 작은 일에서 큰 국면의 변화를 깨달아야 한다. 미야모토 무사시는 《오륜서》에서 흘깃 보는 것(視)과 꿰뚫어보는 것(觀)은 다르다고 강조했다. 새가 모여 있다든지, 취사도구가 아무렇게나 널려 있다든지 하는 소소함에서 적의 실상을 알아챌 수 있다. 굼벵이가 지붕에서 떨어지는 것도 제 딴에는 매미가 될 셈으로 그런다고 하지 않던가. 세상에 '그냥' 일어나는 일은 없다.

우리는 흔히 '감感'이라는 말로 상황을 판단한다. 엄밀히 말해 '느낌'

만으로는 판단할 수 없다. '감'이라는 말은 자각하지 못하지만, 아주 작은 미세한 변화에서 커다란 변화를 깨달았다는 뜻이다.

《육도》에 이런 말이 있다.

"장수 된 자가 사람들이 알 수도 말할 수도 없는 기미를 미리 알아서 수비를 견고히 하는 것을 신지神知라 하고, 사람들이 볼 수 없는 것을 미리 예견해 대처하는 것을 명지明知라 한다."

이순신은 실전에서 이 신지의 경지를 보여줬다. 명량해전이 일어나기 꼭 일주일 전의《난중일기》는 이렇다.

"오늘밤 아무래도 적의 야습이 있을 것 같아 각 배에 경계 태세를 갖추라고 했다. 밤 10시쯤에 적선이 포를 쏘며 야습해왔다."

'아무래도 야습이 있을 것 같다'라는 게 판단 근거의 전부다. 그야말로 '감'이다. 그러나 이러한 예견은 감으로 안 것이 아니다. 같은 날짜의 일기에서 이날 오전에 이미 한 차례 교전이 있었음을 전한다.

"오후 4시쯤에 적선 13척이 곧장 우리 배를 향해 다가왔다. 우리 배들도 닻을 올려 바다로 나아가 맞서 공격하니 적들이 뱃머리를 돌려 달아나버렸다. 뒤쫓아 먼 바다까지 갔지만 바람과 조수가 모두 거슬러 흐르므로 항해할 수 없어 벽파진으로 돌아왔다."

13척이라면 단순한 정찰선이 아니라, 전투를 목적으로 한 선단이다. 그런데 이 적이 쳐들어왔다가 출동 목적은 달성하지 않고 곧바로 퇴각했다. 이순신은 이들이 목적 달성을 위해 되돌아올 것이라고 예측한 것이다. 작은 변화에 주목하는 것, 큰 변화에 대응하는 자세다.

잘 싸우는 장수는
불친절하다

장수가 자상하고 다정하게 반복해서 말하는 건 부하들의 마음을
잃었다는 뜻이다(諄諄翕翕徐言入人者 失衆也 순순흡흡서언입인자 실중야).

시인 장정일은《중국에서 온 편지》에서 황태자 부소扶蘇의 입을 빌어
진시황을 이렇게 묘사한다.

"아버지는 황제였던 터라 말의 의미나 논리로서가 아니라 항상 어투
와 어조로 말씀하셨습니다. 그리고 어투와 어조보다는 고압적인 몸짓
이나 눈짓으로 상대방을 제압하길 좋아하셨고, 가장 무서운 수단으로
는 변비처럼 말의 똥이 나올 듯 말 듯한 침묵으로 말하는 것을 좋아하
셨습니다."

절대 권력자는 침묵으로 말한다. 긍정도 침묵, 부정도 침묵이다. 그
침묵을 긍정으로 해석해도 좋고 부정으로 해석해도 좋다. 단, 그 해석
의 책임은 죽음이다. 그래서 절대 권력자는 무섭다. 이런 까닭에 절대
권력자의 밑에는 절대 권력의 뜻을 해석한다는 핑계로 기생하는 측근
이 있고, 그들로 인해 부정과 부패가 싹트고 자란다.

장수의 말은 명쾌해야 한다. 다른 뜻으로 해석되면 다른 명령이 되
고, 이는 작전의 혼란으로 이어져 패전이라는 결과를 초래한다. 그래서
장수의 명령은 간단명료해야 한다. 해석의 여지가 없어야 한다. 누군가
다른 해석을 했다면 불분명한 명령을 내린 장수의 책임이다. 해석이 모

호한 명령은 장수가 자신감이 없음을 보여주는 것이다.

간단명료한 명령이 이행되지 않는다면 장수는 급한 마음에 명령을 반복한다. 그래도 이행되지 않는다면 장수는 자세하게 설명한다. 그러나 때는 이미 늦다. 명령이 이행되지 않는 건 장수의 판단이 존중받지 못하는 탓이다. 군기가 무너진 탓이다. 이 또한 장수의 책임이다.

유성룡은 《징비록》에서 이순신의 뒤를 이어 원균이 이끄는 조선 수군의 풍경을 이렇게 묘사했다.

"군중에서 수군거리기를 '만일 왜적을 만난다면 오직 도망가는 수가 있을 뿐'이다."

장수들은 몰래 원균을 비웃었으며, 다시 품의稟議하거나 두려워하지도 않았으므로 호령이 행해지지 않았다. 부하들이 장수의 지시를 제대로 따르지 않는다면 싸움은 볼 것도 없다.

사정이 급하면
상벌을 남발한다

상을 남발하는 건 사정이 급해졌다는 뜻이고, 벌을 남발하는 건 상황이 딱하다는 뜻이다(屢賞者 窘也 數罰者 困也누상자 군야 수벌자 곤야). 포악한 행동을 하고 나서 부하들의 눈치를 보는 건 군사들의 동요가 갈 데까지 갔다는 뜻이다(先暴而後畏其衆者 不精之至也 선폭이후외기중자 부정지지야).

명령이 제대로 실행되지 않으면 상벌을 남발하게 된다. 그러나 상은 잘했을 때 받아야 상이다. 아무 때 아무나 받는 상이라면 복권이나 다름없다. 벌은 본인이 잘못을 인정하고 잘못에 상응하게 받아야 벌이다. 잘못한 것도 없는데 벌을 받는다면 운수소관運數所關이 되고 만다. 상벌이 그 기능을 상실하는 것이다.

임진왜란 개전 직후 순변사로 임명된 이일이 상주에 도착했을 때 준비된 건 아무것도 없었다. 이일은 당황했다. 군사는 없고, 적은 상주 턱밑까지 와 있었다. 그때 개령 사람이 적군이 가까이 왔다고 알려줬다. 이일은 그 말을 믿지 못해 사람들의 마음을 흔든다며 목을 베려 했다. 개령 사람은 내일 아침까지 적이 오지 않으면 그때 죽이라며 자신의 무고함을 항변했다.

다음 날 아침에 왜군은 나타나지 않았다. 이일은 척후병을 보내 적의 행방을 찾아보려는 노력은 하지 않고, 기어이 제보자의 목을 베고 말았다. 유성룡은 《징비록》에서 "이일의 군대에 척후병은 없었다"라고 적었다. 적은 그날 저녁에 모습을 드러냈다.

도순변사 신립은 한술 더 떴다. 신립은 가는 곳마다 사람을 죽여 위엄 세우기를 좋아했다. 신립이 충주에 다다르자, 기다리고 있던 정보 장교가 '적이 이미 조령을 넘었다'라고 보고했다. 조령을 넘었다면 충주는 코앞이었다. 신립은 당황해 갑자기 성을 뛰쳐나갔다. 그가 어디로 갔는지 아무도 몰랐다. 대장이 당황하는 모습을 본 병사들은 술렁대기만 할 뿐이었다. 신립은 밤이 깊어서야 돌아왔고, 다음 날 날이 밝자 정보 장교를 처형했다. '망령되이 거짓말을 했다'라는 게 이유였다. 그리고 조정에 장계를 보냈다. "적은 아직 상주를 떠나지 않았습니다." 하지만 그때 적은 이미 10리 밖에 와 있었다.

사소한 행동에도
이유가 있다

적이 정중하게 사과할 때는 쉬고 싶다는 뜻이다(來委謝者 欲休息也 내위사자 욕휴식야). 사기가 충천한 상태에서 적과 대치해 싸우지도 않고 물러나지도 않는 상황이 길어진다면 반드시 그 이유를 살펴야 한다.

사람이 상식과 다른 행동을 할 때는 그만 한 이유가 있다. 전쟁을 하겠다고 온 적이 갑자기 사과를 한다면 뭔가 꿍꿍이가 있다는 반증이다. 한참 사기가 충천해 있을 때 대치 국면을 이어가 전면전을 벌이지 않는다면 뒤로 다른 일을 꾸미고 있다는 신호다.

그러나 너무나도 당연한, 누구나 알 수 있는 일도 눈앞에 닥치면 제대로 파악하기 힘들다. 있는 그대로를 보지 못하고 자신이 보고 싶은 것만 보게 되는 탓이다. 싸워야 하는 상황에서 적이 갑자기 꼬리를 내리면 '내가 너무 강해서 그렇겠거니' 생각하고, 사기충천한 적이 처들어오지 않는다면 '내게 빈틈이 없어서 그렇겠거니' 한다. 모두에게 이해되지 않는 일이 자신에게만 당연하게 느껴진다면, 자신의 판단에 문제가 있다는 뜻이다. 모두가 보고 있는 사실을 자신은 보지 못한다는 반증이다.

안시성 구원군 총사령관 대로 고정의高正義는 지구전을 전개하며 당나라군의 보급로를 끊어 고사시키는 전략을 세웠다. 그러나 혈기 넘치는 고연수高延壽는 당이 희생양으로 내세운 돌궐 기병 1,000명을 상대로 거둔 승리감에 도취되어 총사령관의 지침을 무시하고 대회전을 준비했다.

고연수가 40리에 걸쳐 진을 치고 당을 압박하는데, 당태종은 사신을 보내 싸울 뜻이 없음을 밝혔다.

"나는 연개소문이 왕을 시해한 죄를 추궁하러 왔다. 성을 빼앗은 것은 땅을 탐내서가 아니라, 마초와 식량 때문이다. 고구려가 신하의 예를 갖추기만 한다면 모두 돌려줄 것이다."

당태종의 뜻을 곧이곧대로 믿은 고연수가 긴장을 풀자, 당태종은 그 즉시 행동에 들어갔다. 우선 고연수의 눈에 띄는 곳에 적은 병력으로 진을 치게 했다. 장손무기長孫無忌에게는 계곡을 돌아 고구려군의 후면에서 대기할 것을 명령했다. 그리고 당태종 자신은 기병대를 이끌고 주필산으로 들어가 고구려군의 측면을 노렸다.

다음 날 아침 고연수는 거짓으로 진을 세운 당나라군의 부대만 보고는 싸울 만하다고 여겨 군대를 움직이려는데, 그 순간 뒤에서 장손무기가 공격해오기 시작했다. 양쪽에서 협공을 받은 고구려군은 혼란에 빠져 어찌할 줄 몰랐다. 그때 당태종이 이끄는 부대마저 합세해 당나라군은 포위 공격을 퍼부었다. 고연수는 버티지 못하고 항복하고 말았다.

고연수는 사신이 갖고 온 편지의 내용이 아니라, 사신이 편지를 갖고 온 행위에 주목했어야 했다. 가마솥이 검다고 밥까지 검지 않다. 겉이 아니라 속을 봐야 한다.

군사는
이길 만큼만 움직여라

군사란 많다고 좋은 게 아니다(兵非益多也병비익다야). 힘만 믿고 밀고 들어가면 안 된다. 적의 전력을 분석해 이길 만큼만 움직이면 된다. 생각 없이 적을 쉽게 봤다가는 사로잡히기 십상이다.

얼굴을 씻는 데 강물이 다 필요한 건 아니다. 세숫대야 하나만 채울 정도면 된다. 한강물에 세수하려면 오가는 게 더 번거롭고, 폴폴 날리는 먼지바람에 더 더러워질지도 모른다. 싸움에서도 사람이 무조건 많다고 유리한 게 아니다. 사람이 많으면 갈등과 대립이 생긴다. 명령을 하달하는 데도 시간이 오래 걸리고, 그만큼 즉각적인 대응을 하기 어렵다. 명확한 지휘 계통과 갈등 조정 능력이 없으면 많은 수의 군사는 독이 된다.

조선 세종 때 상왕 태종은 왜구 문제를 근본적으로 해결하기 위해서는 본거지인 대마도를 박살내야 한다며 이종무李從茂를 삼군 도체찰사로 삼아 1만 7,000명을 대마도에 보냈다. 대마도의 왜구들은 그동안 보안에 각별히 신경을 썼기 때문에 조선군이 모습을 드러내자, 약탈 나갔던 자기네 선단이 돌아온 줄 알고 환호성을 질렀다. 그러나 조선의 정벌군이 출현했음을 알고는 모조리 산속으로 도망가버렸다. 200척이 넘는 조선의 대선단은 무력을 쓰지 않고 조금의 손실도 없이 대마도에 상륙할 수 있었다.

하지만 대마도의 항복을 받아내는 건 또 다른 문제였다. 조선은 박실朴實 부대를 파견해 산 속에 숨어든 왜군 수색에 나섰다. 그러나 지형에 익숙한 왜인에게 역습당해 100여 명의 사상자가 발생했다. 마침내 군사 시위로 대마도의 항복을 받아내긴 했지만, 그 과정은 결코 쉽지 않았다.

다다익선多多益善이라는 말을 만들어낸 한신韓信은 한 고조 유방에게 "폐하는 기껏해야 10만 명 지휘하면 다행"이라고 말한 적이 있다. 실제로 유방은 전투에 소질이 없었다. 대신 전투를 잘하는 장수들을 끌어안는 데 탁월해 전략가 장량張良, 살림꾼 소하蕭何, 싸움꾼 한신의 삼각편대로 중원을 통일할 수 있었다. 마중물 한 바가지만 부으면 지하수 전체를 퍼올릴 수 있는 법이다. 여기에도 하수와 고수가 있다. 하수는 사람을 무조건 끌어모으는 데만 몰두하지만, 고수는 능력 있고 필요한 인재만 골라서 쓴다.

제갈량은 인재난에 허덕이다 결국 과로로 죽었지만, 인재를 고르는 안목을 낮추지는 않았다. 제갈량은 인재를 뽑을 때 7가지를 시험했다. 우선 옳고 그름을 물어 뜻을 살폈다. 둘째, 말을 끝까지 물고 늘어져 변절 여부를 살폈다. 셋째, 계책으로 시험해 지식을 살폈다. 넷째, 어려운 상황을 알려 용맹을 살폈다. 다섯째, 술에 취하게 해 숨겨진 성격을 살폈다. 여섯째, 돈으로 유혹해 청렴도를 살폈다. 일곱째, 인재를 뽑고 나서는 기간을 두고 지켜보면서 믿을 수 있는지를 살폈다.

지켜져야
명령이다

병사들과 아직 친해지지 않았는데 벌을 주면 불복해 다루기 힘들어진다. 반면, 너무 친해져서 벌을 주지 않으면 이 또한 다루기 힘들다. 이치에 맞게 명령을 내리고 제대로 지켜지는지 엄하게 살펴야 영이 바로 선다(令之以文 齊之以武 是謂必取 영지이문 제지이무 시위필취).
명령이 제대로 이행되는 것으로 국민을 가르치면 국민들은 따른다. 명령이 제대로 이행되지 않으면서 국민을 가르치려 하면 국민들은 따르지 않는다. 명령이 믿음을 얻으려면 부하들과 함께 노력해야 한다(令素信箸者 與衆相得也 영소신저자 여중상득야).

구한말 의병장 유인석柳麟錫이 충청도 제천을 중심으로 일본군과 전투를 벌이던 중, 지금의 영주인 기홍에서 김백선金佰先 부대가 패배했다. 본진으로 쫓겨 온 김백선은 중군장 안승우安承禹에게 항의했다.

"중군장은 도대체 뭐하는 사람이오? 왜 약속대로 응원군을 보내주지 않았소?"

김백선은 평민 출신이고 안승우는 양반 출신이다. 안승우는 양반이 평민을 돕는 게 자존심 상하는 일이라 여겨 응원군을 보내주지 않았던 것이다. 안승우는 이 사실을 밝히지 못해 엉뚱한 핑계를 댔다.

"중군의 소임은 대장을 옹위하는 것이라, 중군의 병사를 함부로 뺄 수는 없는 노릇이다."

머리끝까지 화가 난 김백선이 더 따지고 들자, 이들을 지켜보던 유인석이 끼어들며 말했다.

"너는 본시 한낱 포수에 불과한 상민이었거늘 어찌 분수를 모르고 양반에게 대드는가."

이 일로 평민 의병장 김백선은 수많은 '평민' 의병들이 지켜보는 앞에서 평민이라는 이유로 공개 처형됐다.

두 달 뒤 유인석이 이끄는 연합부대는 충주 황강에서 또 한 번 일본군과 맞붙었다. 그러나 패배하고 말았다. 이후 유인석 부대는 더는 역사에 흔적을 남기지 못했다. 나라의 위기 속에서 적을 앞에 두고 양반 놀음에 빠진 장수에게 뒤따른 당연한 결과였다.

그 후 정미의병丁未義兵으로 일어난 연합부대가 한양진공작전을 벌였다. 당시 이인영李麟榮이 총사령관이었는데, 서울을 코앞에 두고 부친상을 당했다며 낙향했다. 한양진공작전은 그렇게 끝이 나고 말았다. 오늘날의 기준으로는 이해하기 힘든 상황이지만, 양반인 이인영에게는 나라의 안위보다는 집안의 대소사가 더 중요했나 보다. 하긴 이인영은 평민이라는 이유로 신돌석申乭石 부대를 한양진공작전에 참여시키지도 않았다.

싸움에 이기는 첫째 방법이 이기는 싸움을 하는 것처럼, 명령이 이행되도록 하는 첫째 방법은 이행될 수 있는 명령을 내리는 것이다.《한비자》에는 "금하는 것이 이익이 되고 이익이 되는 것을 금하면 신이라도 행할 수 없다(利所禁 禁所利 雖神不行이소금 금소리 수신불행)"라고 전한다.

사리事理에 맞지 않는 명령은 애초에 이행될 수 없다. 사리에 맞는 명령을 내렸는데 이행하지 않으면 명령을 어긴 자의 잘못이지만, 사리에 어긋나는 명령을 내려 이행되지 않았다면 명령을 내린 자의 잘못이다. 감정이 앞서는 명령, 나중에 후회할 명령은 제대로 이행돼도 손해, 이행되지 않아도 손해다.

《관자管子》에는 이런 말이 있다.

"군주는 말을 하되 두 번 다시 입에 담지 못할 말을 해서는 안 된다. 군주는 두 번 다시 범치 못할 행동을 해서도 안 된다."

조선시대에 편찬된 설화집인《어우야담》에 유성룡의 실수담이 하나 실려 있다. 유성룡이 도체찰사가 된 지 얼마 안 됐을 때였다. 공문을 하나 써서는 역리驛吏에게 보내라고 지시했다. 사흘 후 유성룡은 공문에 하자가 있었던 게 생각났다. 유성룡은 공문을 다시 고치기 위해 사흘 전에 보낸 공문들을 회수할 것을 명령했다. 그런데 역리가 유성룡이 작성한 공문 원본을 들고 왔다. 사흘이 지나도록 아직 보내지 않고 그냥 갖고 있었던 것이다. 유성룡은 괘씸하게 여겨 역리에게 물었다.

"문서를 받은 지 3일이나 됐는데 어찌 아직도 보내지 않은 것이냐?"

역리의 대답이 걸작이다.

"속담에 조선공사삼일이라고 합니다. 소인은 3일 후에 다시 바뀔 줄 알았기 때문에 오늘까지 보내지 않고 갖고 있었습니다."

역리의 말에 유성룡은 "내 허물이로다" 하며 한탄했다.

아침에 내리고 저녁에 바뀌는 명령이 제대로 지켜질 리 만무하다. 법은 지켜져야 법이다. 사람들은 처벌이 무거운 법을 두려워하지 않는다. 어기지 않고 지키면 되기 때문이다. 사람들은 사흘이 멀다 하고 바뀌는 법을 싫어한다. 어느 장단에 맞춰 춤을 춰야 할지 헷갈리기 때문이다.

"위세가 행사되고 가르침이 엄하면 어기지 않으며, 나무람과 칭찬이 일정하면 비판하지 않는다"라는 《한비자》와 "장수는 명령을 신중하게 내리고, 일단 내린 명령은 취소하는 일이 없어야 한다"라는 《삼략》의 가르침은 이를 분명하게 짚어준다. 하루아침에 바뀌는 법은 혼란만 일으킬 뿐 지켜질 수 없다. 번거롭기만 한 법은 그 기능을 제대로 발휘할 수 없다.

작은 기미에 큰 뜻이 숨어 있다.

말은 공손하게 하면서도 전투 태세를 강화한다면 공격이 임박했다는 뜻이다.

辭卑而益備者 進也 辭强而進驅者 退也 사비이익비자 진야 사강이진구자 퇴야

특별한 이유도 없이 강화를 요청할 때는 다른 꿍꿍이가 숨어 있다.

無約而請和者 謀也 무약이청화자 모야

무기를 지팡이 삼아 짚고 서 있다면 제대로 못 먹고 있다는 반증이다.

倚仗而立者 饑也 의장이립자 기야

군대가 시끄러우면 장수가 위엄이 없다는 신호다.

軍擾者 將不重也 군요자 장부중야

장교들이 화를 내면 병사들이 게으르다는 뜻이다.

吏怒者 倦也 이노자 권야

적이 정중하게 사과할 때는 쉬고 싶다는 뜻이다.

來委謝者 欲休息也 래위사자 욕휴식야

잘 싸우는 장수는 불친절하다.

장수가 자상하고 다정하게 반복해서 말하는 건 부하들의 마음을 잃었다는
뜻이다.

諄諄翕翕徐言入人者 失衆也 순순흡흡서언입인자 실중야

상을 남발하는 건 사정이 급해졌다는 뜻이고, 벌을 남발하는 건 상황이 딱

하다는 뜻이다.

屢賞者 窘也 數罰者 困也 누상자 군야 수벌자 곤야

포악한 행동을 하고 나서 부하들의 눈치를 보는 건 군사들의 동요가 갈 데까지 갔다는 뜻이다.

先暴而後畏其衆者 不精之至也 선폭이후외기중자 부정지지야

사소한 행동에도 이유가 있다.

지켜져야 명령이다.

이치에 맞게 명령을 내리고 제대로 지켜지는지 엄하게 살펴야 영이 바로 선다.

令之以文 齊之以武 是謂必取 영지이문 제지이무 시위필취

명령이 제대로 이행되지 않으면서 국민을 가르치려 들어봤자 국민들은 따르지 않는다.

地形

: 지형

패전의
이유

싸움은 나와 적이 벌이는 것이므로 나와 적의 실력이 승부의 관건이다. 그러나 싸움에는 주어진 상황이라는 외부 변수가 있다. 싸움터의 지형은 어떠한지, 싸움터가 얼마나 멀리 떨어져 있는지, 싸우는 시간이 얼마나 되는지, 싸울 때의 날씨와 바람은 어떤지에 따라 싸움의 결과가 달라진다. 싸울 때는 이 모든 요소를 고려 대상으로 삼아야 한다.

싸움은 외부 변수가 유리할 때 벌인다. 외부 변수가 불리하면 유리해질 때까지 기다리든지 유리하도록 만들어야 한다. 북서풍이 불 때는 남동풍을 기다리고, 적이 산 속에 숨어 있으면 산 밖으로 끌어내야 한다.

내 실력을 자신하고, 적의 능력을 파악하고, 외부 변수까지 장악해 승리를 확신한다면 거침없이 몰아붙여야 한다. 시간을 끌거나 고민해서는 안 된다. 싸움이 시작됐는데 생각이 많으면 일을 그르친다. 승리를 향해 가는 길을 막는 자라면, 설령 임금이라도 개의치 말고 넘어가야 한다.

상황이 다르면
행동도 달라진다

손자가 말하기를, 지형에는 통형通形, 괘형挂形, 지형支形, 애형隘
形, 험형險形, 원형遠形의 6가지가 있다.

통형은 나도 갈 수 있고, 적도 갈 수 있는 곳이다. 이런 곳에서는
양지 바른 높은 곳에 자리를 잡고 식량을 잘 조달하면 싸움에 유
리하다. 괘형은 가기는 쉬운데 돌아오기가 어려운 곳이다. 이런
곳은 적의 대비가 없다면 공격해서 이길 수 있지만, 적이 만반의
대비를 하고 있다면 공격해봤자 패하는 것은 물론 살아 돌아오기
도 어렵다. 지형은 나도 적도 도움이 안 되는 곳이다. 이런 곳에서
는 적이 허점을 보이더라도 공격하면 안 된다. 일단 철수했다가
적이 반쯤 모습을 드러냈을 때 공격하는 게 유리하다. 애형은 좁
고 막힌 곳이다. 내가 먼저 이곳을 점령했다면 적을 기다리면 되
지만, 적이 먼저 점령했다면 멀찍이 물러서야 한다. 적이 막지 않
으면 그때 쫓아가면 된다. 험형은 산세가 험한 곳이다. 내가 먼저
점령했다면 양지 바른 높은 곳에서 적을 기다리기만 하면 된다.
적이 먼저 점령했다면 깨끗이 포기하고 물러나야 한다. 원형은
아군과 적군이 서로 멀리 떨어져 있는 상황이다. 전력이 비슷하

다면 싸우기 쉽지 않고, 싸워봤자 소득도 없다. 장수라면 이 6가
지를 반드시 알아야 한다.

"일을 꾸미는 것은 사람이지만, 일을 성공시키는 것은 하늘의 뜻이
구나."

제갈량이 완벽한 작전을 꾸미며 거의 다 잡은 사마의를 소나기 때문에
놓치고서는 하늘을 원망하며 한 말이다. 그런데 하늘의 뜻보다 더 무서
운 게 있다.

"하늘이 내려준 때는 지리적 이익만 못하다."

《맹자》에 나오는 말이다.

《난중일기》에는 끊임없이 관할 지역을 순시하며 성곽을 점검하는 한
편, 지형을 살피는 이순신의 모습이 엿보인다.

"아침에 점검을 마친 후에 북쪽 봉우리에 올라 지형을 살폈다. 깎아
지른 외딴 섬인지라 사면에서 적의 공격을 받을 수 있다."

이순신의 머릿속에는 전라좌도 지역의 모든 해안과 섬이 들어 있었
다. 그래서 적을 만나면 어디에서 싸움을 걸고, 어디로 유인해낼지 그
리고 어디에서 결전을 벌일지 모든 전략이 준비돼 있었다.

한산대첩에 앞서 이순신의 함대가 적을 만난 곳은 견내량 앞바다다.
그때까지 이순신은 적을 만나면 즉각 처부수는 전술을 벌였지만, 이번
에는 퇴각 명령을 내렸다. 견내량 앞바다가 좁은 탓이었다. 좁은 곳에
서 조선 판옥선끼리 부딪히는 어리석음을 범하지 않기 위해 이순신은
넓은 한산도 앞바다로 적을 이끌어내 학익진을 펼쳐 포위 섬멸전을 펼
쳤다. 명량해전에서는 일부러 좁은 곳을 찾아 들어갔다. 적은 수로 많

은 수를 상대해야 했기 때문에 적의 전력이 한꺼번에 발휘되지 못하게 묶어둬야 했다. 12척으로 130척을 물리친 기적은 그렇게 만들어졌다.

이렇듯 지형을 중시한 이순신은 잘 모르는 곳에는 쉽게 가지 않는 신중함도 보였다. 왜군이 경상도 해안을 헤집고 다닐 때도 "전라좌수영 군사들이 경상도의 물결이 험하고 평탄한 것을 모르고 물길을 인도할 배도 없으며, 또 작전을 상의할 장수도 없는데 경술하게 행동을 개시한다는 것은 또한 천만뜻밖의 실패가 없지도 않을 것이다"라며 출전을 망설였다. 결국 경상도 지역을 잘 아는 장수와 함께 출전했다.

통형通形은 흔히 전쟁이 벌어지는 곳이다. 피아가 마주 서서 일대 회전을 벌이기에 적당한 곳이다. 이런 곳일수록 자리 선점이 중요하다. 기왕 먼저 자리를 잡는다면 높은 곳이 좋고, 또 해는 등져야 한다.

괘형挂形은 미꾸라지를 잡는 모습과 비슷하다. 삼태기에 된장을 담아 물속에 넣어두면 미꾸라지가 된장 냄새를 맡고 좁은 틈새로 들어간다. 미꾸라지가 그 안으로 들어가서 잔뜩 먹고 나면 배가 불러져서 되돌아 나오지 못한다.

지형支形은 나뭇가지 끝에 걸려 있는 것처럼 위태위태한 곳이다. 애써 균형을 잡고 있는 상황에서 조금이라도 비틀거리면 균형을 잃는다. 움직임은 금물이다. 대신 상대를 움직일 수 있다면 제풀에 떨어질 확률이 높다.

애형隘形은 한마디로 병목이다. 목적지에 가려면 반드시 지나야 하지만 길이 좁다. 혼자 가든, 100명이 가든, 1만 명이 가든, 그곳을 지날 때는 1명씩 지나가야 한다. 이런 곳에서는 길 양쪽에 숨어서 1명씩 오는 대로 처치하면 적의 숫자가 얼마나 많든 간에 두려울 게 없다.

험형險形은 사람이 따로 손댈 필요가 없는 요새다. 사방은 깎아지른 절벽이라 자연 성벽을 이루고, 발밑으로는 험한 강이 굽이쳐 흐르는 곳이다. 고구려의 초기 수도였던 오녀산성이나 유대인들이 로마인들에게 최후의 항전을 펼쳤던 마사다Masada와 같은 '천혜의 요새'다.

원형遠形은 말 그대로 적군과 멀리 떨어져 있어 싸울 수 없는 상황이다. 굳이 싸우려면 힘들게 먼 길을 가야 한다. 하지만 싸움은 미리 자리 잡고 기다리는 사람이 유리하다. 싸우겠다고 먼 길을 가더라도 지치기 때문에 싸움에 질 확률이 높다. 이럴 때는 화나더라도 참고 넘어가야 한다.

임진왜란 때 신립은 천혜의 요새, 즉 손자식으로 말하면 험형이자 애형인 조령을 버리고 탄금대에 진을 쳤다. 적은 보병이고 조선군은 기병이라는 이유였다. 신립은 과거 함경도 온성부사 시절 10여 명의 기병만으로 여진족을 물리친 적이 있었다. 하지만 이미 수십 년 전에 벌어진 나가시노 전투에서 기병대와 조총의 대결은 기병대의 패배로 결론이 났다는 사실을 몰랐다. 게다가 탄금대는 강물을 끼고 있어 물이 많고 수초로 뒤덮여 사람과 말 모두 내달리기에 불편했다. 신립은 자신 있는 기병전으로 또 한 번 재미를 보고 싶었지만, 탄금대는 아예 기병전을 펼칠 수 없는 땅이었다.

훗날 정약용은 〈탄금대를 지나며(過彈琴臺 과탄금대)〉라는 시에서 신립의 무모함을 지적했다.

"신립을 일으켜 얘기나 좀 해봤으면(欲起申砬與論事 욕기신립여론사) 어찌하여 문을 열고 적을 받아들였는가(啓門納寇奚爲哉 계문납구해위재). 대장기 휘둘러 물 가리키며 물로 뛰어들었으니(麾旗指水入水去 휘기지수입수거) 목숨 바처 싸운 군사들만 가련하다(萬夫用命良可哀 만부용명량가애).”

상황이 다르면 행동도 달라져야 한다는 사실을 간과한 신립은 자신
은 물론, 많은 병사들을 무모함의 희생물로 바쳐야 했다.

패전은
장수의 책임이다

패전에는 주走, 이弛, 함陷, 붕崩, 난亂, 배北의 6가지 유형이 있는
데, 이는 천재지변이 아니라 장수의 잘못이다.

전력이 비슷한데도 일부의 병력으로 집중된 적을 상대하는 미련
한 경우를 주走라고 한다. 병사들은 강한데 부사관들이 약한 경
우를 이弛라 하고, 부사관들은 강한데 병사들이 약한 경우를 함陷
이라 한다. 장교들이 장수의 명령에 불복해 마음대로 싸우는데도
통제가 안 되는 경우를 붕崩이라 하고, 장수가 엄하지 않아 명령
이 분명하지 않고 병사들이 어찌할 줄 몰라 우왕좌왕하는 경우를
난亂이라 한다. 장수가 적의 전력을 잘못 분석해 적은 병력으로
많은 적을 상대하거나 약한 부대가 강한 부대를 공격하게 해 아
무도 선봉 부대를 맡으려 하지 않는 경우를 배北라 한다. 이 6가
지는 패전으로 가는 길이므로 장수라면 잘 살펴야 한다.

아군의 전력이 적의 10배면 포위 공격을 하라고 했다. 그러면 적이 지레 겁먹고 항복할 것이므로 싸울 필요가 없다. 반대로 적의 전력이 아군의 10배라면 병사들은 겁을 먹는다. 질 게 뻔한 싸움을 앞둔 병사들은 허망하게 죽기보다는 열심히 뛰어(走) 도망가는 선택을 할 확률이 높다.

임진왜란 당시 조선 수군은 소규모 왜구의 침입에 대비한 편제를 갖추고 있었다. 전라좌수영의 군대 모두 여수 앞바다에 집결한 게 아니라 보성에 1척, 녹도에 2척 등 곳곳에 흩어져 있었다. 이 전력을 한 곳에 모으자면 시간이 필요했다. 이순신은 장계에 "보성과 녹도에서 오자면 사흘이나 걸립니다"라고 썼다. 전력이 모이지 않은 상황에서는 부산 앞바다를 새까맣게 메운 적을 저지하는 데 역부족이었다. 결국 경상좌수영은 부대가 집결하기도 전에 궤멸되고 말았다.

군대에는 사단장이 있고, 대대장이 있고, 중대장이 있지만, 실무는 주임상사를 비롯한 부사관들이 도맡아서 한다. 그래서 부사관들이 열심히 움직이지 않으면 군대는 시위가 벗겨진 활(弛)처럼 못쓰게 된다.

물론 적과 맞붙어 직접 싸우는 건 병사들이다. 병사들이 싸우지 않으려 들면 군대는 함정(陷)에 빠진 것처럼 꼼짝도 할 수 없다.

병자호란 때 인조가 갇힌 남한산성 아래 쌍령고개에는 4만 명의 근왕병勤王兵이 모여 있었다. 이들은 모두 군사 훈련이라고는 받아본 적 없는 농민들이었다. 대치 상태에서 청나라 기병 30명이 먼저 공격해왔는데, 조선군은 겁에 질려 사정거리에 들어오기도 전에 사격을 개시해 정작 적이 가까이 왔을 때는 화약이 다 떨어져 더는 총을 사용할 수 없었다. 총알이 떨어져 대오가 무너지는 조선군을 향해 청나라 기병 300

명이 무서운 기세로 진격해 들어왔고, 조선군은 도망가느라 아군끼리 서로 밟고 밟히는 참상 속에서 2만 명이 몰살당하고 말았다. 남한산성에서 이 광경을 목도한 인조는 삼전도로 나아가 항복의 굴욕을 감내해야 했다.

《논어》는 "훈련받지 못한 백성을 전쟁터로 내보내는 것은 그들을 버리는 것과 같다"라고 했다.

군대는 명령 체제가 생명이다. 명령 체제에 혼선이 왔다면 이미 군대의 기강이 무너졌다는(崩) 뜻이다. 또한 장수가 스스로 중심을 잡지 못하고 명령을 번복하면 병사들이 아무리 열심히 싸워도 어지럽기만(亂)하다.

《징비록》에는 이순신의 뒤를 이어 삼도수군통제사가 된 원균에 대해 이렇게 언급하고 있다.

"좋아하는 첩을 데려다 그 집에서 살며 이중으로 울타리를 하여 안팎을 막아놓아서 장수들도 그의 얼굴을 보는 일이 드물었다. 또 술 마시기를 좋아해 날마다 술주정과 성내는 것을 일삼았다."

첩은커녕 가족과도 따로 살며 절제된 생활을 한 이순신에게 익숙한 장교들에게 원균의 이런 모습은 이해하기도 어렵거니와 상사에 대한 충성심도 생길 리 없었다. 부하들의 마음은 곧 돌아섰다. 이덕형은 한산도를 방문한 뒤에 조정에 보고서를 올렸다.

"이순신이 잡혀가고 원균이 대신 통제사로 갔을 때, 지난날 이순신의 막료였던 장수들이 원균과는 더불어 상의하지 않았다. 그리하여 그의 위치는 매우 고립된 상태였다."

장수로서 스스로 중심을 잡지 못한 원균이 이끄는 조선 수군은 칠천량에서 전멸했다.

장수가 적의 전력을 잘못 분석해 적은 수로 많은 적을 공격하려 한다거나 아군의 약점을 적에게 들키면, 병사들은 달아날(北) 수밖에 없다.

임진왜란의 전운이 고조될 즈음, 유성룡이 신립을 만나서 물었다.

"조만간 전쟁이 터지면 공의 어깨가 무겁소. 공은 적의 군사력을 어떻게 보고 있소?"

신립은 우려할 게 하나도 없다며 자신만만해했다.

유성룡은 신립이 적을 너무 얕잡아보는 것 같아 핵심을 좀 더 분명하게 짚어줬다.

"지금은 조총이 있어 가볍게 볼 수 없소."

하지만 신립은 여전히 코웃음 치며 말했다.

"조총이 있더라도 쏘는 대로 다 맞기야 하겠습니까?"

신립은 이렇게 조총을 무시하고 적을 얕잡아보다가 그 자신이 탄금대에서 조총의 희생물이 되고 말았다.

싸움을 하자면 최고위 장수부터 말단 병사까지 모두 강해야 한다. 그 가운데서도 시작은 역시 장수다.《오자병법》은 "전승의 결정적 요인과 조건은 오로지 군을 잘 다스리는 데 있다(以治爲勝이치위승)"라고 했다. 잘 다스리려 한다면 많은 수보다는 적은 수가 낫다. 그래서 군대에는 중간 간부가 있다.《한비자》에는 "현명한 군주는 관리를 다스리지 백성을 직접 다스리지 않는다(明主治吏不治民명주치리불치민)"라고 했다.

항명은
정당한가

지형은 싸움에 도움이 된다. 전력을 분석하고 지형을 따져 승리를 만들어내는 것이 장수가 할 일이다. 이 점을 알고 싸움에 나서면 반드시 이기고, 이것도 모르고 싸우겠다고 덤비면 반드시 진다. 절대 이기는 싸움은 임금이 싸우지 말라고 해도 싸워 이기고, 반드시 지게 돼 있는 싸움은 임금이 싸우라고 해도 싸우면 안 된다(戰道必勝 主曰無戰 必戰可也 戰道不勝 主曰必戰 無戰可也 전도필승 주왈무전 필전가야 전도불승 주왈필전 무전가야). 자기 이름 떨치자고 공격하지 않고 벌받기 무서워서 퇴각하지도 않고 그저 국민과 임금에게 보탬이 되는 쪽으로 행동하는 장수는 나라의 보배다(進不求名 退不避罪 唯民是保 而利合於主 國之寶也 진불구명 퇴불피죄 유민시보이리합어주 국지보야).

손자는 〈구변〉 편에서 "명령에도 받지 말아야 한다는 명령이 있다"고 했다. 그 이유는 승패의 판단을 현장의 장수가 궁궐에 있는 임금보다 더 잘하기 때문이다. 물론 그 판단은 장수 개인의 영광이 아니라 국가와 국민을 위한 것이어야 올바르게 나온다.

장수는 전쟁터의 상황에 대해 임금보다 훨씬 더 많은 정보를 갖고 있기 마련이다. 장수가 제아무리 상세한 보고를 한다 해도 고의든 실수든 무의식이든 빠뜨리는 게 있고, 그렇게 누락시킨 사소한 정보가 때로는 정황 판단의 결정적 밑거름이 되기도 한다. 바람(風)이 말을 해주는 곳이 바로 현장이다.

일본의 가토 기요마사가 대한해협을 건너 조선 땅으로 들어온다는 첩보를 입수한 조선 조정은 이순신에게 출동을 명령했다. 이순신은 육지의 험한 지형에 기대 숨어 있는 안골포 등의 적을 후방에 남겨놓고 적진 깊숙이 있는 부산까지 가는 위험을 감수할 수 없었다. 유성룡이 《징비록》에 남겼듯 이순신은 '머뭇거렸다'.

사정이 이렇게 되자 오히려 조정이 당황했다. 전시에 임금의 명령을 일선 장수가 거부하는 항명抗命 사태를 상상할 수 없었기 때문이다. 출동을 재촉하기 위해 급기야 도원수 권율이 직접 한산도까지 찾아온다. 그러나 권율이 도착했을 때 이미 가토는 조선 땅을 밟은 뒤였다. 이순신에게 남은 건 항명에 대한 응징뿐이었다.

이순신이 쫓겨나고 새로 수군통제사가 된 원균도 같은 숙제를 안게 됐다. 무작정 부산 앞바다로 나가면 후방의 적이 문제가 될 것이라는 것쯤은 원균도 알고 있었다. 하지만 출동 명령을 거부하면 어떻게 되는지 이순신의 예에서 직접 목격했다. 이러지도 저러지도 못하고 우물쭈물 하고 있는데, 권율이 명령을 따르지 않는다며 원균에게 곤장을 쳤다. 수군 총사령관이 휘하 장병들이 지켜보는 앞에서 곤장을 맞았다. 그런 망신을 당하고 1주일이 안 돼 원균은 내키지 않는 출정에 올랐다. 그리고 그 길로 조선 수군은 궤멸되고 만다.

원균이라고 그런 결과를 예상하지 못했을까? 전후 상황을 보면 원균도 얼마나 무모한 출정에 올랐는지 스스로 알고 있었다. 다만 질 줄 뻔히 알면서 군사들을 데리고 나간 게 문제였다. 그리고 무리한 출정을 감행한 이유가 애처롭다. '곤장 맞기 싫어서'였다.

임금으로 대변되는 이른바 윗사람들은 자신의 과오를 인정하는 법이 없다. 설령 장수로 대변되는 아랫사람의 판단이 옳은 것으로 나중에 판단되더라도 '그래 네 똥 굵다' 정도의 감정만 갖는다. '이놈은 언제든 내 말을 거스를 수 있는 놈'이라는 인식, '이놈은 내 새끼가 아니다'는 인식을 갖게 하는 근거가 될 뿐 '이놈은 국가의 동량棟梁*'이라는 각성의 순간은 임금에게 오지 않는다.

신라와 당의 침공 소식을 들은 의자왕은 귀양 간 홍수興首에게 전략을 물었다. 홍수의 대답은 이랬다. "탄현과 기벌포는 국가의 요충이기 때문에 한 사람이 칼을 들고 있으면 1만 명이 덤비지 못할 곳입니다. 그러니 당나라는 기벌포에 들어오지 못하게 하고, 신라군은 탄현을 넘어오지 못하게 해야 합니다." 한마디로 좁은 길목을 차단하라는 뜻이다. 누가 봐도 당시 백제가 취할 수 있는 유일한 전략이었다.

하지만 문제는 이 의견을 의자왕의 미움을 받고 죽은 성충이 이미 유언으로 내놨었다는 점이었다. 자신이 내친 성충의 유언을 자기 손으로 실현해야 할 처지에 놓인 의자왕은 심사가 복잡했다. 그때 좌평 임자任子가 말했다.

"당나라 군사들은 기벌포를 지나게 하고, 신라의 군사들은 탄현을 넘게 한 다음에 들이치면 마치 항아리 속에 든 자라를 잡는 것처럼 두 나라 적을 다 분쇄할 수 있습니다. 어찌 험한 곳을 막고 대치해 군사들의 사기를 꺾으려 하십니까."

● 동량지재棟梁之材. 기둥과 들보로 쓸 만한 재목이라는 뜻으로, 한 집안이나 한 나라를 떠받치는 중대한 일을 맡을 인재를 이르는 말.

유리한 지형을 스스로 버리는, 조령을 버리고 탄금대에 진을 치는 것처럼 미련한 짓이었지만, 의자왕은 이 제안을 채택했다. 백제는 그 길로 멸망했다. 높은 사람은 자신의 잘못을 인정하려 하지 않는다. 자신의 잘못을 지적하는 부하를 칭찬하고 가까이 두는 사람은 성인이지 보스가 아니다.

항명은 사정이 허락한다면 즉시, 사정이 허락하지 않는다면 나중에라도, 보복으로 돌아온다. 장수는 임금의 잘못된 명령을 거슬러 승리하면 미운 털이 박혀서 죽고, 임금의 잘못된 명령을 따르면 전투에서 죽는다. 원균이 그랬고, 계백이 그랬다.

항명으로 천신만고를 겪은 이순신은 삼도수군통제사로 돌아와서 또 항명을 저지른다. 불과 12척의 전선만 남은 수군을 폐지하고 육군에 합류하라는 선조의 지시에 사뭇 거만하기까지 한 듯한 답신을 보냈다.

"지금 신에게는 전선 12척이 있습니다. 비록 전선은 적지만 제가 죽지 않고 살아 있는 한 적은 감히 우리를 깔보지 못할 것입니다."

이순신은 그러나 12척의 전선으로 일본군의 수륙병진작전을 또 한 번 좌절시켜 자신의 말이 허풍이 아님을 입증했다. 그러나 항명이었다. 전쟁 영웅이지만, 전쟁 이후에는 영광이 아닌 핍박이 기다리고 있음을 본인도 알고 있었을 것이다. 이순신이 노량으로 마지막 출전에 나서던 날 이순신의 벗이자 조선 전시 내각의 책임자였던 유성룡은 실각한다. 임금의 명령을 거스른 이순신을 보호해줄 사람은 아무도 없었다. 노량에서 이순신이 마치 죽으려고 작심한 사람처럼 선두에 서서 북을 두드리며 전투에 나선 이유의 한 단면이 여기에 있기도 하다.

"절대 이기는 싸움은 임금이 싸우지 말라고 해도 싸워 이기고, 반드시 지게 돼 있는 싸움은 임금이 싸우라고 해도 싸우면 안 된다"고 했다. 이순신은 임금의 명령보다 자신의 전략적 판단을 앞세워 이겼다. 그러나 주어진 길은 가시밭길이요, 남은 선택은 자살이 의심스러운 전사戰死였다. 임금이야말로 '절대 이길 수 없는' 존재였기 때문이었다.

그래서 많은 장수들은 좌평 임자의 길을 걷는다. '알아서 기는' 선택을 한다. 자신이 현장에서 보고 느낀 최선의 판단이 아니라 멀리 떨어진 임금의 뜻을 미루어 짐작하고 그 뜻에 맞게 행동한다. 나라를 위한 행동이 무엇인가를 고민하는 대신에 임금의 뜻이 어디에 있는지를 파악하는 데 더 많은 노력을 기울인다. 나라를 위한 고민 끝에 용기 있는 결단을 내려봤자 기다리는 건 가시밭길밖에 없다는 걸 벌써 400년 전에 이순신이 보여줬기 때문이다.

싸움 잘하는 군인이 아닌 보고서 잘 쓰는 군인이 출세한다. 공식 보고 채널을 건너 뛴 사적 보고가 횡행한다. 국민 좋으라고 만들었는지 대통령 보라고 만들었는지 알 수 없는 정책들이 발표되곤 한다. 소비자들더러 사다 쓰라고 만들었는지 회사 오너가 보고 기분 좋으라고 만들었는지 헷갈리는 제품들도 눈에 띈다. 임자 이래 유서 깊은 전통을 갖고 있는 현상이다.

한비자는 임금을 대할 때 역린逆鱗을 건드려서는 안 된다고 강조한다. 역린은 용의 목덜미에 거꾸로 난 비늘인데, 순한 용도 이걸 건드리면 누구든 바로 죽여버린다. 대부분의 경우 역린은 임금의 권위다. 항명의 결과가 승리인지 패배인지는 중요하지 않다. 항명이라는 행위 자체로 임금의 권위에 상처를 입히는 게 문제다. 임금은 싸움에 지는 건 용서해도 자신의 자존심을 건드리는 건 용서하지 않는다.

"비단 대단 곱다 해도 말같이 고운 게 없다"고 했다. 장수는 항명을 고민하기 이전에 임금을 설득해야 한다. 역린을 건드리지 않으면서도, 싸움에 지지도 않는 방법을 찾아야 한다. 당장 눈앞에 있는 적과 싸우느라 정신없겠지만 등뒤에 있는 임금의 관심도 살펴야 한다. 이걸 아부라고 부른다면 아부, 아첨이라고 부른다면 아첨이라고 할 수 있다. 그러나 장수는 깨진 유리창 하나에 의미를 부여하는 민감한 촉수를 세우고 살아야 하는 존재다. 그 촉의 대상은 부하들일 수도 있지만 동시에 임금이기도 하다. 왜 쓸데없는 일에 힘 빼느냐고 푸념할 필요 없다. 그게 장수에게 주어진 운명이다. 그래서 장수 해먹기 어렵다.

감동은
힘이 세다

병사들을 어린아이처럼 돌봐주면 함께 깊은 계곡물에 뛰어들 수 있다. 병사들을 자식처럼 아끼면 그들은 같이 죽을 수도 있다(視卒如愛子 故可與之俱死 시졸여애자 고가여지구사). 버릇없는 자식처럼 잘해준다고 기어오르고, 예뻐한다고 말 안 듣고 제멋대로 구는 병사들도 있다. 이런 놈들은 못써먹는다.

《육도》에는 "사졸들이 앉아 쉬지 못했으면 장수는 먼저 자리에 앉지 말고, 사졸들이 미처 식사하지 않았으면 먼저 밥 먹지 않는다"라고 강조했다. 예나 지금이나 사람의 마음을 감동시키는 것이 가장 효과적인 통제 수단이다.

후고구려를 세운 궁예는 도적떼의 두령이었다. 휘하에 3,500명을 거느린 군벌의 반열에 오른 뒤에도 부하들과 숙식을 함께했다. 병사들과 고생과 즐거움을 같이했고, 주고 빼앗는 일에도 공평했다. 무엇보다 자신의 이익을 앞세우지 않았다. 궁예는 장수로 임명된 적이 없다. 부하들에 의해 장수로 '추대'됐다.

사랑으로 사람을 감동시키는 데는 노력과 함께 시간이 필요하다. 부하의 엉덩이에 난 고름을 입으로 직접 빨아줬다는 오기도 병사들의 마음을 얻는 데 1년이라는 시간이 걸렸다. 그래서 시간이 급한 사람들은 사랑에 앞서 엄격함, 나아가 위엄이라는 수단을 사용하기도 했다.

백전백승의
조건

아군의 공격 능력만 알고 적군의 방어 능력을 모른다면 승률은 반반이다(知吾卒之可以擊 而不知敵之不可擊 勝之半也 지오졸지가이격 이부지적지불가격 승지반야). 적군의 공격 능력만 알고 아군의 방어 능력을 모른다면 이 또한 승률은 반반이다(知敵之可擊 而不知吾卒之不可擊 勝之半也 지적지가격 이부지오졸지불가격 승지반야). 적군의 전력과 아군의 전력을 모두 알더라도 지형을 모른다면 이 역시 승률은 반반이다(知敵之可擊 知吾卒之可以擊 而不知地形之不可以戰 勝之半也 지적지가격 지오졸지가이격 이부지지 형지불가이전 승지반야).

싸움을 하자면 전력을 분석해야 한다. 첫 단계로 아군의 강점과 약점, 적의 장점과 단점은 무엇인지 파악해야 한다.

조선 수군과 왜군 수군의 배를 비교하면, 조선의 판옥선은 크고 무겁고 튼튼한 반면 왜군의 배는 작고 가볍고 빨랐다. 그래서 조선 수군은 배끼리 부딪혀 충돌해 적선을 부셔버리는 전법을 썼다. 거북선의 앞부분에 있는 도깨비 모양의 돌출부는 충돌의 파괴력을 극대화한다. 왜군은 상대편 배에 올라 백병전을 벌인다. 기록에 따르면 "왜적이 칼을 빼어들고 배 안으로 뛰어들면 용감한 군사가 아무리 많아도 당해낼 수가 없다"라고 했다.

주무기는 조선군은 포고, 일본은 조총이다. 조총의 유효사거리有效射距離는 100보 안팎인 반면, 포의 사거리는 종류에 따라 다르지만 길게는 800보까지 간다. 포는 포탄을 터뜨리는 것이 아니라 쇳덩어리를 날려 '부수는' 방식이다. 천자포는 13센티미터 직경의 포로, 지름 11.7센티미터의 쇠구슬을 쏘았다. 천자포보다 구경이 작은 지자포, 현자포, 홍자포도 있는데, 모두 사정거리가 조총보다 멀다. 그래서 원거리 전투에 유리했다.

접근전에서도 배를 잇닿아 붙여 적들이 아군의 배에 오르지 않는 한 조선 수군이 유리했다. 판옥선은 선체가 큰 만큼 높았기 때문에 높은 곳에서 적을 내려다보며 조준사격을 할 수 있었다. 반면 왜군은 판옥선의 선체가 높았기 때문에 백병전을 펼치기 힘들었다. 간신히 배에 올라 백병전을 펼치려 해도 순식간에 돌진하는 판옥선과 부딪히는 순간 왜군의 배는 박살나기 일쑤였다.

단, 조선 수군은 등을 보이고 도주하는 것을 삼가야 했다. 선미에는 포가 장착되어 있지 않았기 때문에 조선 수군의 장기인 포 사격이 불가능했다. 게다가 판옥선은 속도가 느려서 적에게 금방 따라잡혔다.

고려 말과 조선 초에 잦은 왜구의 침략으로 조선 수군은 전력 분석에 능숙했고, 이순신이 꾸준히 남해안의 지형을 샅샅이 조사해온 덕분에 해안선과 암초의 위치를 손바닥 보듯 훤히 꿰고 있었다.

그러나 구름 없는 하늘에 비가 올 수는 없는 노릇이다. 모든 준비가 끝났다 해도 조건이 갖춰지지 않으면 일은 성사되지 않는다. 지형은 마음대로 만들어낼 수 없는 외부 조건이다. 단순히 승률을 높이는 수준을 넘어 완벽한 승리를 노린다면, 외부 변수까지도 완벽하게 통제해야 한다. 불리하면 피하고, 유리하면 활용해야 한다.

이순신은 임진왜란 개전 20일 만에 처음으로 함대를 출격시켰다. 첫 출동에서는 3번의 전투를 치렀는데, 옥포에서 26척, 합포에서 5척, 적진포에서 13척의 왜군 함선을 격침시켰다. 그렇다면 아군은 얼마나 피해를 입었을까? 이순신은 장계에 이렇게 적었다.

"정병 이선지가 왼쪽 팔 한 곳에 화살을 맞아 조금 상한 것 외에는 전상자가 없습니다."

완벽한 승리란 이를 두고 하는 말이다.

일단 움직이면
망설이지 않는다

싸울 줄 아는 사람은 일단 움직이면 망설이지 않는다(知兵者 動而
不迷 擧而不窮 지병자 동이불미 거이불궁). 거칠 것도 없다. 적을 알고 나를
알면 이미 9할은 이긴 거다(知彼知己 勝乃不殆 지피지기 승내불태). 여기
에 기후와 지형까지 안다면 완벽하게 이긴 싸움이다(知天知地 勝乃可
全 지천지지 승내가전).

"강감찬이 번개 칼 꺾듯 한다"라는 말이 있다. 일이 순식간에 이뤄짐
을 뜻한다. "마파람에 게 눈 감추듯 한다"라는 속담도 있다.

고민은 결정의 순간에 끝낸다. 결정하고 나면 그때부터는 인정사정
볼 것 없이 밀어붙인다.

일에는 때가 있는 법이다. 때를 놓치면 될 일도 안 된다. 그래서 싸울
줄 아는 사람은 일단 움직이면 망설이지 않고 거침없이 달려나간다. 사
마천은 《사기》에서 이렇게 말했다.

"결단을 내리고 과감하게 행동하면 귀신도 방해하지 못한다(斷而敢行
鬼神避之 단이감행귀신피지)."

그러나 이런 말도 덧붙였다.

"기회란 잡기는 어려우나 놓치기는 쉽다(時難得而易失 시난득이이실)."

나폴레옹은 이런 말을 남겼다.

"나는 사람을 잃더라도 타이밍은 놓치지 않는다."

왜 사람들은 결정적인 타이밍을 놓칠까? 오자의 대답은 이렇다.

"전군의 재앙은 의심 많은 장수의 여우 같은 소심함, 즉 과단성 결핍에서 비롯된다(三軍之災 生於狐擬 삼군지재 생어호의)." 또한 "용병의 가장 큰 해악은 장수가 급박한 상황에 우유부단해 결심하지 못하고 시간만 끄는 것(用兵之害 猶豫最大 용병지해 유예최대)"이라고 강조한다. 관자도 이에 대해 이렇게 말했다.

"우유부단한 사람이 군대를 움직이려는 건 강물을 거꾸로 흐르게 하려는 것과 같다(不明於決塞 猶使水逆流 불명어결색 유사수역류)"라고 했다.

생각이 많으면 일을 그르친다. "망건 쓰자 파장한다"라는 말처럼, 장에 갈까 말까 온종일 망설이다가 뒤늦게 나갈 채비를 마치고 망건을 쓰면 이미 장은 파한 뒤다. 고민하는 사이에 때는 이미 늦는다.

일에는 때가 있다는 걸 알면서도 사람들은 왜 고민을 거듭할까? 판단하기 어려울 때가 있기 때문이다. 그러나 대개의 경우, 판단을 갖고 있으면서도 책임지기 싫어서 시간을 끄는 것이다. 정확히 말해 고민을 하느라 시간을 끄는 게 아니라 눈치를 살피느라 시간을 끈다. '이 방안을 제시하면 윗사람이 반대하지 않을까', '어떤 방안을 갖고 가면 윗사람이 선선히 받아들일까', '과연 윗사람이 생각하는 방안은 무엇일까'. 이런 고민만 하고 있으면 일이 진척될 턱이 없다.

반대로 최고책임자가 고민 끝에 결론을 내리고도 판단을 숨기는 경우도 있다. 그러면 아랫사람들은 최고책임자의 눈치를 살피며 이런저런 방안들을 제시한다. 최고책임자는 자신의 생각과 일치하는 방안이 나올 때까지 시간을 끌다가 자신이 기다렸던 방안이 나오면 못 이기는 척 받아들인다. 만일 그 방안의 결과가 잘못되면, 모든 책임은 그 방안을 내놓은 아랫사람이 뒤집어쓴다.

《한비자》는 말한다.

"무릇 남에게 자기 의견을 진술하기 어렵다는 건, 설득시키려는 상대의 마음을 알아내 거기에 자신을 맞출 수 있느냐에 달려 있다(凡說之難 在 知所說之心 可以吾說當之 범설지난 재지소설지심 가이오설당지)."

지형

통형通形 - 나도 갈 수 있고 적도 갈 수 있는 곳

괘형挂形 - 가기는 쉬운데 돌아오기가 어려운 곳

지형支形 - 나도 가봤자 도움 안 되고 적도 가봤자 별 이익이 없는 곳

애형隘形 - 좁고 막혀 있는 곳

험형險形 - 산세가 험한 곳

원형遠形 - 아군과 적군이 서로 멀리 떨어져 있는 상황

패전

주走 - 분산된 힘으로 집중된 적을 상대하는 미련한 경우

이弛 - 병사들은 강한데 부사관들이 약한 경우

함陷 - 부사관들은 강한데 병사들이 약한 경우

붕崩 - 장교들이 장수의 명령에 불복해 마음대로 싸우는 경우

난亂 - 장수가 중심 못 잡는 경우

배北 - 장수가 적의 전력을 잘못 분석한 경우

이기는 싸움은 누가 뭐래도 한다.

절대 이기는 싸움은 임금이 싸우지 말라고 해도 싸워 이긴다.

戰道必勝 主曰無戰 必戰可也 전도필승 주왈무전 필전가야

반드시 지게 돼 있는 싸움은 임금이 싸우라고 해도 싸우면 안 된다.

戰道不勝 主曰必戰 無戰可也 전도불승 주왈필전 무전가야

자기 이름 떨치자고 공격하지 않는다.

進不求名 진불구명

벌 받기 무서워서 물러서지 않는다.

退不避罪 퇴불피죄

적을 알고 나를 알면 승리는 확실하다.

知彼知己 勝乃不殆 지피지기 승내불태

여기에 기후와 지형까지 안다면 승리는 완벽하다.

知天知地 勝乃可全 지천지지 승내가전

일단 움직이면 망설이지 않는다.

動而不迷 擧而不窮 동이불미 거이불궁

九地

:구지

본심을
들키면
진다

싸움의 시작은 마음가짐이다. 마음을 잡으려면 감동을 줘야 한다. 그러나 누군가의 마음을 움직이는 감동은 말처럼 쉽지 않다. 마음은 다잡도록 하는 게 가장 손쉽고도 효과적이다.

마음가짐은 상황에 따라 바뀐다. 유리한 상황에서는 느긋해지고 여유로워지는 반면, 불리한 상황에서는 조급해지고 위축된다. 극단적으로 불리한 상황이 되면, 이판사판 죽기를 각오한다. 죽기를 각오하면 못할 일이 없다. 살기 위해서 뭐든 한다. 그래서 기왕 불리한 국면을 맞이했다면, 상황을 극단적으로 끌고 갈 필요가 있다.

극단적인 상황을 연출하기 위해서는 정보 통제가 필요하다. 정확한 상황 파악은 스스로의 판단을 이끌어낸다. 위기 국면에서 개별적 판단과 개별적 행동은 위험한 결과를 초래할 수 있다. 판단을 통제하려면 정보를 통제해야 한다. 통제된 정보는 상황을 규정하고, 극단적으로 치닫는 상황은 마음을 다잡게 한다. 죽음을 각오한 마음가짐이 승리를 이끌어낸다.

일에는
우선순위가 있다

땅에는 산지散地, 경지輕地, 쟁지爭地, 교지交地, 구지衢地, 중지重地, 비지圮地, 위지圍地, 사지死地의 9가지가 있다. 산지는 자기 땅에서 싸우는 것이고, 경지는 적지지만 자기 땅에서 가까운 곳이다. 쟁지는 나뿐만 아니라 적도 차지하고 싶어하는 전략적 요충지다. 교지는 나도 갈 수 있고 적도 올 수 있는 교통의 요지다. 구지는 여러 나라와 맞닿아 있어 선점하면 천하를 얻을 수 있는 땅이다. 중지는 깊숙이 들어가서 배후에 적이 많은 경우다. 비지는 숲이 우거지거나 산세가 험하거나 바닥이 질퍽해서 다니기 힘든 땅이다. 위지는 들어가는 길이 좁고 나올 때는 멀리 돌아야 하기 때문에 적이 적은 병력으로 많은 수의 아군을 공격할 만한 곳이다. 사지는 빨리 싸우면 살 수 있지만, 어물거리다가는 전멸하는 땅이다. 그래서 산지에서는 싸우면 안 되고, 경지에서는 주둔하면 안 된다. 쟁지는 공격하지 말고, 교지에서는 부대 간에 틈이 생기지 않도록 해야 한다. 구지에서는 외교에 힘쓰고, 중지에서는 현지에서 식량을 조달하라. 비지는 곧장 지나가고, 위지에서는 빠져나갈 궁리부터 하라. 사지에서는 오로지 싸우는 수밖에 없다.

산지散地는 자기 나라 땅이다. 자기 나라 땅은 익숙하기 때문에 싸움에 유리할 것 같지만, 그 점이 패착이다. 유리하다는 자만심이 실수를 유발하고, 가까이에 있는 가족이 늘 눈에 밟힌다. 영토 안에서 싸움이 일어나면 피해도 고스란히 내 몫이다. 이런 까닭에 싸울 만한 곳이 못 된다. 혹시 싸움이 일어난다면 무엇보다도 흐트러지기 쉬운 마음을 다 잡아야 한다.

김유신이 백제와 싸움을 마치고 신라로 개선하던 중 또다시 백제군이 침입했다는 소식을 접했다. 선덕여왕은 이번에도 김유신에게 출동을 명령했다. 곧 집에 당도할 줄 알았던 병사들의 실망은 이만저만이 아니었다. 김유신은 집에 돌아가지 않고 곧장 행군했다. 온 집안 식구들이 거리에 나와 바라보고 눈물을 지었는데 김유신은 돌아보지도 않고 말머리를 되돌렸다. 그러고는 집에서 50보쯤 떨어진 곳에 가서야 말을 멈추고 집에서 숭늉을 가져오라 하여 한 모금 들이켰다. "우리 집 물맛은 옛맛 그대로구나." 이 모습을 지켜본 병사들은 "대장군도 이렇게 하는데 우리가 어찌 일가친척과 떨어지는 것을 한스럽게 여기겠는가"라며 다부지게 마음을 먹었다.

경지輕地는 적의 땅이기는 하나 국경에서 멀지 않은 곳이다. 여차하면 국경을 넘어 다시 가족의 품으로 돌아갈 수 있다. 또 물러설 수 있는 안전지대가 있다. 싸움에 불리하면 자기 땅으로 도망가면 되므로 목숨 걸고 싸울 일이 없다. 목숨 걸고 싸우지 않는데 싸움에서 이길 리 없다. 경지도 싸울 만한 터가 못 된다.

당태종은 고구려를 침략할 때 요하를 건너자마자 방금 건넌 다리를 없앴다. 병사들에게 오로지 싸워 이겨야만 집에 돌아갈 수 있다는 강한 마음을 심어주기 위해서였다. 그리고 먼저 와서 고구려군과 싸우던 중, 등을 보이고 달아나는 바람에 패배를 자초한 장군예張君乂의 목을 베었다. 열심히 싸우지 않으면 아군의 손에 목이 달아날 수 있다는 위기감을 심어준 것이다. 이로써 '돌아가면 그만'이라는 병사들의 마음을 바로잡을 수 있었다. 그런데도 당나라군은 안시성 싸움에서 패하고 말았고, 당태종은 간신히 목숨을 부지해 제 나라로 돌아갈 때 요택에 빠져 생고생하면서 호기 부린 것을 뼈저리게 후회했다.

쟁지爭地는 나는 물론이고 적도 갖고 싶은 땅이다. "건너다 보니 절터"라는 말이 있다. 지나가다가 이곳에 절을 지으면 참 좋겠다 싶었는데 알고 보니 절이 있던 자리라는 것이다. 사람들이 보는 눈은 다 비슷하다. 내가 갖고 싶은 땅은 남도 갖고 싶은 법이다. 그래서 쟁지는 싸움이 나기 쉽고, 대부분 이곳에서 일어난다. 쟁지에서는 자리 선점이 중요하다. 먼저 해를 등진 고지에 진을 치면 상대는 불리한 싸움을 벌일 수밖에 없다. 만일 적이 선점했다면, 공격은 다음 기회를 살펴야 한다.

교지交地는 길이 모이는 교통의 요지다. 원하는 곳은 어디든 갈 수 있기 때문에 당연히 전략적으로 가치가 높다. 하지만 사방이 적에게 노출되어 있기 때문에 어디에서든 공격받을 수 있다. 그래서 교지에서는 연락 체계를 긴밀히 유지하는 게 중요하다. 오른쪽이 공격받으면 왼쪽이 도와주고, 왼쪽이 공격받으면 오른쪽이 도와줘야 한다.

구지衢地는 여러 나라와 맞닿아 있는 땅이다. 내 힘이 강하면 여러 나라에 영향력을 미칠 수 있지만, 그렇지 못하면 여러 나라에 휘둘릴 수 있다. 그래서 구지에서는 외교가 중요하다.

고구려 태조왕이 주변국을 복속시키고 한나라와 정면 승부를 벌인

건 즉위 69년이다. 선비의 군사 8,000명과 함께 요대현을 공격해 요동태수 채풍蔡諷을 죽이는 것으로 시작된 전쟁은 훗날 차대왕次大王이 되는 태조왕의 동생 수성遂成이 유주자사 풍환馮驩과 현토태수 요광을 무찌르는 것으로 절정을 맞았다. 그리고 요동에서 한나라의 거점이었던 현토성을 함락시키려는 순간, 뜻밖의 변수가 나타났다. 부여의 왕자 위구태尉仇台가 군사 2만을 동원해 한나라 구원에 나섰다. 고구려는 현토성 함락에 실패하고 요동 복속을 한 세대 뒤로 미뤄야 했다.

태조왕은 부여와의 관계에 공을 들였다. 《삼국사기》에 태조왕 25년에는 부여 사신이 뿔 3개 달린 사슴과 꼬리가 긴 토끼를 바쳤다고 했고, 53년에는 부여 사신이 길이가 한 발 두 자에 털빛이 선명한 꼬리 없는 범을 바쳤다고 기록하고 있다. 그러나 고구려가 현토성과의 전면전에 나서기 3년 전, 부여는 한나라에 조공을 바치며 동맹국을 바꾸었다. 한나라에 조공을 보낼 때 왕자 위구태를 사신으로 보냈다. 고구려는 갑자기 태도를 바꾼 부여를 단속할 필요가 있었지만 전혀 손을 쓰지 않았고, 결국 부여에게 발목을 잡히고 말았다.

중지重地는 적지, 그것도 아주 깊숙이 들어간 적지다. 외부로부터 도움을 기대할 수 없고, 무엇이든 자체적으로 해결해야 한다. 나오고 싶어도 사방이 적이기 때문에 마음대로 나올 수도 없다. 하지만 그러한 절체절명의 위기를 기회 삼아 뜻밖의 힘을 낼 수 있는 곳이기도 하다.

비지圮地는 불모지다. 다니기도 힘들고 주워 먹을 것도 없으므로 오래 머물 이유가 없다.

위지圍地는 좁은 길목이나 험한 산길로, 적과 마주치면 절대적인 악조건에서 싸워야 한다. 웬만하면 아예 들어가지 않는 게 좋고, 일단 들어갔다면 빨리 나와야 한다. 어쩔 수 없이 통과해야 한다면 몇 번이고 정찰병을 보내 거듭 확인하면서 나아가야 한다.

사지死地는 말 그대로 죽을 땅이다. 다른 방법이 없다. 열심히 싸워서 이기면 다행이고, 가만히 있어도 죽고 싸우다 져도 죽는다. 그래도 일 말의 희망을 걸고 마지막 힘을 다하다 보면 목숨을 부지할 가능성도 있다.

싸운답시고 무기만 휘두르는 건 능사가 아니다. 처해진 상황에 따라 급한 일은 따로 있다. 감기몸살을 앓는 사람에게 면역력을 강화한다는 이유로 달리기를 시킬 수는 없다. 우선 해열제부터 먹이는 게 순서다. 일에는 우선순위가 있다. 우선순위는 상황에 따라 다르다.

적의 힘을
분산시켜라

싸울 때는 적의 전방과 후방이 유기적으로 움직이지 못하게 하고 (前後不相及 전후불상급), 대부대와 소부대가 서로 지원하지 못하게 하 며(衆寡不相恃 중과불상시), 장수와 병사들을 분열시켜야 한다(上下不相 扶 상하불상부). 적병을 흩어지게 해야지 한 곳에 모이게 하면 안 된 다(卒離而不集 졸리이부집). 이미 모였다면 통제 불능의 상태가 되게 유 도해야 한다(兵合而不齊 병합이부제). 승산이 있으면 즉각 공격하고(合

於利而動합머리이동), 승산이 없으면 기다려야 한다(不合於利而止 불합어리이지).

뭉치면 살고 흩어지면 죽는다. 이 말은 아군에게도 적군에게도 적용된다. 어떻게 하면 적의 전력을 분산시키느냐가 승부의 관건이다. 명량해전에서 이순신이 그랬듯 물리적으로 오른손이 왼손을 돕지 못하는 상황을 만들어 적을 한 번에 하나씩 제압하는 것이 좋다. 심리적으로 적을 이간시켜 내부의 분열을 획책하는 것도 효과적이다. 고구려는 연개소문의 아들들의 불화로 자멸했다. 나의 힘은 모으고 적의 힘은 나누는 것, 이것이 싸움의 요체다.

적의 힘이 이미 집중되어 있다면 그 힘을 발휘할 수 없게 만들어야 한다. 잘하면서도 못하는 척하고 가까우면서도 먼 척하고, 약을 올려 흥분하게 만들거나 비굴하게 굴어서 적으로 하여금 교만에 빠지게 해야 한다. 그래도 적의 힘이 분산되지 않는다면, 그때는 기다리는 수밖에 없다. 목석도 땀을 흘릴 때가 있고, 겨울 가면 봄이 오기 마련이다. 기다림은 비겁한 것도 아니고 아무것도 하지 않는 것도 아니다. 시간은 곧 변화다. 기다림은 전쟁터에서 의미 있는 선택 중 하나다.

가장 소중한 것을
먼저 빼앗아라

"적이 대오를 갖추고 이제 곧 쳐들어오려고 한다. 이것을 기다려야 하는가?" 대답은 "적이 가장 소중히 여기는 것을 먼저 빼앗고 반응을 보라(先奪其所愛則聽 선탈기소애즉청)"다. 전쟁은 속도를 생명으로 한다(兵之情主速 병지정주속). 적의 예상을 뛰어넘어 그들의 주의가 미치지 않는 허점을 공격하라(乘人之不及 由不虞之道 攻其所不戒也 승인지불급 유불우지도 공기소불계야).

권투 경기가 시작되면 주먹을 교환하지 않고 서로 응시하며 링을 빙빙 돈다. 서로 만반의 수비 태세를 갖춘 상태다. 섣불리 공격하면 오히려 적에게 역습의 빌미를 주게 된다. 그렇다면 적이 먼저 움직이기를 기다려야만 할까? 손자의 대답은 이렇다. "그래도 먼저 움직여라." 단, 적의 예상을 뛰어넘어 방어할 수 없는 곳을 공격해야 한다.

공격의 제1 요결은 '선제先制', 한 박자라도 먼저 움직이는 게 유리하다. 그러나 먼저 움직인다는 건 자칫 적에게 빈틈을 보일 수 있다. 그래서 일격은 적의 예상을 뛰어넘어 치명적인 곳을 공격해야 한다. 이것은 공격의 제3 요결 '의표意表'다. 적에게 충격과 공포를 안겨주는 지점을 찾아 바람처럼 쳐들어가야 한다.

청해진대사 장보고는 자신의 딸을 문성왕의 둘째 왕비로 삼으려 했으나 신하들의 반대로 실패했다. 나아가 신하들은 장보고를 반역자로 규정했다. 그러나 토벌군을 보내자니 청해진의 군사들을 감당할 수 없고, 그냥 두자니 반역자로 규정한 체면이 서지 않았다. 난감한 상황을 해결하기 위해 신라 조정은 과거 장보고의 막료였던 염장閻長을 암살자로 보냈다. 장보고는 인연이 막역한 염장과 의심 없이 술잔을 나누었고, 염장은 손쉽게 장보고를 없앨 수 있었다.

고구려 동천왕은 위나라 관구검의 침입을 받아 남옥저까지 쫓겨갔을 때, 유유紐由가 항복을 빙자해 관구검의 막사로 들어갔다. 유유는 음식 그릇 밑에 칼을 숨겨 들어가 관구검을 암살해 전세를 역전시켰다.

임진왜란 때 의병장 고경명高敬命은 빈틈 노리기의 진수를 보여줬다. 왜군이 곡창지대인 전라도 점령을 위해 전주로 몰려들었다. 조선군의 방어 보루는 전주성 동쪽 고개인 웅치와 북쪽 고개인 이치였다. 웅치가 먼저 정담鄭湛의 전사와 함께 이틀 만에 무너졌다. 그리고 권율이 이끄는 이치 전선도 무너지려는 찰나, 의병장 고경명은 전주성 방어전에 동참하는 대신 왜군 본대가 대기하는 금산성을 공격했다. 금산성이 조선군에게 넘어가면 웅치와 이치에서 싸우던 왜군은 앞뒤로 조선군과 맞서 싸워야 하는 형편이었다. 웅치와 이치에서 싸우던 왜군은 급히 금산성 구원에 나설 수밖에 없었고, 결국 왜군은 전라도 땅에서 스스로 물러났다.

장보고와 맞선 신라 조정도, 관구검과 맞선 동천왕도, 웅치와 이치에서 왜군과 맞선 조선군도 공격의 제2 요결인 '주동主動'을 빼앗긴 채 적의 처분만 기다리는 신세였다. 그러나 한발 빠른 속도(선제)로 적의 허점(의표)을 찔러 전세를 역전시켰다.

필사의 각오로는
못할 게 없다

적지에 들어갈 때는 깊숙이 들어가라. 남의 땅에서 먹을 것을 빼앗아 배불리 먹고 피곤하지 않게 하면서 힘을 비축해둔다. 그러면서 자세한 전투 계획을 알려주지 않고(運兵計謀 爲不可測 운병계모 위불가측), 도망갈 곳이 없으므로 죽지 않으려면 이기는 수밖에 없는 상황으로 몰아넣는다(投之無所往 死且不北 투지무소왕 사차불배). 죽음 앞에서는 못할 게 없다(死焉不得 사언부득). 장교와 병사 모두 힘을 다해 싸운다(士人盡力 사인진력). 병사들은 최악의 상황에 빠지면 두려움을 잊기 마련이다(士甚陷則懼 사심함즉구). 도망갈 곳이 없으면 더 씩씩해지고, 적진 깊숙이 들어가면 똘똘 뭉치고, 다른 방법이 없을 때는 싸운다(無所往則固 深入則拘 不得已則鬪 무소왕즉고 심입즉구 부득사즉투). 이런 병사들은 가르치지 않아도 알아서 조심하고(不修而戒 불수이계), 달라는 말 안 해도 알아서 갖다주며(不求而得 불구이득), 강제하지 않아도 따르고(不約而親 불약이친), 명령을 내리지 않아도 군기를 지킨다(不令而信 불령이신).

사람이 자신의 능력을 가장 잘 발휘할 때는 그 능력을 스스로 마음껏 펼칠 때다. 그래서 제대로 돌아가는 조직은 개인의 자율성을 강조한다. 《한비자》에 "큰 나라를 다스리는 것은 조그만 물고기를 굽는 것과 같다(治大國者 若烹小鮮 치대국자 약팽소선)"라고 했다. 작은 물고기는 골고루 잘

익혀보겠다고 자주 뒤집으면 바닥에 눌어붙어서 살이 다 떨어지고 먹을 건 얼마 안 남는다. 인내심을 갖고 내버려두면 알아서 잘 익는다.

전시에는 인내심을 갖고 기다릴 시간이 없다. 그렇다고 일일이 간섭하면 아무 일도 안 된다. 병사들은 장수의 잦은 큰소리에 주눅부터 들 것이고, 장수들은 괜히 일 벌였다가 사고치는 것보다 조용히 지내는 편이 낫다고 꼼짝도 하지 않을 가능성이 크다. 이런 병사들이 능력을 최대한 발휘하게 하는 길은, 할 수밖에 없도록 만드는 것이다. 평소에는 엎드리라고 골백번 얘기해도 안 듣던 사람도 총알이 빗발치듯 날아오면 알아서 자세를 낮추기 마련이다. 살기 위해서는 다른 선택의 여지가 없기 때문이다.

고구려의 봉상왕烽上王은 시기심이 많았었다. 봉상왕은 즉위하자마자 아버지 서천왕西川王 때의 전쟁 영웅이자 자신의 삼촌이기도 한 안국군 달가達賈를 죽음으로 내몰았다. 백성들이 우러러본다는 게 죄목이었다. 또한 봉상왕은 자신의 권위를 높이기 위해 15세 이상 남녀를 징발해 궁궐 수리를 벌였는데, 하필 시기가 극심한 흉년이 들었을 때였다. 당시 국상이었던 창조리倉助利가 이를 뜯어말리려 하자, 봉상왕은 "국상이 나를 비방함으로써 백성들의 칭찬을 구하려 하는구나"라고 말했다.

창조리는 이 말에 머지않아 임금이 자신을 죽일 것임을 예견했다. 그래서 숨어 사는 왕손 을불乙弗을 찾아내는 한편, 사냥터에서 뜻을 같이하는 사람들에게 갈댓잎을 꽂으라고 하고는 이들을 이끌고 쿠데타를 일으켰다. 결국 봉상왕은 군사들에게 감금됐다가 스스로 목을 매어 죽었다. 그 뒤 창조리는 왕위에 을불을 올렸다. 미천왕美川王의 시대가 열린 것이다. 사람은 죽을 위기에 처하면 자신을 지키기 위해 무슨 짓이든 한다.

쥐는 막다른 골목에 몰리면 쥐구멍부터 찾는다. 그러나 도망갈 쥐구멍이 없으면 쥐가 고양이를 무는 곳이 바로 막다른 골목이다.

유언비어를
경계하라

쓸데없는 미신과 의심만 없으면 죽음에 이르기까지 못 갈 곳이 없다(禁祥去疑 至死無所之 금상거의 지사무소지).

아군을 사지에 몰아넣는 건 역발상의 전략이다. 그러나 역발상은 이기면 크게 이기지만 위험 부담도 마찬가지로 크다. 작은 실수만으로 전멸당할 수 있다. 위기 상황에서는 유언비어를 경계해야 한다.

고구려 말에 "나라가 900년이 못 돼 80장군에게 망한다"라는 말이 나돌았다. 바야흐로 고구려는 900년 역사를 맞이하고 있었고, 당의 원정군을 이끌던 이세적의 나이가 여든이었다. 당은 이 소문을 적극적으로 퍼뜨렸고, 고구려는 이 소문에 흔들렸다.

백제 말에는 땅 속에서 나온 거북의 등에 '백제는 가득 찬 달이요, 신라는 새로 차는 달'이라고 적힌 글이 나왔다는 소문이 돌았다. 가득 찬

달은 이제 이지러지는 일만 남았고, 새로 차는 달은 보름달이 될 테니 곧 백제가 망한다는 뜻이었다.

후고구려 말에도 '왕창근의 거울(王昌瑾鏡文 왕창근경문)'이라 불리는 사건이 있었다. 왕창근이라는 상인이 거울을 저자에서 샀는데, 해가 비추면 거울에 글이 나타났다. 그 글을 풀이하면 '송악에서 난 왕건이 철원에서 일어난 궁예를 물리치고 신라를 차지한 뒤 압록강까지 지배한다'라는 뜻이었다.

최윤덕은 4군 개척을 위해 압록강 유역으로 출정하면서 16개조의 군령을 발표했다. 곤장에 처하는 죄목과 참형에 처하는 죄목이 구분돼 있는데, "요망한 말을 해 여러 사람을 의혹하게 하는 자는 대장에게 고하여 참한다"라는 조항이 있다. 신기군神騎軍*을 창설해 여진 정벌에 나설 즈음에 발표한 윤관尹瓘의 군령에도 "점쟁이 등의 허황된 말로 군사들을 현혹시킨 자는 장 20대에 처한다"라는 조항이 있다.

싸움을 위해 모든 준비가 끝났을 때 마지막 변수는 유언비어다. 전투를 목전에 두고 군사들의 사기를 떨어뜨리는 일거수일투족이야말로 마지막 경계 대상이다. 그러나 장수가 흥분하면 유언비어와 정확한 동향 보고를 구분하지 못할 때도 있다.

천하의 명장 이순신도 다급한 상황에서 올바른 정보와 헛소문을 구별하지 못했다. 이순신이 수군통제사로 복귀해 수군 재건에 애쓸 때 상황이 매우 좋지 않았다. 이순신 자신을 제외하면 수군에서 최고위직 장교인 배설裵楔이 탈영을 하는 등 기강이 심각하게 해이해졌고, 병사들도 자신감을 잃어 사기가 바닥을 치고 있었다. 그 즈음 당포의 어부 두 사람이 소를 훔쳐 끌고 가면서 적이 쳐들어왔다고 했다. 이순신은 이들이 헛소문을 낸다며 목을 베었지만, 다음 날 왜적이 모습을 드러냈다.

사람은 보고 싶은 것만 보기 마련이지만, 보여주고 싶은 것만 보여주고 싶은 유혹도 못지않게 크다. 사람을 죽을 자리로 몰아넣으려면 상세한 전투 계획을 알려주지 말라고 했다. 누군가 상세한 전투 계획을 누설한다면, 그게 곧 유언비어다. 전쟁터에서는 알 권리가 무시된다. 다만 알려줄 권리만 있을 뿐이다.

도망갈 곳을 없애라

내 군사들이라고 돈을 싫어해서 약탈품을 챙기지 않고, 죽는 게 좋아서 전쟁터에 나가는 게 아니다. 출동 명령이 떨어지면 그들 모두 눈물을 흘린다. 하지만 일단 도망갈 곳이 없는 상황에 처하면 용맹함이 전제나 조귀도 저리 가라다.

전제田齊는《손자병법》을 쓴 손무와 동시대 사람이다. 전제는 오나라의 실력자인 공자 광光의 밀명을 받고 당시 천하의 명검이라고 꼽히던 어장검魚蔣劍을 물고기 요리 안에 숨겨서 갖고 들어가 요왕을 암살했

● 고려 시대 신보군神步軍, 항마군降魔軍과 더불어 별무반別武班을 이룬 기병부대.

다. 전제는 그 자리에서 살해당했다. 이로써 공자 광은 왕위에 올라 손무를 등용해 중국을 제패했는데, 공자 광이 바로 오왕 합려다.

조귀는 노나라 사람이다. 공자의 고향이기도 한 노나라는 약소국이었다. 노나라는 관중의 보필을 받은 제나라 환공과의 전쟁에서 진 뒤 영토를 떼어주고 굴욕적인 강화 조약을 맺었다. 조귀는 위험을 무릅쓰고 제 환공을 단도로 위협해 강화 조약의 내용을 바꿨다. 그 덕분에 노나라는 영토를 보전할 수 있었다.

전제와 조귀 모두 한 시대를 대표하는 용사들이다. 누구든 부리기에 따라 이들과 같이 나라를 위기에서 구하는 용사가 될 수 있다. 문제는 어떤 상황에 처했느냐다. 도망갈 곳이 없으면 누구나 천하무적 용사가 된다.

위기에서는
서로 동료가 된다

군대를 솔연率然처럼 만들어야 싸움을 잘한다. 솔연은 상산에 사는 뱀인데, 머리를 치면 꼬리가 달려들고 꼬리를 치면 머리가 덤빈다(擊其首則尾至 擊其尾則首至 격기수즉미지 격기미즉수지). 그 중간을 때리면 머리와 꼬리가 함께 달려든다. 그럼 솔연처럼 하면 되느냐고? 당연하다. 오나라 사람과 월나라 사람은 서로 미워하지만 한 배를 타고 강을 건너다 돌풍을 만나면 왼손과 오른손처럼 서로를 구해준다(夫吳人與越人相惡也 當其同舟濟而遇風 其相救也 如左右手 부오인여월인상악야 당기동주제이우풍 기상구야여좌우수).

상산常山은 흔히 항산恒山이라 불린다. 솔연은 상산에 사는 뱀으로 크고 난폭하지만, 동작이 대단히 재빠른 것으로 유명하다. '솔연'을 국어사전에서 찾아보면 '갑작스러운 모양'이라고 올라 있는데, 이 뜻은 거의 쓰이지 않고, 인화단결의 상징으로 더 많이 쓰인다.《손자병법》에서 머리를 치면 꼬리가 달려들고 꼬리를 치면 머리가 덤비는 특성을 강조한 덕분이다.

사람은 위기 상황에 빠지면 살길을 찾기 위해 자신이 가진 능력을 100퍼센트 이상 발휘한다. 손자는 이 능력을 제 살길뿐 아니라 동료를 구하는 데까지도 발휘해보라고 한다. 솔연이 위기에 반응하듯이 본능적으로 위기에서 동료를 구하라는 것이다. 그리고 오월동주吳越同舟의 예를 들어 적절한 상황이 주어지면 이런 동료애는 저절로 만들어진다고 강조한다.

손무와 오자서의 도움으로 초나라를 제패한 오왕 합려는 이웃한 나라 월나라에 눈독을 들였지만 너무 얕잡아본 탓에 뜻밖의 패배를 당했다. 그리고 아들 부차夫差에게 원수를 잊지 말라고 유언을 남기고는 세상을 떠났다. 부차는 왕위에 올라 섶나무에서 잠을 자며(臥薪) 원수를 잊지 않으려 애썼고, 2년 만에 회계산에서 월왕 구천勾踐의 항복을 받아냈다. 이번에는 실패의 쓴맛을 본 월왕 구천이 항상 쓸개를 핥으며(嘗膽) 복수의 칼을 갈았다. 그리고 20년 후 월왕 구천은 오나라를 멸망시켰다.

　와신상담臥薪嘗膽이라는 고사성어를 만들어냈을 만큼 오나라와 월나라의 사이는 극도로 나빴다. 그런데 이 상황을 빗대어 또 다른 사자성어가 만들어졌다. 오나라 사람과 월나라 사람이 한 배를 탔다는 '오월동주吳越同舟'다.

　같은 하늘 아래 살 수 없는 철천지원수가 같은 배에 탔으니 당장이라도 칼을 빼들고 싸우고 싶은 마음이 간절할 것이다. 하지만 배가 뒤집히지 않으려면 싸움을 멈추고 협력해야 한다. 싸우는 건 목적지에 도착해 배에서 내린 다음의 일이다.

　상황이 다급하면 원수도 친구가 된다. 하물며 친구 사이라면 상산의 뱀 솔연이 부럽지 않다.

문제는
지도력이다

　전투가 임박하면 병사들이 도망가지 못하게 하기 위해 말은 묶어두고 수레는 바퀴를 묻어버린다. 실로 병사들을 단결시켜 용감하게 만드는 건 지도력이다(齊勇若一 政之道也 제용약일 정지도야). 씩씩한 병사와 겁보 병사를 모두 싸움에 내보내는 건 상황 때문이다(剛柔皆得 地之理也 강유개득 지지리야). 싸움 잘하는 사람이 손만 잡아도 사람을 부릴 수 있는 건 그렇게 될 수밖에 없는 상황을 만들어두었기 때문이다(善用兵者 攜手若使一人 不得已也 선용병자 휴수약사일인 부득이야).

'옥쇄玉碎'라는 말이 있다. 참호 속에 늘어선 병사와 병사를 줄 하나로 묶어놓는 것이다. 이로써 병사들은 공동 운명체가 된다. 줄에 묶여 있으니 전투가 벌어져 적이 바로 눈앞에 와도 도망갈 수 없다. 끝까지 싸우든지 죽든지 둘 중의 하나를 선택하라는 강요다. 장수가 지도력으로 병사들의 마음을 잡지 못했을 때 강제로 몸을 잡아두는 행동이다.

중국 속담에 "일은 하늘의 이치에 따르더라도 말은 사람의 마음을 따르라"라고 했다. 감동으로써 병사들의 마음을 사로잡아야 한다. 그러나 감동이란, 효과가 큰 만큼 어렵고 시간이 많이 걸린다. 반면, 품은 적게 들면서도 큰 효과를 거두려면 최선을 다해 싸울 수밖에 없는 환경에 병사들을 몰아넣어야 한다. 위기를 조장하면 감동을 줄 수는 없어도 긴장의 끈을 조일 수는 있다.

본심을
들키면 진다

장수는 침착하고 그윽하게, 엄정하고 단호하게 일해야 한다(將軍之事 靜以幽 正以治 장군지사 정이유 정이치). 임무를 바꾸거나 작전 계획을 바꿀 때는 병사들의 눈과 귀를 속여 모르게 해야 한다(能愚士卒之耳 目 使之無知 易其事 革其謀 능우사졸지이목 사지무지 역기사 혁기모). 진지를 옮기거나 행군로를 우회할 때도 왜 그러는지 모르게 해야 한다. 병사들이 제멋대로 판단하면 안 되기 때문이다(使人不得慮사인부득려). 전쟁에 내몰린다는 건 높은 데 올라갔는데 사다리가 없어진 것과 마찬가지 상황이다. 적진 깊숙이 들어가 전투 태세에 돌입한다는 것은 양떼 스스로는 어디로 가는지 모르면서 우르르 몰려다니는 것과 마찬가지다. 군대를 모아 위험에 내던지는 것이 장수의 일이다. 지형의 변화에 따른 진퇴의 판단은 인간의 심리와 함께 반드시 살펴야 한다.

일단 적과 마주하면 아군의 의도를 노출시키지 않는 데 가장 신경을 써야 한다. 아군의 작전 계획이 사전에 알려지면 싸움은 해보나마나다. 적을 완벽하게 속이자면 아군부터 속일 필요가 있다. 적에게 아군의 의도를 숨기려면 아군에게도 의도를 드러내지 말아야 한다. 그래서 싸움에 나선 장수는 얼굴에 표정을 나타내지 않는다. 제갈량식으로 말하면 이렇다.

"위엄이 있되 사납지 않고, 분노하되 화내지 않으며, 근심하되 두려워 않고, 즐겁되 기뻐하지 않는다."

필요에 따라서는 임금도 속인다. 36계의 첫 번째 항목인 만천과해瞞天過海를 글자 그대로 풀이하면 '하늘을 속여 바다를 건넌다'이다. 여기서 하늘은 황제를 뜻한다.

고구려 정벌에 나선 당태종이 배를 타려고 하지 않자 장수들이 꾀를

냈다. 당태종에게 술을 마시자고 하고서는 연회석을 준비했다. 사실은 배 위에 술상을 준비하고 주위에 장막을 쳐서 육지의 어떤 장소로 착각하게 만든 것이다. 당태종이 한참 술을 마시다가 문득 밖을 내다봤을 때는 배가 이미 바다 한가운데로 나온 뒤였다.

임금도 속일 실력이라면 병사들을 속여 최악의 상황으로 끌고 가는 것쯤은 어려운 일이 아니다. 그러나 병사들을 최악의 상황에 몰아넣는 건 어디까지나 역발상, 즉 예외적인 전술이다.

임진왜란 때 신립은 도망병이 속출하자 나름대로 머리를 써서 배수의 진을 쳤다. 병사들을 최악의 상황에 몰아넣고 최고의 능력을 이끌어내겠다는 계산이었다. 하지만 그것도 쓸 때가 있고 안 쓸 때가 있다. 신립이 험준한 조령을 지레 포기하고 병사들을 몰아넣은 탄금대는 도망병을 막기만 한 게 아니었다. 신립이 왜의 조총과 맞설 조선의 장기로 내세운 기병대의 기동력마저도 무력화시키는 습지대였다.

일체유심조一切唯心造, 세상만사 마음먹기에 달렸다지만, 마음만으로 모든 게 해결되는 건 아니다.

맹목적으로
따르게 만들어라

적지에 깊숙이 들어가면 아군 전력이 집중되지만, 조금만 들어가 국경 근처에 있으면 흩어진다. 적지에 들어감은 절지에 들어 갔다는 뜻이다. 사방팔방으로 통하는 길은 구지이고, 깊숙이 들 어가면 중지이며, 조금만 들어가면 경지이다. 뒤에는 험준한 산 이 버티고 섰고 앞에는 좁은 길이 나 있다면 위지이고, 도망갈 곳 이 없으면 사지다. 산지에서는 병사들의 뜻을 모으는 게 급선무 이고, 경지에서는 결속을 더욱 단단히 하는 게 중요하다. 쟁지에 서는 배후를 노려야 하고, 교지에서는 일단 지키고 볼 일이다. 구 지에서는 외교관계를 굳건히 하고, 중지에서는 식량 확보에 신경 써야 한다. 비지에서는 생각할 것도 없이 빨리 지나가고, 위지는 아예 탈출구를 막아버리는 게 상책이다. 사지에서는 살 길이 없 으니 싸우는 수밖에 없다는 걸 보여줘야 한다. 병사들이란 포위 되면 방어하고, 다른 수가 없으면 맞서 싸우며, 그 단계가 지나면 맹목적으로 따르기 마련이다(故兵之情 圍則禦 不得已則鬪 過則從 고병지정 위 즉어 부득이칙투 과즉종).

《난중일기》에는 이순신이 명량해전에 나서기 전에 던진 출사표가 등 장한다.

"수가 적은 수군으로 등지고 진을 칠 수 없다. 그래서 진을 우수영 앞 바다로 옮겼다. 여러 장수를 불러모아 약속하면서 이르되, 병법에 반드 시 죽고자 하면 살고 살고자 하면 죽는다고 했다. 그리고 한 사람이 길 목을 지키면 천 사람이라도 두렵게 한다고 했다. 그것은 지금 우리를 두고 한 말이다. 너희 장수들은 살려고 생각하지 말라. 조금이라도 명 령을 어기면 군법으로 다스릴 것이다."

여기에서 "죽고자 하면 살고 살고자 하면 죽는다(死則生 生則死사즉생 생즉사)"라는 말은 《오자병법》의 "반드시 죽고자 하면 살고, 요행히 살겠다고 하면 죽는다(必死則生 幸生則死필사즉생 행생즉사)"를 인용한 것이다.

이순신은 명량에서 전투가 한창일 때 안위와 김응함을 불러 엄포를 놓았다.

"안위야, 네가 군법에 죽고 싶으냐. 도망간다고 해서 어디 가서 살 것 같으냐?"

"김응함, 너는 중군장으로서 멀리 피하고 대장을 구하지 않았으니 그 죄를 어찌 면할 것이냐? 당장 사형할 것이지만 싸움이 급하니 우선 공을 세우도록 하라."

병사들을 사지로 몰아넣고 싸운 덕분에 조선군은 12척의 배로 130척의 일본군을 격파했다. 하지만 완벽한 승리를 추구하는 이순신의 성격상 이런 모험적인 작전은 어울리지 않는다.

이순신도 나중에 명량해전 승리를 "실로 다행한 일"이라고 술회했다. 모험주의는 극단적인 위기 상황에서 등장하고 극단적인 위기 상황에서만 효과를 얻을 수 있다.

의도를 모르면
동맹을 맺을 수 없다

적의 꿍꿍이를 모르면 3국과 동맹을 맺을 수 없다(不知諸侯之謀者 不
能五交부지제후지모사 불능예교). 지형을 모르면 행군도 할 수 없다. 현
지 길잡이를 쓰지 않으면 지형적 이점도 누릴 수 없다.

동맹同盟은 뜻과 뜻의 투합이다. 뜻을 합하자면 상대의 뱃속에 들어
가서 뜻을 읽어야 한다. 뜻을 읽자면 상대의 입장을 이해해야 한다. 상
대의 뜻은 상대의 이익이 어디에 있느냐로 결정된다. 결국 동맹은 이익
과 이익의 결합이다.

백제의 대야성 함락에 충격을 받은 김춘추가 동맹군을 찾아 먼저 달
려간 곳은 고구려였다. 김춘추의 요구 사항은 백제를 공격하려 하니
고구려 군사를 내어달라는 것이었다. 당시 고구려는 당과의 일전을 준
비하고 있었다. 북방이 당장 어떻게 될지 모르는 상황에서 남쪽으로
대규모 군대를 빼달라는 요구 자체가 무리였다. 이때 백제의 성충成忠
도 고구려에 와 있었다. 성충은 김춘추가 와 있다는 소식에 연개소문을
만났다. 그리고 고구려의 관심사를 언급하며 백제와 손을 잡을 것을 제
안했다.

"고구려가 당과 싸우려면 백제와 손잡아야 합니다. 수나라만 해도 군
량 운반을 못해 매번 패하지 않았습니까. 만약에 우리 백제가 당과 동
맹을 맺는다고 생각해보십시오. 당나라 군대가 백제 땅에 안전하게 상

류해서 백제 쌀 먹으면서 평양성을 공격하지 않겠습니까?"

성충은 고구려의 당면과제가 당의 침입을 격퇴하는 것임을 정확히 꿰뚫었다. 그러면서 백제와 당나라가 연합하면 배후가 위험해진다는 협박도 살짝 덧붙였다.

그러나 연개소문은 고구려의 후방을 안정시키는 차원이라면 백제뿐 아니라 신라와의 동맹도 중요하다는 사실에 생각이 미쳤다. 이때 성충이 말을 이었다.

"신라는 동해안에 있기 때문에 당의 군사와 식량을 옮기는 데 어려움이 있습니다. 더구나 신라는 백제와 동맹을 맺었다가 한강 유역을 빼앗아가지 않았습니까? 고구려와 동맹을 맺더라도 언제 배신할지 모릅니다."

연개소문은 성충의 설득력 있는 제안에 백제와 동맹을 맺었다. 그리고 신라의 김춘추를 감금시켰다.

김춘추는 남의 사정은 가늠해보지도 않고 복수심에 불타 덮어놓고 동맹을 맺자고 덤볐다. 성충은 상대가 원하는 것, 무서워하는 것을 꼼꼼히 따져 급소를 정확히 찔렀다. 고구려가 둘 중에 어느 나라와 동맹을 맺을지는 자명하다.

균형이 깨지면
부딪힌다

구지 중 하나라도 모르면 패권을 잡을 수 없다. 패권자가 나서면 적이 강대국이라도 병력을 모으지 못하고 동맹국은 떨어져나간다. 패권자는 동맹을 확대하기 위해 다툴 필요도, 군사력을 키울 필요도 없다. 자기 힘을 믿고 적에게 위협을 가하기만 하면 된다. 그러면 성도 빼앗을 수 있고 나라도 멸망시킬 수 있다.

국제정치학에서 가르치는 '외교사'는 나폴레옹 전쟁 처리를 위해 열린 비엔나 회의부터 시작되는데, 이때부터 국제 정치에서 다루는 핵심 개념은 늘 세력 균형을 통한 현상유지status quo였다. 새로운 강자가 출현할 조짐을 보이면 패권국은 다른 나라들과 함께 떠오르는 강국을 견제하는 데 힘을 모았다. 세력의 균형이 깨지는 것을 막기 위해서다.

새로운 강자의 출현을 막는 방법은 2가지다.

하나는 적을 나눠 힘을 분산시키는 것이다. 근대 유럽 외교사에서 가장 중요한 개념 중의 하나가 '중부 유럽의 약화'다. 새로운 강자인 통일 독일의 출현을 막는 것이다. 분할통치divide and rule는 정치의 기본이다. 그러나 독일은 어떻게든 통일을 이뤄냈다. 이후 패권국은 다음 단계의 견제 장치를 가동했다. 거미줄 같은 공수 동맹 체제다.

적의 힘을 나누지 못한다면 내 힘을 모으는 전략이다. 이런 견제가 거추장스러운 새로운 강자는 돌파구를 마련하기 위해 전쟁을 일으켰다. 세력 균형이 깨지는 것이다. 그리고 전쟁이 끝난 후 새로운 질서가 만들어졌다. 이것이 200년 동안의 서유럽 국제 정치다.

전쟁은 질서를 낳는다. 질서는 각자의 힘이 균형을 이루는 상태다. 누군가의 힘에 변화가 생기면 균형이 깨진다. 전쟁이 일어난다. 그리고 또다시 새로운 질서가 만들어진다.

고구려 고국천왕이 을파소乙巴素라는 명재상을 등용해 진대법賑貸法*이라는 사회보장 제도를 실시하며 내실을 다져갈 즈음, 중국에서는 소설 《삼국지》가 현실에서 펼쳐지고 있었다. 조조의 위, 유비의 촉, 손권의 오가 대립하고 있을 때 고구려는 고국천왕이 통치하고 있었다. 그 무렵 요동에서는 공손씨公孫氏 가문이 세력을 키우고 있었다. 명목상 한나라의 요동태수였고 공손강公孫康이 관도대전에 패한 원소의 아들 원상의 목을 베어 조조에게 바치기도 했지만, 유비와 손권을 상대하기 바빴던 조조는 요동에 직접적으로 지배력을 행사할 수는 없었다. 사실상 요동은 공손씨 가문의 왕국이나 다름없었다. 고구려는 요동의 지배권을 놓고 공손씨와 대립했다.

처음엔 공손씨가 우세했다. 고국천왕 때 공손강은 고구려를 침략했다. 산상왕 때는 즉위 초기 형제간의 분란이 일어나 왕의 아우 발기發岐가 공손도를 찾아가 군사를 빌려 고구려를 공격했다. 이후 공손연公孫淵은 스스로 왕위에 올라 더는 '태수'가 아닌 '왕'임을 선언했다.

그때 중국에서는 조조와 제갈량이 모두 죽고 위나라의 조예가 중국 통일을 달성했다. 위나라가 이제 막 천하를 통일했다고 자부하는 순간

● 흉년 · 춘궁기에 국가가 농민에게 양곡을 대여해 주고 수확기에 갚게 한 구휼 제도.

에 또 다른 왕이라니, 위나라로서는 있을 수 없는 일이었다.

때마침 고구려에서는 동천왕이 즉위했다. 동천왕은 오나라 사신의 목을 베어 위나라에 바치면서 친화 정책을 썼다. 가까운 공손연을 공격하기 위해 멀리 있는 위나라와 친교를 맺는, 이른바 원교근공遠交近攻이었다. 이후 위가 연을 공격할 때 동천왕은 기병 1,000명을 보내 협공을 벌여 연을 멸망시켰다. 고구려는 원교근공의 원칙으로 남의 칼을 빌려 사람을 죽인다는 차도살인借刀殺人의 효과까지 거뒀다. 위나라를 지지함으로써 3대에 걸쳐 대립을 벌여왔던 공손씨 세력을 손쉽게 처리한 것이다.

동천왕은 연이 멸망하자 기다렸다는 듯이 서안평을 공격하고 요동에 진출했다. 하지만 이제 그곳은 위나라의 영역이었다. 위가 가만히 있지 않았다. 관구검이 대대적으로 침략해왔다. 동천왕은 환도성이 함락당하는 수모를 겪었다. 밀우가 결사대를 이끌고 나아가 적의 진격을 지연시키고 유유가 거짓항복을 핑계로 관구검을 살해하는 바람에 가까스로 위나라 군대는 물리쳤다. 하지만 고구려는 자칫 왕조 멸망의 위기를 겪었다.

사람을
움직이는 방법

군대를 한 사람처럼 다룬다면, 법에도 없는 상을 주고 법을 초월하는 명령도 내릴 수 있어야 한다(施無法之賞 懸無政之令 犯三軍之衆 若使一人 시무법지상 현무정지령 범삼군지중 약사일인). 일을 맡길 때 왜 해야 하는지 설명하지 마라. 성공했을 때의 포상만 가르쳐주고 잘못됐을 경우에 대해서는 언급할 필요가 없다.

한비자는 사람을 움직이는 방법에는 3가지가 있다고 했다.

첫째는 이익(利), 둘째는 위엄(威), 셋째는 명분(名)이다. 이 가운데 가장 효과적인 방법은 이익이다. 고추밭을 매도 참이 있듯이 누군가를 움직일 때는 반대급부反對給付가 있어야 한다.《손자병법》도 사람은 이익으로 움직인다는 철학으로 일관한다. 그러나 이익만으로는 움직이지 않을 때가 있다. 내 결정이 모든 사람의 이익에 부합하라는 법은 없기 때문이다.

움직이기 싫어하는 사람을 움직이게 하는 방법은 2가지가 있다. 하나는 논리적으로 설득하는 것이다. 움직이기 싫어하는 자에게 왜 움직여야 하는지를 차근차근 설명해주는 방식이다. 이것이 '명분名分'이다.

명분에는 3가지 약점이 있다. 첫째는 사람의 생각이라는 게 쉽게 바뀌지 않으므로 설득하려면 시간과 노력이 필요하다. 둘째, 시간과 공을 충분히 들였는데도 설득되지 않을 때가 다반사다. 중국 속담집《현문》에 이르길 "사람마다 마음이 있고, 마음마다 보는 게 있다(人各有心 心各有見인각유심 심각유견)". 무조건 싫어하는 사람은 논리적으로 설득이 안 된다. 셋째, 명분이란 대개 코에 걸면 코걸이 귀에 걸면 귀걸이인 경우가 많아 설득이 반대 논리에 힘을 실어주는 부작용이 생길 수도 있다. 한마디로 명분을 통한 설득은 번거롭고 피곤하다.

그래서 등장하는 최후의 수단이 '위엄威嚴'이다. 말하자면 '너 움직이기 싫어하는 거 나도 아는데, 그래도 움직여'라고 시키는 것이다. 참 손쉬운 방식이다. 힘 있는 사람들이 가장 선호하는 방식이다. 이른바 '권력'의 정의가 바로 이것이다. 타인을 의사에 반하게 움직일 수 있는 힘!

권력을 활용하는 방식도 사실은 2가지로 나눠볼 수 있다. 하나는 공식적인 권력의 권위에 기대는 '우아한' 방식이다. 권력자 자신은 '네 마음 내가 다 안다'는 듯이 따뜻하고 조용하게 말하지만, 듣는 사람은 주눅이 들어서 감히 '내 마음 안다는 사람이 그렇게 하느냐'는 반론을 제기하지 못한다. 이 방식에도 단점이 있는데, 이 압도적인 권위를 인정하지 않는 세상물정 모르는 청년들이 가끔 반항을 한다는 점이다.

이렇게 되면 최후의 방법을 동원할 수밖에 없다. 움직이기 싫어하는 사람을 움직이게 하는 다른 하나는 '너 안 하면 죽어'라고 협박하는 '무식한' 방법이다. '독재'다. 세상에 옳은 사람은 나 자신뿐이다. 반대 의견은 원천 봉쇄하고, 그래도 반대하면 보란 듯이 가두고 때리고 죽인다. 어느 권력자인들 이걸 안 하고 싶을까. 권력자들의 로망이다.

고국천왕은 고구려의 정복 국가의 기틀을 마련하는 데 여러 가지 정책을 실시했다. 춘궁기에 정부가 곡식을 빌려주고 추수철에 갚도록 하는 진대법을 실시했고, '흉년이라 품팔이할 곳도 없다'라는 백성의 하소연을 듣고 전국의 홀아비와 과부, 고아, 독거노인 구제령도 내렸다. 이러한 고국천왕의 정치 뒤에는 을파소의 힘이 있었다.

을파소는 할아버지가 유리왕 때 대신을 지냈지만, 당대에는 가문이 몰락해 압록강 골짜기의 좌물촌에서 농사를 지어 생계를 유지했다고 《삼국사기》는 전한다. 을파소는 안류晏留에 의해 천거되어 우태優台라는 작위와 더불어 중외대부로 임명됐다. 우태는 전체 9등급 중에 6등급에 해당한다. 고국천왕은 인재라고 해 추천을 받기는 했으나 촌구석에서 농사짓던 인물의 능력이 미덥지 못했던 듯하다.

마음에 안 들기는 을파소도 마찬가지였다. 고작 우태 자리 갖고는 여기저기 굽신거리며 부탁하느라 시간 다 보내고 국가 경영에 대한 자신의 포부는 펼쳐볼 기회도 없을 것 같았다. 그래서 정중하게 사양한다. 다만 자신이 왜 사양하는지 그 이유는 분명히 밝혔다.

"제 우둔한 성품으로는 감히 존엄하신 왕명을 감당할 수 없사오니, 원컨대 대왕께서는 현량한 사람을 선택해 높은 관직을 줌으로써 위업을 달성하소서."

고국천왕은 을파소의 태도를 보고는 그의 내공이 보통이 아님을 깨달았다. 왕은 마음을 바꿔 을파소를 국상國相에 임명했다. 그리고 따로 교서를 내려 을파소에게 힘을 실어줬다.

"귀한 자나 천한 자나 할 것 없이 만약 국상에게 복종하지 않는 자는 친족까지 처벌하리라."

이로써 을파소는 합법적인 권위를 얻었고, 말 한 마디 한 마디에는 무게가 실렸다. 을파소는 거칠 것 없이 자기의 뜻을 마음껏 펼쳤다. 이에 대해 《삼국사기》는 이렇게 전한다.

"인민들이 안정돼 안팎에 사고가 없었다."

연개소문은 이런 합법적인 권위에 관심이 없었다. 연개소문은 무소불위의 권력을 휘두르게 됐을 때 수상의 지위를 탐내지 않았다. 다만 아버지에게 물려받은 막리지莫離支 앞에 '대大'자 하나 더 붙인 게 고작이다. 오늘날로 따지면 국방장관에 해당한다. 하지만 연개소문은 존재 자체로 위엄을 보여주었다.

《삼국사기》를 살펴보면 다음과 같다.

"연개소문은 전국을 호령하며 나랏일을 제멋대로 해 위엄이 대단했다. 몸에 칼을 다섯씩이나 차고 다녀 옆에 있는 사람들이 감히 쳐다보지 못했다. 말을 오르내릴 때마다 항상 귀족이나 장수들을 땅에 엎드리게 해 발판으로 삼았고, 나다닐 때는 반드시 대오를 벌려 세우는 게 길잡이 하는 자가 큰 소리로 외치면 사람들이 모두 구렁텅이나 골짜기를 가리지 않고 그냥 달아났다."

연개소문은 쿠데타를 일으켜 영류왕을 죽인 뒤 그 시체를 여럿 동강 내어 개천에 버렸다. 아무리 반란을 일으켜도 왕에게는 최소한의 예의는 다하는 것이 보통이지만, 연개소문에겐 그런 예의 따위는 없었다. 한마디로 '그래, 나 무식한 놈이야. 그러니까 까불지 마' 하는 식이었다.

쫓기는 듯
쫓는 듯

군대란 망하는 땅에 던져지고, 죽을 땅에 빠졌을 때 비로소 산다. 군대는 잘못됐을 때야 승부에 나선다.

적의 뜻에 따르는 척하면서 싸움을 한 방향으로 몰아가면 천 리 밖의 적장도 죽이니, 이걸 두고 교묘히 일을 이뤘다고 한다(為兵之事 在於順詳敵之意 佯敵一向 千里殺將 此謂巧能成事者也 위병지사 재어순상적지의 병적 일향 천리살장 차위교능성사자야).

마오쩌둥은 대장정을 비롯해 수십 년 동안 중국 대륙에서 장제스에게 이리저리 쫓겨 다니는 게 일이었다. 장제스는 단 한 번도 마오쩌둥에게 우위를 넘겨준 적이 없다. 장제스는 쫓는 자였고, 마오쩌둥은 쫓기는 자였다. 그러나 어느 날 아침, 장제스는 모든 것을 잃고 대만으로 쫓겨나 있었다.

세상은 보이는 게 전부가 아니다. 우위에 있는 쪽이 열세에 있는 쪽을 거세게 몰아붙이는 것으로 보이더라도 실상은 다를 수 있다.

주몽의 큰 아들 유리가 고구려에 오자, 온조는 천덕꾸러기 신세가 되기 싫어 어머니 소서노와 함께 남쪽으로 내려와 백제를 세웠다. 하지만 그곳에는 이미 다른 사람들이 살고 있었다.

초기 백제의 역사는 미운 털 박힌 전학생을 보는 것 같다. 말갈이 수시로 쳐들어오는가 하면 낙랑과도 티격태격한다. 당시 백제가 싸움에 동원했다는 군사의 수는 고작해야 수백 명이다. 아직 국가의 모습을 갖추기 전이므로 군사력이 미미했다. 그래도 절대 맞고 사는 법은 없었다. 말갈이 쳐들어오면 100명의 군사라도 내보내 맞붙어 싸웠다. 그러나 주변 국가인 마한에게만큼은 극진하게 대했다. 신기한 사슴을 잡으면 보내줬고, 도읍지를 옮기면 통보했다. 심지어 사로잡은 말갈족 추장도 마한에 보냈다.

마한과의 갈등은 백제 건국 24년 만에 처음 나타난다. 백제가 웅천에 목책木柵*을 세우자, 마한 왕이 사신을 보내 이를 따졌다.

"처음 너희가 내려와 발붙일 곳도 없을 때 특별히 땅을 내주어 살게 해줬더니만 이제 와서 우리를 적대시하겠다는 것인가."

마한 왕의 항의를 받은 온조왕은 즉각 문제의 목책을 허물어버렸다. 하지만 마음속에는 이미 마한에 대한 적개심이 불타오르고 있었다. 그즈음 한성에서 말이 소를 낳았는데, 머리는 하나요 몸뚱이는 둘인 샴쌍둥이였다. 이 일에 대해 점쟁이는 "머리가 하나요 몸이 둘이니 온조왕이 곧 다른 나라를 병합할 것"이라고 해석했다.

2년 뒤 백제는 대대적인 마한 정복전을 펼쳤다. 명목상 이유는 '임금과 신하가 딴 마음을 품어 약해져 마한이 언제 망할지 모르겠다. 혹시 이 틈을 타 다른 나라가 마한을 차지하면 우리 백제까지 위험해질 수 있으므로 백제가 먼저 마한을 병합하는 것이 좋겠다'라는 것이었다. 온조는 사냥을 핑계로 군사를 일으켜 그 길로 마한으로 진격했고, 삽시간에 국토를 병합해버렸다. 단, 원산과 금현이라는 성 두 곳만은 점령하지 못했다. 마한의 입장에서는 지나가는 손님에게 잠깐 쉬었다 가라고 툇마루 한구석 내줬다가 집을 통째로 빼앗기고 만 꼴이 되고 말았다.

보안이
생명이다

전쟁이 결정되면 국경을 폐쇄해 적국 사절도 들여놓지 않는다(政
舉之日 夷關折符 無通其使 정거지일 이관절부 무통기사). 조정에서는 작전 계획
을 수립한다. 적국이 틈을 보이면 기필코 들어가서 요충지를 선점
하고 때를 기다려라. 그리고 지금까지 배운 대로 결전을 치른다.

전쟁을 하기로 했으면 이겨야 한다. 이기자면 보안은 최우선 과제다.
외교관은 전쟁을 피하기 위해 필요한 존재다. 전쟁 상황이 되면 외교관
이 아니라 군인이 필요하다. 적국 외교관은 공인받은, 심지어 보호받는
첩자다. 발도 못 들이게 해야 한다.

조선의 대마도 정벌은 이종무李從茂를 파견해 벌인 전투보다 사전 준
비 작업이 더 주목할 만하다. 특히 왜구가 눈치 채지 못하게 기습하기
위한 보안 작전이 눈부시다. 조선은 우선 참전하지 않는 수군으로 연안
을 봉쇄했다. 일체의 선박 출입을 금지한 것이다. 그러고는 지상군을 투
입해 각 포구에 머물고 있는 왜인을 모조리 잡아들였다. 경상도 355명,
충청도 203명 등 모두 591명의 왜인을 체포했다. 조선 땅에 들어와 있
던 왜인들은 모두 예외 없이 감금했다.

● 말뚝을 박아 만든 울타리. 역사적으로는 적의 침입을 막기 위하여 만든 성城을 가리키기도
한다.

해안을 봉쇄하고 왜인들을 구금한 덕에 조선의 대마도 정벌이라는 국가 기밀은 철저히 지켜질 수 있었다. 그 덕분에 조선군이 대마도 앞바다에 나타났을 때 왜인들은 약탈 나갔던 자신들의 배가 돌아온 줄 알았다. 조선군은 왜인들의 열렬한 환영을 받으며 대마도에 상륙했다.

시작은 처녀처럼, 공격은 토끼처럼

시작은 처녀처럼 해서 적이 틈을 보이도록 만들고(始如處女 敵人開戶 시여처녀 적인개호), 그 다음에는 토끼처럼 잽싸게 움직여 적을 따돌린다(後如脫兎 敵不及拒 후여탈토 적불급거).

아리따운 처녀를 보면 남자들은 대부분 스스로 경계를 허물어버린다. 팜므파탈femme fatale이라 그 치명적인 위험을 알면서도 빠져드는 게 남자다. 그런 여인이 치맛단이라도 살짝 걷을라치면 정신을 못 차린다. 이 여인이 왜 내게 추파를 던지는지와 같은 이성적인 질문이 설 자리를 잃는다. 온몸에 힘이 빠지면서 입에는 침이 괸다. 이럴 때 토끼처럼 잽싸게 급소를 가격하면 제아무리 항우 장사라도 버틸 수가 없다.

9가지 땅

산지散地, 경지輕地, 쟁지爭地, 교지交地, 구지衢地, 중지重地, 비지圮

地, 사지死地

위기의 싸움법

1) 의표 찌르기

전쟁은 속도를 생명으로 한다.

兵之情主速 병지정주속

적의 예상을 뛰어넘어 주의가 미치지 않는 허점을 공격하라.

乘人之不及 由不虞之道 攻其所不戒也 승인지불급 유불우지도 공기소불계야

2) 위기의식 조장

도망갈 곳이 없으며, 죽지 않으려면 이기는 수밖에 없는 상황에 몰아넣는다.

投之無所往 死且不北 투지무소왕 사차불배

죽음 앞에서는 못할 게 없다.

死焉不得 사언부득

병사들은 포위되면 방어하고, 다른 수가 없으면 맞서 싸우고, 그 단계가 지

나면 맹목적으로 따르기 마련이다.

故兵之情 圍則禦 不得已則鬪 過則從 고병지정 위즉어 부득이즉투 과즉종

3) 정보 통제

자세한 전투 계획을 알려주지 않는다.

運兵計謀 爲不可測 운병계모 위불가측

병사들이 제멋대로 판단하면 안 된다.

使人不得慮 사인부득려

쓸데없는 미신과 의심만 없으면 죽음에 이르기까지 못 갈 곳이 없다.

禁祥去疑 至死無所之 금상거의 지사무소지

4) 약점 노출 유발

적의 뜻에 따르는 척하면서 싸움을 한 방향으로 몰아간다.

順詳敵之意 幷敵一向 순상적지의 병적일향

시작은 처녀처럼 해서 적이 틈을 보이도록 만들고,

始如處女 敵人開戶 시여처녀 적인개호

그 다음에는 토끼처럼 잽싸게 적을 따돌린다.

後如脫兎 敵不及拒 후여탈토 적불급거

火攻

: 화공

얻는 게
없으면
나서지
않는다

불은 고대의 대량 살상무기다. 한꺼번에 수많은 목숨이 희생되는 화공의 실상에서 손자는 전쟁의 참혹함을 새삼 느꼈던 모양이다.《손자병법》의 마지막 부분에서 근원적이고 본질적인 질문을 던진다. 도대체 왜 전쟁을 일으키는가? 인간은 왜 싸우는가?

손자가 스스로 내린 대답은 '급한 이익을 얻기 위해서'다. 이익이 눈에 보여야 싸운다. 감정에 휘둘리면 안 된다. 전쟁은 분풀이가 아니다. 냉철하게 이익을 따져야 한다. 또한 이익은 싸움을 통해 얻을 수 있어야 한다. 즉, 이길 수 있는 싸움이어야 한다. 제아무리 이익이 보이더라도 얻을 수 없다면 전쟁을 벌일 이유가 없다. 지는 싸움은 하는 게 아니다. 아울러 상황이 급할 때만 싸운다. 이익이 보이고 싸우면 이겨서 이익을 얻을 수 있다 해도 사정이 급한 때만 싸워야 한다. 이기지 못했을 경우, 죽은 사람은 되살리지 못하고 망한 나라는 다시 세우지 못한다.

싸움의 기술을 설파한《손자병법》의 결론은 뜻밖에도 '웬만하면 싸우지 말고 사이좋게 지내라'는 것이다.

치명적인 공격은
치명적인 위험이 따른다

화공火攻에는 5가지가 있다. 첫째는 사람을 태우고, 둘째는 군량미를 태우며, 셋째는 보급 차량을 태우고, 넷째는 무기고를 태우며, 다섯째는 부대 전체를 태우는 것이다. 그러나 화공은 반드시 조건이 갖춰져야 한다. 불을 낼 장비가 있어야 하고, 적절한 계절과 날짜를 살펴야 하며, 큰 바람이 부는 때에 맞춰야 한다.

화공은 이 5가지를 따라 실행해야 하지만, 실전에서는 그때그때 다르다. 적진에 불이 나면 얼른 밖에서 쳐들어가야 한다. 불이 났는데도 적진이 조용하다면 공격하지 말고 기다려라. 불이 번져 올랐을 때 공격할 만하면 공격하고, 불이 곧 꺼질 것 같다면 공격을 그만둬야 한다. 적진 내부에서 불이 나기만 기다리지 말고 때를 봐서 밖에서 불을 놓을 수도 있다. 불은 바람을 등지고 놔야 한다. 바람을 안고 불을 놓으면 안 된다. 낮에 바람이 오래 불면 밤에는 그친다. 화공의 5가지 사항을 숙지하되, 이는 적이 공격할 때도 해당되므로 지킬 때도 유념해야 한다.

고려 말, 어지러운 세상을 틈타 조선을 침략한 왜구들은 단순한 해

적 때가 아니었다. 이성계가 왜구를 섬멸한 뒤에 올린 보고서에는 "말 1,600필을 노획했다"라는 대목이 있다. 말 1,600필이면 정규전을 구사하는 군대도 보유하기 어려운 규모다.

이성계의 토벌군이 출동했을 때 아지발도阿只拔都가 이끄는 왜구들은 황산의 꼭대기를 점령해 목책을 설치하고 있었다. 삼면이 절벽이라서 유일한 출입구를 목책으로 막고 나니 난공불락難攻不落*의 요새가 됐다. 하지만 성이 아닌 목책으로 요새를 꾸몄다는 게 이들의 약점이었다. 이성계는 이 약점을 놓치지 않았고, 왜구의 진영을 향해 불화살을 쏘았다. 목책이 불에 타고, 왜구의 진영에도 불이 붙었다. 왜구들은 불을 피해 한 곳으로 쏟아져나왔고, 이윽고 몰살당했다. 싸움이 끝난 뒤에 황산 근처의 냇물은 모두 피로 붉게 물들었다.

불은 그 자체로도 살상력과 파괴력을 갖지만, 불로 야기되는 심리적인 동요가 더욱 치명적이다. 불로 식량 창고를 태워버리면 적의 양식을 없앤다는 효과도 있지만, 양식과 함께 적의 전투 의지마저 태워버릴 수 있다.

적진 한가운데에 불을 놓을 때는 그 불로 적을 몇 명 죽이는 게 목적이 아니다. 적이 그 불을 보고 혼비백산하고, 그 불을 끄는 사이 정신을 쏙 빼라는 것이다. 불이 났는데도 적이 동요하지 않는다면, 적어도 목적은 좌절된 것이다. 그 틈에 공격하려던 기회도 날아간 것이므로 공격은 다음을 노려야 한다.

황해도의 연안성延安城은 이순신이 지키는 전라도와 선조가 있는 의주를 바닷길로 이어주는 길목이었다. 이곳은 연안부사를 지낸 이정암李廷馣이 지키고 있었다. 이미 벼슬에서 물러난 몸이었지만 이정암은 피난 가는 백성들을 설득해 항전에 나섰다. 왜군은 우월한 병력으로 파상공세를 쏟아붓다가 나중에는 화공을 동원했다. 불화살이 성 안으로 날아들자 집들은 순식간에 타버렸고 주민들은 어찌할 줄 몰랐다.

패색이 짙어진 그 순간, 바람의 방향이 바뀌어 성 안의 불똥이 왜군 진영으로 날아갔다. 왜군 진영 여기저기서 불길이 솟아오르면서 전세는 역전됐다. 바람의 방향이 바뀌는 통에 화공전에 실패한 왜군은 전의를 잃고 퇴각했다. 목숨을 걸고 연안성을 지켜낸 이정암은 대단히 간결하고 겸손한 장계를 조정에 보냈다.

"왜적이 28일 성을 포위했다가 2일 포위를 풀고 돌아갔습니다."

치명적인 공격은 치명적인 위험이 수반된다. 적에게 안겨주려 했던 치명적인 타격이 사소한 외부 요인으로 내게 향할 수도 있다. 북서풍이 불어야 정상인 한겨울에 잠시 남동풍이 부는 바람에 조조군은 적벽대전에서 박살이 났다. 순간의 방심이 화를 부른다.

잊어서는 안 되는 질문: 왜 싸우는가

공격 효과 가운데 불은 분명하고 물은 강력하다. 물은 적을 끊어

● 공격하기 어려워 좀처럼 함락되지 아니함.

내지만, 불은 적을 없애버린다. 비록 전쟁에서 이겼더라도 목적을 이루지 못했다면 헛일이다(夫戰勝攻取而不修其功者|시 命曰費留 부전승공 취이불수기공자홍 명왈비류). 그래서 현명한 임금은 늘 고민하고 훌륭한 장수는 몸에 익히려고 하는 게 바로 이 점이다. 얻는 게 없으면 나서지 않고 급하지 않으면 싸우지 않는다(非利不動 非得不用 非危不戰 비리부동 비득불용 비위부전).

《손자병법》이 다른 병법서와 다른 건 적과의 공존을 모색한다는 점이다. 동일한 언어를 쓰는 같은 민족끼리 하는 전쟁을 상정했기 때문에 가능한 일이다. 따라서 적은 '씨를 말려야' 하는 존재가 아니라 '끌어안아야' 하는 존재가 된다. 미운 건 적의 임금이지 적의 군사가 아니다.

손자는 적의 전력이 온전한 그대로의 승리를 탐낸다. 그래서 싸우지 않고 이기기를 강조한다. 화공은 적을 소멸시켜버린다. 이런 까닭에 화공은 적을 무력화하는 것을 목적으로 한다면 효과적이다. 하지만 적의 전력을 내 것으로 만들고 싶은 고수의 시각에서 보면 가급적 피해야 하는 전술이다. 적국의 백성을 다 죽이고 나면 적국을 점령한다 한들 얻을 게 없다. 고수는 하수와는 다른 차원의 고민을 한다.

싸움은
분풀이가 아니다

임금은 기분이 나쁘다는 이유로 군사를 일으켜서는 안 되고(主不可以怒而興師 주불가이노이흥사), 장수는 화가 난다는 이유로 싸우려 들면 안 된다(將不可以慍而致戰 장불가이온이치전). 이익에 부합하면 움직이지만 이익이 안 되면 그만둘 일이다(合於利而動 不合於利而止 합어리이동 불합어리이지).

손자는 장수의 위험요소를 5가지로 정리했다.

첫째는 앞뒤 재지 않고 죽자고 덤비기, 둘째는 싸움은 어찌되든 내 한 목숨 살기에 연연하기, 셋째는 성질 급하고 쉽게 화내기, 넷째는 혼자 깨끗한 척하며 명예에 집착하기, 다섯째는 보호할 능력도 안 되면서 백성 사랑하기다.

화낸다고 되는 일 없다. 내 분풀이를 위해서 존재하는 사람은 세상에 단 한 명도 없다. 한비자는 "차분하지 못하고 일을 쉽게 일으키고 쉽게 격분해 앞뒤 생각을 분간하지 못하면 망한다(心怗忿而不訾前後者 可亡也 심연분이부자전후자 가망야)"라고 했다.

광개토대왕이 왕위에 올라 가장 먼저 한 일은 백제의 관미성關彌城 공격이다. 관미성은 사면이 절벽이고 바다에 둘러싸여 있어 난공불락이었다. 동시대 최고의 군사 지도자 광개토대왕도 20일이나 걸려서 함락했다. 백제 아신왕阿莘王은 즉위 이듬해 관미성 수복 작전에 돌입했다. 아신왕은 진무振武를 원정군 사령관에 임명하고 이렇게 말했다.

"관미성은 우리 북쪽 요충인데 지금은 고구려 땅이다. 이를 내가 통분히 여기는 바이니 그대도 분풀이를 해야 할 것이다."

아신왕은 군사 1만 명을 동원해 관미성 공격에 나섰지만, 고구려의 저항이 만만치 않고 군량 수송에 어려움이 있어 실패하고 돌아왔다. 2년 뒤 아신왕은 관미성이 아닌 고구려 땅 직공에 나섰다. 패수에서 전투가 벌어졌는데, 광개토대왕은 군사 7,000명을 이끌고 나와 직접 맞섰다.

그러나 백제는 이번에도 패해 8,000명의 병사를 잃었다. 이로써 아신왕은 궁지에 몰려 아우 한 사람과 대신 10명을 인질로 바치고 남녀 1,000명, 베 1,000필을 바치고 '종이 주인 섬기듯이 하겠다'라는 노객奴客*의 맹약 문서를 쓰고 항복했다. 그리고 고구려를 피해 수도를 사산으로 옮겼다. 혹 떼려다 크게 하나 더 붙인 셈이었다.

천도 석 달 만에 아신왕은 직접 군사를 이끌고 또 보복전을 감행했다. 하지만 마침 큰 눈이 내려 얼어 죽는 병사들이 많아 발걸음을 되돌려야 했다. 아신왕은 3년 뒤에 또 고구려를 공격하려고 한산 북쪽 목책까지 진출했다. 이번에는 밤에 별이 병영으로 떨어지는 불길한 징조가 나타나 제풀에 퇴각했다. 1년 후에 아신왕은 또 고구려를 치기 위해 군사와 말을 크게 징발했다. 하지만 백성들은 거듭된 병역과 노역과 징발을 버텨내지 못하고 대거 신라로 달아났다.

"밤 잔 원수 없고 날 샌 은혜 없다**"고, 한순간만 참고 다시 생각하면 세상이 제대로 보인다. 감정이 앞서 그 순간을 참지 못하면 후회할 일이 생긴다.

옥포에서 이순신이 임진왜란 최초의 승리를 확정짓는 순간, 왜군은 배를 버리고 육지로 도망갔다. 조선 수군은 주인 없는 배를 포로 박살 내고 불태우는 것으로 승리를 마무리 지었다. 이순신은 한때 활꾼을 차출해 뭍으로 도망간 왜군을 추격해 완전히 궤멸하려 했지만, 산세가 험준해 자칫 잘못했다가는 추격하는 조선군이 더 위험해질 수 있었다. 또 추격군이 자리를 비운 사이에 새로운 적선이 쳐들어온다면 그것 또한 낭패였다. 이순신은 아쉬움을 뒤로하고 철수를 결정했다.

"신은 여러 전선에서 용감한 사수를 뽑아 산에 오른 적을 추포하려고 했으나, 거제도는 산형이 험준하고 수목이 울창해 사람들이 발붙이기 어려울 뿐 아니라, 당장 적의 소굴에 있는데 병선에 사수가 없으면 혹 뒤로 포위될 염려도 있고 날도 저물어가므로 뜻을 이루지 못하고 영등포 앞바다로 물러 나왔습니다."

싸움은 시작할 때도 끝낼 때도 냉정이 필요하다. 손자는 "얻는 게 없으면 나서지 않고 급하지 않으면 싸우지 않는다"라고 했다. 장사는 남기자고 하고, 싸움은 이기자고 하는 법이다. 싸움은 분풀이가 아니다.

● 고구려 시대의 신분계층 용어, 노예를 뜻함.
●● 밤을 자고 나면 원수같이 여기던 감정은 풀리고 날을 새우고 나면 은혜에 대한 고마운 감정이 식어진다는 뜻으로, 은혜나 원한은 시일이 지나면 쉬이 잊게 됨을 비유적으로 이르는 말.

안 할 수 있으면
하지 마라

기분 나빴다가 좋아질 수 있고 화가 났다가 풀릴 수 있지만, 나라는 망하면 그걸로 끝이고 죽은 사람은 되살릴 수 없다(怒可以復喜 慍可以復悅 亡國不可以復存 死者不可以復生 노가이부희 온가이부열 망국불가이부존 사자불가이부생). 똑똑한 군주는 전쟁에 신중하고 훌륭한 장수는 싸움을 조심한다(明君愼之 良將警之 명군신지 양장경지). 이것이 나라를 편안하게 하고 전력을 유지하는 길이다.

"5번 이긴 자는 화를 면치 못하고, 4번 이긴 자는 약해지고, 3번 이긴 자는 패권을 잡고, 2번 이긴 자는 왕이 되고, 단 한 번 이긴 자가 황제가 된다."

오자의 말처럼 전쟁은 함부로 하는 게 아니다. 전쟁에는 신중을 기해야 한다. 죽은 사람이 되살아날 수 없듯, 나라도 한번 망하면 그걸로 끝이다. 기분 나쁘다고 전쟁을 일으키는 건 만용에 지나지 않는다.

광해군은 전쟁에 신중을 기하는 임금이었다. 강홍립姜弘立을 만주에 파병하면서 상황을 봐서 항복하라는 밀지를 내리는 신중을 기했다. 상황이 여의치 않아 왕의 밀지대로 강홍립이 항복하자, 신하들은 강홍립의 처벌을 강력하게 주장했다. 그러자 광해군은 "여러 신하가 출병을 가볍게 생각해 패전을 자초했다"라며 질책을 가했다.

광해군의 처사에 반감을 산 신하들은 반정을 일으켜 광해군을 왕위에서 끌어내리고 인조를 새 임금 자리에 올렸다. 인조는 광해군과 달리 전쟁을 가벼이 여겼다. 불필요하게 후금을 자극해 침략을 자초하고도 오랑캐에 항복할 수 없다는 자존심만 내세워 전쟁을 일찌감치 끝내 백성들을 편안하게 해줄 기회를 놓쳐버렸다. 강화를 제안하는 후금에게 "일방적으로 침입하고 화평을 제안하는 건 우리를 우롱하는 처사"라며 거절의 답을 보낸 것이다. 인조는 결국 강화도까지 도망가서야 금수禽獸˚로 여기던 여진을 '형님'으로 모시는 강화 조약을 맺었다.

피할 수 있는 전쟁은 피하는 게 답이다. 빨리 끝낼 수 있는 전쟁은 서둘러 끝내는 게 답이다. 전쟁은 함부로 하는 게 아니다. 안 할 수 있으면 안 하는 게 답이다.

● 행실이 아주 더럽고 나쁜 사람을 비유적으로 이르는 말.

싸움은 분풀이가 아니다.

임금은 기분 나쁘다고 군사를 일으켜서는 안 된다.

　主不可以怒而興師 주불가이노이흥사

장수는 화난다고 싸우려 들면 안 된다.

　將不可以慍而致戰 장불가이온이치전

전쟁에서 이겼더라도 목적을 이루지 못했다면 헛일이다.

　夫戰勝攻取而不修其功者凶 命曰費留 부전승공취이불수가공자흉 명왈비류

얻는 게 없으면 나서지 않고 급하지 않으면 싸우지 않는다.

　非利不動 非得不用 非危不戰 비리부동 비득불용 비위부전

이익에 부합하면 움직이지만 이익이 안 되면 그만둘 일이다.

　合於利而動 不合於利而止 합어리이동 불합어리이지

전쟁은 신중해야 한다.

나라는 망하면 그걸로 끝이다.

　亡國不可以復存 망국불가이부존

똑똑한 군주는 전쟁에 신중하다.

　明君愼之 명군신지

훌륭한 장수는 싸움을 조심한다.

　良將警之 양장경지

用
間
: 용간

아는 게
힘이다

"적을 알고 나를 알면 싸움이 위태롭지 않다"고 했다. 적을 아는 게 곧 승부의 핵심이다. 적에 대한 정보를 얻는 게 적을 무력화하는 지름길이기 때문이다.

정보를 얻는 데는 돈이 든다. 싸움에 들어가는 돈에 비하면 얼마 들어가지 않으므로 정보를 얻는 데 필요한 돈을 아끼는 건 도리어 손해다. 그러나 돈을 쓰는 사람의 결단이 필요하다. 그래서 정보는 전략이다.

정보는 단편적이다. 정보에 담긴 의미를 알아내려면 해석이 필요하고, 해석은 여러 가지로 가능하다. 그런 까닭에 해석과 더불어 판단이 중요하다. 판단이 내려지기 전에 정보가 새면 혼란이 생긴다. 혼란을 막기 위해 정보는 보안이 필수다.

정보를 파악하는 이유는 적에 대해 알고 싸움에 이기기 위해서지만, 싸움에 이기자면 적이 스스로 패배를 자초하는 게 더 쉽다. 간첩은 정보 획득을 기본으로 하지만, 궁극적으로는 적을 내 마음대로 움직이는 것을 목표로 한다.

푼돈 아끼려다
신세 망친다

손자가 말하기를, 10만의 군사를 일으켜서 천 리 길을 출정하자면 하루에 천금이 든다. 나라 안팎이 정신없어지고 길바닥에 나앉아 생업을 포기하는 국민이 70만이다. 이 짓을 하면서도 서로 몇 년 동안 버티는 것은 단 하루에 벌어지는 전투에서 이기기 위해서다. 그런데도 벼슬자리와 몇 푼 안 되는 돈을 아끼느라 적의 사정을 모르는 사람은, 장수는커녕 참모 자격도 없는 어리석은 놈이다. 당연히 승리의 주인공이 될 수도 없다(愛爵祿百金 不知敵之情者 不仁之至也 非人之將也 非主之佐也 非勝之主也 애작록백금 부지적지정자 불인지지야 비인지장야 비주지좌야 비승지주야).

《삼국유사》에 나오는 이야기다. 신라가 백제 땅을 차지하고 당나라 군을 몰아내려 하자, 당은 신라 사신을 억류하고 대규모 침략을 준비했다. 당나라에 유학 중이던 의상義湘이 이 사실을 알고 급히 귀국해 전쟁의 위험을 알렸다. 문무왕은 신하들과 대책을 논의해 남산 밑에 사천왕사四天王寺라는 절을 짓기로 했다. 이 절의 주지로 임명된 명랑明朗은 채색 명주로 임시로 절을 꾸민 뒤, 술법을 부려 당나라 군사들이 탄 배를 침몰시켰다.

패전을 이상하게 여긴 당고종은 신라 사신에게 신라에 갈 때마다 풍랑이 이는 이유를 따져 물었다. 신라 사신은 "저희는 사천왕사에서 황제 폐하의 만수무강을 빌 뿐입니다"라고 대답했다. 당고종은 사천왕사라는 절을 수상히 여겨 악봉귀를 신라에 보내 직접 그 절을 살필 것을 명했다.

당나라에서 사신이 온다는 소식을 들은 문무왕은 사천왕사의 실체를 보여줄 마음이 추호도 없었다. 그래서 따로 절을 지어 악봉귀를 그곳으로 데리고 갔다. 하지만 악봉귀는 이상한 낌새를 눈치 채고 사천왕사로 데려가달라고 떼를 썼다. 문무왕은 악봉귀를 사천왕사에 데려가는 대신 황금 1,000냥을 뇌물로 안겨줬다. 악봉귀는 자기 나라로 돌아가 정중하게 보고했다.

"신라는 오로지 폐하의 만수무강만을 빌고 있었나이다."

황금 1,000냥이면 엄청난 돈이다. 그러나 손자는 전쟁이 벌어지면 하루에 들어가는 비용이 천금이라 했다. 액수만 놓고 보면 커 보이지만 전쟁과 비교하면 '새 발의 피'다. 기와 한 장 아끼려다 대들보 썩히고, 싸라기 주워 먹겠다고 노적가리에 불 지르는 어리석음은 피할 일이다.

아는 자가
이긴다

똑똑한 군주와 장수가 싸웠다 하면 이기고 남들보다 뛰어난 공을
세우는 것은 적의 사정을 먼저 알기 때문이다(明君賢將 所以動而勝人
成功出於衆者 先知也 명군현장 소이동이승인 성공출어중자 선지야). 적의 사정을
꿰뚫어본다는 것은 귀신의 도움을 받아서 될 일도 아니고, 과거
사례로 알 수 있는 것도 아니며, 점쳐서 될 일은 더더욱 아니다.
반드시 적의 사정을 아는 사람에게서 들어야 한다.

제갈량이 말했다.

"경황은 밤중의 외침에서 오고, 혼란은 정황이 분명하지 않은 데서
기인한다."

"적을 알고 나를 알아야 싸움에 위태롭지 않다"고 했다. 적을 알자면
첩자를 풀어야 한다. 첩자는 과연 무엇을 알아내야 하는가?《관자》에
는 적의 군사력과 장수, 사기와 함께 정치 상황까지 살펴야 함을 밝히
고 있다.

"적국의 정세에 밝지 못하면 공격할 수 없고, 적의 군사력에 어두우
면 선전포고를 할 수 없으며, 적의 장수를 모르면 대치할 수 없고, 적의
사기를 모르면 진을 칠 수 없다."

동북 방면으로 여진 정벌에 나선 윤관 尹瓘의 전술적 목표 지역은 '병
목'이었다. '지세가 험준하고 산림이 무성해 사람이나 말들이 지나갈

수 없고, 그 사이에 길이 하나 있는데, 그 길만 막으면 여진의 침입을 막을 수 있다'라고 알려진 곳이었다. 그런데 윤관이 막상 가본 병목은 험준하기는커녕 오히려 사통팔달四通八達*한 곳이었다. 오죽하면 윤관은 보고서에 이렇게 썼다.

"수륙으로 도로가 통하지 않은 곳이 없어서 앞서 들은 내용과 매우 달랐습니다."

적진에 대해 잘못된 정보를 가지고 출정했으니 패배하는 건 당연했다. 윤관은 1차 정벌에 실패하고, 신기군이 포함된 별무반을 편성해 다시 출정에 나선 후에야 9성을 축조할 수 있었다.

정보를 얻는
5가지 방법

간첩에는 향간鄕間, 내간內間, 반간反間, 사간死間, 생간生間이 있다. 이 5가지를 모두 쓰면서 적이 모르게 하면 신기의 경지에 올랐다고 할 수 있다. 이쯤 되면 군주의 보배다. 향간은 적지에 사는 보통 사람이고, 내간은 적의 고위급 인사다. 반간은 적의 간첩을 우리 편으로 만드는 것이고, 사간은 허위 정보를 적에게 전한다. 생간은 돌아와서 보고한다.

손자는 간첩을 5가지로 나눴다.

향간鄕間은 적지에 사는 보통 사람이다. 일반인인 만큼 고급 정보를 기대하기는 어렵다. 그러나 이들이 주는 시시콜콜하고 단편적인 정보들을 취합하면 하나의 흐름을 파악할 수 있다.

이순신은 왜군에게 고통받던 민중들이 전해주는 정보를 효과적으로 활용했다. 《난중일기》나 장계에는 "피난민들이 산에서 내려와서 적의 행방을 상세히 알려주었다"라는 대목이 수없이 등장한다.

1592년 7월 7일, 남해안 수색전에 나선 이순신이 고성의 당포에 정박해 밤을 보낼 준비를 하고 있을 무렵이었다. 왜군을 피해 산으로 도망갔던 김천손金千孫이라는 목동이 조선 수군 선단으로 달려왔다.

"장군, 적선 70여 척이 오늘 오후 2시쯤 제와 고성의 경계인 견내량에 이르러 머무르고 있습니다."

적의 위치와 규모, 집결 시점을 포함한 구체적인 정보였다. 이 정보를 기반으로 이순신은 그날 밤 작전 계획을 짰다. 그리고 다음 날 아침 견내량으로 출동했다. 이렇게 시작한 전투가 한산대첩이다.

내간內間은 적국의 고위 인사다. 적의 의사결정 과정에 참여하는 사람이므로 이들에게서 나오는 정보는 고급 정보다. 일단 우리 편으로 만들면 활용도가 크다.

대무신왕의 아들 호동은 낙랑공주에게 사랑을 빌미로 자명고를 찢으라고 시켰다. 《삼국사기》에서 김부식은 호동이 옥저에 놀러갔다가 우연히 낙랑왕 최리를 만나 낙랑공주와의 인연이 시작됐다는 이야기와

● 길이 사방팔방으로 통해 있음. 길이 여러 군데로 막힘없이 통함.

함께 호동이 처음부터 낙랑을 멸망시키기 위해 낙랑공주에게 혼인을 청했다는 이설異說을 함께 기록했다. 처음부터 사랑 따위는 존재하지 않았다는 뜻이다.

을지문덕이 수나라 진영에 염탐을 갔을 때, 우중문이 그를 포로로 잡아두려 했지만 위무사慰撫使*로 와 있던 상서우승 유사룡劉士龍이 굳이 말려 풀려날 수 있었다. 상세한 기록은 없지만 유사룡은 고구려에 매수된 내간이었을 가능성이 크다.

반간反間은 이중간첩이다. 기본적으로 우리 편을 염탐해서 적에게 보고하는 업무이므로, 거짓 정보를 이들의 손에 쥐어주어 적이 덥석 물게 한다. 적을 속이자면 반드시 활용해야 하는 존재다. 그러나 배신은 성격이고 습관이다. 돈에 팔려 우리 편이 됐다면, 적이 대가를 더 주면 주저 없이 적의 편에 설 가능성이 크다. 반간을 쓸 때는 배신자라는 사실을 늘 염두에 두어야 한다.

백제를 공격하기 위해 고구려에 도움을 청하러 갔던 김춘추는 오히려 감금되고 말았다. 연개소문이 신라가 빼앗아간 땅을 돌려줄 것을 요구했고, 김춘추는 이 요구를 받아들일 수 없었다. 김춘추는 보장왕寶藏王이 총애하는 신하 선도해先道解에게 베 300필을 몰래 뇌물로 줬다. 뜻하지 않은 선물을 받은 선도해는 술자리를 만들어 김춘추에게 토끼와 거북이 이야기를 들려줬다. 김춘추는 그 말뜻을 알아듣고는 고구려 땅을 돌려주겠다는 거짓 약속을 하고 위기를 벗어날 수 있었다.

《삼국사기》에 나타난 선도해의 신분은 '보장왕이 총애하는 신하'일 뿐이다. 하지만 전후 사정을 보면 김춘추의 감시를 맡은 고구려 관리였을 가능성이 커 보인다. 그 감시자가 뇌물에 넘어가 '토끼와 거북이' 우화를 통해 적에게 탈출 방법을 넌지시 알려줬다. 베 300필에 적을 도운 것이다.

역정보에 속으면 충실한 간첩도 결과적으로 반간이 될 수 있다. 김유신이 도살성 아래에서 백제군과 싸움을 벌이는데 일진일퇴一進一退**를 거듭할 뿐 승부가 나지 않았다. 그때 물새 한 마리가 김유신의 군막을 지나갔다. 군사들의 얼굴에 불안감이 스치자 김유신이 먼저 막료들에게 지시했다.

"오늘 반드시 백제의 간첩이 올 징조다. 너희는 짐짓 모르는 체하며 누구냐고 묻지도 말라."

그리고 군중에는 이런 명령을 하달했다.

"굳게 지키기만 하고 움쩍하지 말라. 내일 원군이 도착하면 힘을 모아 한꺼번에 결판을 보겠다."

그때 간첩이 신라 진영에 침투해 있다가 이 말을 듣고 돌아가 백제 장군 은상殷相에게 보고했다. 신라에 원군이 있다는 소식을 들은 은상은 두려운 마음에 대책을 골몰했는데, 그 순간 김유신이 예상을 깨고 공격해왔다. 신라군의 갑작스런 공격에 백제군은 무너지고 말았다.

사간死間은 죽을 각오를 하고 적지에 깊숙이 들어가서 활동하는 간첩이다. 허위 정보를 전달하고 적이 믿게 하는 것은 물론, 적지에서 오래 활동하면서 적을 교란시키기도 한다. 미인계에 투입되는 여인도 사간이다. 사간이라고 반드시 죽는 건 아니다.

● 백성을 위로하고 어루만져 달래기 위해 지방에 파견하던 벼슬.
●● 한 번 앞으로 나아갔다 한 번 뒤로 물러섰다 함.

고구려 장수왕이 파견한 첩자 도림道琳은 백제 개로왕蓋鹵王이 바둑을 좋아한다는 사실을 알고 바둑 묘수풀이로 개로왕에게 접근했다. 이로써 개로왕의 마음을 얻은 도림은 궁궐을 화려하게 짓고 아버지 비유왕의 무덤을 호화롭게 단장하게 했다. 그러는 사이 백제의 국고는 비었고 민심은 떠났다. 임무를 완성한 도림은 고구려로 돌아가 장수왕에게 이를 보고했고, 장수왕은 재증걸루再曾桀婁와 고이만년古爾萬年에게 3만의 군사를 내주어 백제 총공격에 나섰다.

개로왕은 최후의 순간 아들 문주文周에게 한탄했다.

"내가 어리석어 간사한 사람의 말을 믿다가 이렇게 됐다."

《삼국유사》에 김유신을 납치하려 한 백석白石이라는 고구려 간첩이 등장한다. 유사시 전투 병력으로 활용되는 화랑의 낭도로 잠입해 국선의 지위에 있는 김유신의 납치를 시도할 만큼 고구려가 뿌리 깊은 첩보망을 운영했음을 확인할 수 있다.

생간生間은 우리가 흔히 생각하는 간첩이다. 직접 몸으로 부딪히며 정보를 파악하고 확인한다.

중국의 사서인 《자치통감資治通鑑》에는 고죽리高竹離라는 고구려 간첩 이야기가 실려 있다. 요동에 침입한 당나라군 진영을 염탐하다 붙잡힌 척후병이다. 며칠 동안 끼니를 거르고 맨발로 산길을 뛰어다니며 간첩 활동을 했다고 한다.

연개소문이 김춘추를 억류했다가 풀어준 데는 '죽령 이북의 땅을 넘기겠다'라는 거짓 약속뿐만 아니라 또 다른 이유도 있었다. 당시 김유신은 김춘추를 구출하기 위해 3,000명의 결사대를 이끌고 고구려 침공을 계획했다. 이 계획이 덕창德昌이라는 간첩을 통해 연개소문에게 보고됐다. 고구려는 당과의 결전을 앞두고 있었는데, 남쪽의 소모적인 분쟁을 피하려고 김춘추를 석방했다.

정보는
해석이다

간첩은 장수의 최측근에서 최고 대우를 받지만, 누구도 모르게 움직인다(三軍之事 莫親於間 賞莫厚於間 事莫密於間 삼군지사 막친어간 상막후어간 사막밀어간). 똑똑하지 않으면 간첩을 쓸 수 없고, 인의가 없으면 간첩을 부릴 수 없으며, 꼼꼼하지 않으면 간첩에게서 가치 있는 정보를 얻을 수 없다(非聖智不能用間 非仁義不能使間 非微妙不能得間之實 비성지 불능용간 비인의불능사간 비미묘불능득간지실). 간첩을 쓰지 않는 곳이 없지만, 막상 그 운용은 아주 미묘하다. 간첩에게서 들은 기밀을 발표하지도 않았는데 다른 경로를 통해 기밀이 들려온다면, 그 간첩은 물론 중간에서 기밀을 보고한 자까지도 살려두면 안 된다(微哉 微哉 無所不用間也 間事未發而先聞者 間與所告者皆死 미재미재 무소불용간야 간사미발 이선문자 간여소고자개사).

간첩이 가져다주는 정보란 무의미한 것일 때가 많다. 김진명의 소설 《나비야 청산가자》는 미국의 북핵 협상 대표 크리스토퍼 힐이 퍼지를 방문한다는 짧은 동정 기사가 보도된 것으로부터 파생되는 온갖 사건을 그렸다. 그러나 힐이 피지를 방문한다는 사실이 무엇을 의미하는지는 기사를 쓴 기자 자신도 몰랐다. 우연히 그 기사를 스크랩해서 논문에 올린 대학원생도 몰랐다.

정보란 이렇듯 유심히 보지 않으면 아무런 의미가 없다. 만약 최초의 사소한 신호를 무시하면 이면에 숨은 커다란 움직임을 놓치게 된다. 이에 대한 《삼략》의 가르침은 다음과 같다.

"훌륭한 장수는 나무꾼의 건의와 대신의 말을 모두 귀담아듣는다(負薪之言 廊廟之語 將所宜聞 부신지언 낭묘지어 장소의문)."

정보는 사실보다 해석이 차지하는 비중이 크다. 그래서 검증이 중요하다. 한비자의 말처럼 "말을 받아들이는 데 많은 단서를 모아 반드시 지리를 갖고 헤아리고 천시를 갖고 꾀하며 사물을 갖고 증험하며 인정에 맞춰야 한다". 특히 역정보일 가능성에도 주목해야 한다. 고정관념에 얽매이지 않고 다양한 시각으로 정보를 살펴봐야 한다.

인조반정이 일어나기 석 달 전 광해군은 "이귀李貴가 서궁(인목대비)을 끼고 흉측한 변을 도모하고 있다"라는 보고를 받았다. 당시 이귀는 호랑이 사냥을 빌미로 군사를 이끌고 자유로이 도 경계선을 넘을 수 있는 허가를 받았는데, 이들이 쿠데타에 동원될 군사들이었다. 그러나 광해군은 물증이 없다는 이유로 그냥 넘어갔다.

쿠데타가 일어나기 바로 전날에는 결정적인 제보도 있었다. 쿠데타의 말단에 낀 이이방이라는 자가 실패할 가능성을 걱정해 "이귀와 김류金瑬가 오늘밤 홍제원에서 군사를 일으키고, 도성 안에서는 훈련대장이 내응한다"라고 사람과 장소, 시간까지 구체적으로 고발했다. 의금부는 사태의 위급성을 알고 주동자 검거 준비까지 마쳤다.

하지만 술을 마시고 있던 광해군은 이 정보를 묵살하고 출동을 허가하지 않았다. 반정군은 거사 계획이 누설된 사실을 알고 쿠데타를 앞당겨 궁궐로 쳐들어갔다. 그러나 광해군을 지켜주는 사람은 아무도 없었다. 광해군은 반정 계획을 알고도 당했다. 정보를 해석하고 판단하지 못했기 때문이다.

지금까지도 진위 여부를 놓고 논란이 일고 있는 유명한 첩보가 있다. 임진왜란 당시 가토 기요마사의 도해渡海 정보다. 조선 조정에 "가토가 7,000명을 이끌고 이달 4일 대마도에 도착했는데, 며칠 안으로 부산으로 건너온다"라는 정보가 들어왔다. 가토라면 왜에서는 가장 강경한 주전론자主戰論者°였고, 조선에서는 가장 악명 높은 철천지원수였다. 그 가토가 조선 수군이 우위를 점한 바다를 통해 들어온다는 구체적인 정보였다.

이 정보는 왜의 주화론자主和論者°°로 강화협상의 주역인 고니시 유키나가가 경상우병사 김응서金景瑞에게 밀사인 요시라를 파견해 알려준 것이다. 조정 내부에서 "요시라의 말만 믿을 수는 없다. 부산 주변의 진짜 정세를 살펴야 한다"라는 우려가 제기되기도 했지만, 선조는 "급히 편의에 따라 시행하되 여러 장수가 공을 다투다가 일을 그르치지 않도록 하라"라고 작전 실행을 명령했다.

● 전쟁하기를 주장하는 사람 또는 그런 의견을 따르는 사람.
●● 전쟁을 피하고 화해하거나 평화롭게 지내자고 주장하는 사람 또는 그런 의견을 따르는 사람.

바다에서의 싸움이므로 '즉시 시행'할 사람은 이순신이었다. 그러나 이순신은 선조의 출동 명령을 거부했다. 유성룡은 《징비록》에서 "이순신은 왜적들의 간사한 속임수가 있음을 의심해 나아가지 않았고 여러 날 머뭇거렸다"라고 출동 거부의 이유를 전했다. 아닌 게 아니라 고니시가 휴전 협상을 주도하고 있고 가토와의 사이가 나쁘다지만, 왜군의 최고위 지도자가 알려준 정보만 믿고 군대를 동원한다는 건 위험천만한 일이었다.

실제로 가토는 13일에서 15일 사이에 정말로 부산에 상륙했다. 요시라가 건네준 정보는 사실이었다. 유성룡의 말이 사실이라면, 이순신도 잘못 판단한 것이다. 정보를 판단하는 것은, 그만큼 어렵다.

인적사항 파악이
기본이다

군대를 치거나 성을 공격하거나 사람을 암살하려 들면 적장과 그 참모, 비서, 호위병의 인적사항 정도는 반드시 알아야 한다(軍之所欲擊 城之所欲攻 人之所欲殺 必先知其守將左右謁者門者舍人之姓名 군지소욕격 성지소욕공 인지소욕살 필선지기수장좌우알자문자사인지성명). 그것을 알아오는 게 간첩이 할 일이다.

신라의 김춘추가 당나라에 가서 이세민을 처음 만났을 때 이런 질문을 받았다.

"너희 나라 유신의 이름을 들었는데, 그의 인품은 어떠하냐?"

한 나라의 황제가 직접 상대국의 장수에 대한 정보부터 수집했음을 알 수 있다.

김춘추가 당에 앞서 고구려를 방문했을 때, 고구려는 이미 김춘추가 신라에서 어떤 위치를 차지하고 있으며, 그의 됨됨이까지 알고 있었다. 《삼국사기》는 '어떤 사람'이 왕에게 이렇게 고했다고 전한다.

"신라 사신은 보통 사신이 아닙니다."

김춘추가 신라에서 차지하는 위상과 성격, 실력은 물론 방문 목적까지 모두 알고 있는 듯한 말투다. 곧바로 '기회를 봐서 죽여야 한다'라고 하는 것으로 봐서 그 '어떤 사람'은 백제 사람일 가능성이 크다. 여기서 정보의 출처가 자국이 쓴 간첩이든 동맹국이든 또는 적국이든 그건 중요하지 않다. 중요한 건 고구려가 가상 적국의 지도자에 대해 이미 파악을 끝내놓고 기다리고 있었다는 사실이다.

조선 왕조에는 〈조보朝報〉라는 소식지가 있었다. 조정이 매일 발간했는데, 국왕의 명령이나 중요 정책 사안, 신하의 상소문과 임금의 대답, 조정의 인사 내용을 담은, 한마디로 정치 전문 신문이었다. 공식적으로는 고위 관료만 받아볼 수 있었는데, 실제로는 사대부들도 조금만 노력하면 구해 볼 수 있었다. 사대부들은 이 〈조보〉를 통해 조정의 움직임을 살폈고, 그렇게 정치에 대한 갈증을 해소했다. 사대부들 말고도 〈조보〉를 탐내는 무리가 있었으니, 바로 왜다. 조선의 내부 사정을 가장 쉽고 정확하게 볼 수 있는 자료가 〈조보〉였기 때문이다.

임진왜란이 끝난 직후에 조정은 〈조보〉 매매를 엄격히 금지했다. 조선의 정책 정보, 인사 정보, 포괄적인 정치 정보의 유통을 막은 것인데, 특히 왜인에 대한 판매를 엄금했다는 점에 주목할 필요가 있다. 임진왜란이 끝난 이후에도 왜는 여전히 조선의 〈조보〉를 부지런히 사 모으며 정보 수집에 열을 올리고 있었던 것이다. 전쟁 후에도 그랬다면 전쟁을 준비하던 임진왜란 이전의 시점은 두말할 것도 없다. 조선은 왜가 보유한 조총 무기의 위력도 제대로 모르고 있었던 반면, 왜는 조선의 세세한 인사 정보까지 훤히 꿰고 있었다.

적을
우리 편으로 끌어들여라

적의 간첩을 찾아내 매수하고 회유해 우리 편으로 만들면 반간으로 만들 수 있다. 반간을 통해 향간과 내간을 얻을 수 있다. 향간과 내간을 통해 사간으로 하여금 허위정보를 적에게 전달할 수 있다. 그러면 생간도 기한에 맞춰 돌아올 수 있다.

《조선상고사》를 쓴 신채호는 《삼국사기》에 등장하는 김유신의 빛나는 전공을 대부분 믿기 어렵다고 판단했다. 그러면서도 첩보 공작 분야에서만큼은 김유신의 출중한 능력을 인정했다.

조미압租未押은 신라의 천산현령으로 있다가 백제에 잡혀가서 좌평佐平 임자의 집 노비가 됐다. 그는 곧 주인의 눈에 들어 바깥출입도 마음대로 할 수 있게 됐는데, 그 틈을 노려 신라로 도망을 갔다. 그리고 김유신을 찾아가 백제의 사정을 알렸다. 조미압의 정보 보고를 들으면서 김유신은 대어를 건졌음을 직감했다. 그리고는 임자에게 전할 말을 들려주었다. 조미압은 그 길로 다시 백제로 돌아가 임자의 하인 노릇을 계속했다. 임자는 도망쳤다 돌아온 조미압을 나무라지도 않고 그대로 받아주고는 예전처럼 신뢰했다.

　　조미압은 김유신이 시키는 대로 임자에게 말했다.

　　"제가 사실은 신라에 다녀왔습니다. 김유신이 '나라의 흥망은 예측할 수 없으니 만일 당신의 나라가 망하면 당신이 우리나라에 의탁하고, 우리나라가 망하면 내가 당신에게 의탁하겠다'라고 나리에게 전하라고 했습니다."

　　조미압이 간첩 역할을 했음을 자백하는 말을 듣고도 임자는 별 반응을 보이지 않았다. 그러나 임자의 마음속에는 잔물결이 일고 있었다. 오래지 않아 임자는 조미압을 불러 다시 한 번 김유신의 입장을 들려달라고 했다. 조미압은 이번에는 말을 더 보태서 옮겼다.

　　"국가는 꽃과 같고 인생은 나비 같은데, 이 꽃이 지고 저 꽃이 핀다면 이 꽃에서 놀던 나비가 저 꽃으로 가서 사철을 늘 봄으로 놀 수 있습니다. 어찌 구태여 꽃을 위해 절개를 지키겠습니까."

　　임자는 "네가 전달한 말을 내가 잘 알았다고 전하라"라고 하며, 김유신과 뜻이 같음을 알렸다.

　　김유신은 새로운 말을 전하며 부추겼다.

"한 나라의 권력을 혼자 장악하지 못하면 무슨 부귀의 위력이 있겠는가. 백제는 성충이 왕의 총애를 받고 공은 그 밑에 있다던데, 그건 치욕이오."

이 말을 전함과 더불어 김유신은 금화라는 무녀를 보냈다. 임자는 금화를 미래의 길흉화복과 국가 운명을 아는 선녀라고 의자왕에게 추천해 궁궐로 들여보냈다. 금화는 용한 점쟁이 행세를 하면서 의자왕에게 알쏭달쏭한 말을 했다.

"백제가 충신 형제를 죽이지 않으면 눈앞에 망국의 화가 있습니다."

의자왕은 의아해하며 물었다.

"충신을 높이 받들어야 나라가 잘될 텐데, 왜 충신을 없애야 하지?"

금화는 좀 더 노골적으로 대답했다.

"이름은 충신이지만 실은 충신이 아니기 때문입니다."

의자왕은 그게 누구냐고 물었지만 금화는 '신령님이 그렇게만 말했다'라며 더는 대답하지 않았다. 이름은 충신인데 충신이 아니고, 게다가 형제라는 사람. 마침 의자왕의 뇌리를 스치는 이름이 있었다. 자신과 함께 백제의 중흥을 일궈나가고 있는 부여성충扶餘成忠과 부여윤충扶餘允忠이었다.

의심은 일단 자리를 잡고 앉으면 자꾸만 커지는 법이다. 의자왕은 임자와 술을 마시다가 임자의 정적인 성충에 대해 물었다. 그러자 임자는 의자왕의 마음 한켠에 자리 잡은 의심이 원하는 대답을 들려주었다.

"성충이 고구려에 사신으로 갔을 때 연개소문에게 '고구려에 공이 있고 백제에 제가 있으니, 우리가 힘을 합하면 천하에 이루지 못할 일이 무에 있겠습니까'라며 스스로를 백제의 연개소문이라 했다고 합니다. 그리고 연개소문은 '공이 아직 대권을 잡지 못한 것을 한스럽게 여긴다'라고 말했다 합니다."

연개소문은 임금을 허수아비로 만들고 스스로 전권을 휘두르는 독재자였다. 임자의 말이 의자왕의 귀에는 성충이 자신을 허수아비로 만들 궁리를 하고 다닌다는 뜻으로 들렸다. 의자왕은 이에 윤충을 파직시키고 성충을 귀양 보냈다.

정보는
국가 전략이다

임금도 첩보전을 이해해야 한다(伍間之事 主必知之 오간지사 주필지지). 반간이 가장 중요하기 때문에 야박해서는 안 된다. 옛날 은나라가 일어난 것은 이지가 하나라 사람이기 때문이고, 주나라가 일어난 것은 여아가 은나라 사람이기 때문이다. 이런 지혜로 간첩을 운용하면 군주와 장수는 큰 공을 세울 수 있으니, 이것이 전쟁의 요체와 군대가 믿고 움직이는 바다.

이지伊摯는 이윤伊尹이라는 이름으로 더 널리 알려진 인물이다. 이윤은 하나라에서 박사 벼슬을 하고 있다가 은나라 탕왕이 3번씩이나 재상이 되어달라고 부탁하는 데 감동을 받아 둥지를 옮겼다. 이후 하나라

를 멸망시키고 은나라를 반석에 올리는 데 기여했다.

강태공은 여아 또는 여상呂尙으로 불렸는데, 주나라 문왕에게 발탁돼 무왕을 도와 은나라를 멸망시켰다. 손자는, 이윤이 하나라를 멸망시키는 데 도움이 된 것은 그가 원래 하나라 사람이라서 하나라에 대해 잘 알고 있었기 때문이며, 강태공이 은나라를 멸망시키는 데 도움이 된 것은 그가 원래 은나라 사람이라서 은나라에 대해 잘 알고 있었기 때문이라고 했다.

정보는 돈이다. 한 줄의 정보가 억만금을 벌어다줄 수도 있고 잃게 할 수도 있다. 또한 정보를 얻는 데도 돈이 필요하다. 가치 있는 정보는 그만큼의 대가를 지불해야 얻을 수 있다. 값싸게 얻은 정보는 그야말로 싸구려 정보일 뿐이다.

값비싼 정보를 고스란히 갖다 바치는 경우는 없다. 간첩에게는 최고의 대우를 해주고, 적을 매수하는 데는 돈을 아낌없이 쏟아부어야 한다. 그래야만 정보원에게서 가치 있는 정보를 뽑아낼 수 있다.

《하멜 표류기》로 유명한 하멜은 일본 나가사키에 가다가 풍랑을 만나 제주도에 도착했다. 그리고 13년 동안 조선에서 살았다. 조선은 배에서 포수를 맡고 있던 하멜을 훈련도감에 배치해 호위병으로 일하게 했다. 그러나 하멜은 훈련도감 생활을 오래 하지 못했다. 함께 표류한 다른 선원들이 탈출을 시도하는 바람에 하멜은 전라도에서 잡역부로 조선 생활의 대부분을 보냈다. 조선은 이 파란 눈의 사나이가 어떤 세계에서 왔고, 그 세계가 어떻게 돌아가는지에 대해 전혀 관심이 없었다.

전라좌수영에서 일하던 하멜은 작은 배를 구해 일본으로 탈출했다. 그가 나가사키에 도착했을 때 일본은 하멜을 네덜란드 관할 지역으로 넘기기 전에 모두 54개 문항으로 구성된 심문을 벌였다. 질문 내용에는 조선의 총기류와 군사 장비 상황은 어떠한지, 성이나 요새 같은 것은 있는지, 조선 수군의 함선은 어느 정도나 되는지에 대한 것도 있었다. 난파선의 규모와 항해의 목적, 난파 경위를 시작으로 탈출 경위까지 이어지는 질문의 핵심은 조선에 대한 정보 수집이었다. 조선은 하멜이 머문 13년 동안 어떤 정보도 캐내지 못했지만, 일본은 하멜이 갖고 있는 모든 정보를 하루 만에 모두 빼냈다.

정보는 이용해야 쓸모가 있다. 억만금을 주고 얻은 것이든, 적을 고문해서 얻은 것이든, 007이 달콤하고도 살벌한 연애와 생고생으로 얻은 것이든, 정보는 활용하지 않으면 소용이 없다. 선조는 왜의 침략을 알고 있었고, 광해군은 인조반정을 알고 있었다. 그러나 선조는 왜의 침략을 막지 못했고, 광해군은 인조반정을 피하지 못했다. 임금도 첩보전을 이해해야 한다. 지도자가 정보 입수와 처리의 중요성을 모르면 나라의 패망은 순식간이다.

간첩의 5가지

향간鄕間, 내간內間, 반간反間, 사간死間, 생간生間

정보의 특징

1) 정보는 돈이다.

돈 아끼느라고 적의 사정을 모른다면 장수가 될 수 없다.

> 愛爵祿百金 不知敵之情者 不仁之至也 非人之將也 애작록백금 부지적지정자 불인지지
>
> 야 비인지장야

2) 정보는 해석이다.

꼼꼼하지 않으면 정보의 실체를 파악할 수 없다.

> 非微妙不能得間之實 비미묘불능득간지실

3) 정보는 보안이다.

간첩은 누구도 모르게 움직인다.

> 事莫密於間 사막밀어간

기밀을 발표하지도 않았는데 다른 경로로 들려온다면, 그 간첩은 물론 중간
에서 기밀을 보고한 자까지도 살려두면 안 된다.

> 微哉微哉 無所不用間也 間事未發而先聞者 間與所告者皆死 미재미재 무소불용간야 간

4) 정보는 전략이다.

임금도 첩보전을 이해해야 한다.

五間之事 主必知之 오간지사 주필지지

손자병법, 공존의 철학

《손자병법》이 3,000년의 세월을 뛰어넘어 군인이 아닌 일반인에게도 읽히는 고전으로 살아남은 데는 두 가지 이유가 있다.

하나는 전쟁을 벌이는 맞상대 이외의 제3국을 염두에 두었다는 점이다. 다른 하나는 전쟁을 벌이는 맞상대를 없애는 것이 아니라, 끌어안아야 하는 존재로 인식했다는 점이다. 다른 병법서, 특히 서구의 군사 전략서가 교전 상대만을 가정해 적의 완전한 궤멸을 목표에 두는 것과는 다르다.

《손자병법》은 춘추전국시대에 쓰인 책이다. 춘추전국시대의 나라들은 서로 먹고 먹히는 싸움을 벌였지만, 명목상 같은 황제를 모신다는 공통점이 있었다. 이들은 국력을 키워 새로운 왕조를 연다는 생각을 하기보다는 단순히 패권자가 되는 게 목적이었다. 그래서 다른 나라는 '멸망의 대상'이 아니라 '공존의 존재'였다.

공존하다 보니 언제 제3자에게 뒤통수를 맞을지 알 수 없었다. 힘이 없다면 제3자를 끌어들여 교전 상대국과 대적할 수도 있었다. 또한 전쟁에서 승리의 목적은 패자를 수탈하는 게 아니라 통치에 있었다. 싸울 때는 적군이지만, 이기고 나면 내 백성이기 때문에 '싸우지 않고 이기는 게 최선'이었다.

우리가 사는 세상은 경쟁으로 얽혀 있다. 수많은 사람들이 어울려 사는 경쟁사회는 춘추전국사회를 닮았다. 나 혼자 수많은 사람들을 상대할 수는 없다. 누군가와 협력해야 한다. 동시에 누군가의 배신도 잊으면 안 된다. 더욱 잊어서는 안 될 사실은 경쟁자들도 나와 함께 사회를 만들어가는 구성원이라는 사실이다. 때로는 내가 이기기 위해 경쟁자들을 무너뜨리지만, 그들도 나와 더불어 사는 사람이다.

《손자병법》은 싸움의 기술을 가르친다. 그 가르침에는 '싸움의 기본은 속임수'라는 치사한 내용도 있다. 그러나 그 가르침의 밑바닥에는 경쟁자를 나와 함께 살아가는 동반자로 인정하는 철학이 숨어 있다.

우리는 늘 표면을 보느라 내면을 놓친다. 현상에 집착해 본질을 보지 못한다. 겉으로 보면 《손자병법》은 '싸움의 기술'이다. 그러나 그 속은 '서로에 대한 존중'이다. 오늘날 우리가 손자에게서 배울 것은 겉이 아니라 속이다.